PARLONS L'ARABE DIALECTAL MAROCAIN

Collection **Parlons...**
dirigée par Michel Malherbe

Dernières parutions

Parlons alsacien, 1998, R. MULLER, JP. SCHIMPF
Parlons islandais, 1998, S. BJARNASON
Parlons jola, 1998, C. S. DIATTA
Parlons francoprovençal, 1999, D. STICH
Parlons tibétain, 1999, G. BUÉSO
Parlons khowar, 1999, Érik LHOMME
Parlons provençal, 1999, Philippe BLANCHET
Parlons maltais, 1999, Joseph CUTAYAR
Parlons malinké, 1999, sous la direction de Mamadou CAMARA
Parlons tagalog, 1999, Marina POTTIER
Parlons bourouchaski, 1999, Étienne TIFFOU
Parlons marathi,1999, Aparna KSHIRSAGAR, Jean PACQUEMENT
Parlons hindi, 1999, Annie MONTAUT et Sarasvati JOSHI
Parlons corse, 1999, Jacques FUSINA
Parlons albanais, 1999, Christian GUT, Agnès BRUNET-GUT, Remzi PËRNANSKA
Parlons kikôngo, 1999, Jean de Dieu NSONDÉ
Parlons téké, 1999, Edouard ETSIO
Parlons nahuatl, 1999, Jacqueline de DURAND-FOREST, Danièle DEHOUVE, Éric ROULET.
Parlons catalan, 2000, Jacques ALLIÈRES.
Parlons saramaka,2000, D. BETIAN, W. BETIAN, A. COCKLE, M.A. DUBOIS, M. GINGOLD.
Parlons gaélique, Patrick Le BESCO, 2000.
Parlons espéranto (deuxième édition, revue et corrigée), 2001, J. JOGUIN.
Parlons bambara, I. MAIGA, 2001.

MICHEL QUITOUT

PARLONS L'ARABE DIALECTAL MAROCAIN

L'Harmattan
5-7, rue de l'École-Polytechnique
75005 Paris
FRANCE

L'Harmattan Inc.
55, rue Saint-Jacques
Montréal (Qc) CANADA
H2Y 1K9

L'Harmattan Hongrie
Hargita u. 3
1026 Budapest
HONGRIE

L'Harmattan Italia
Via Bava, 37
10214 Torino
ITALIE

ISBN : 2-7475-1135-9

AVERTISSEMENT DE L'AUTEUR*

Pour éviter des aberrations de transcription de l'arabe dialectal en graphie arabe, nous avons opté pour une translittération en graphie latine. Il n'existe pas, en effet, de notation spécifique à l'arabe dialectal en graphie arabe.
Contrairement à une idée reçue, la graphie arabe n'est pas la graphie idéale pour noter l'arabe dialectal. "*Il est plus facile d'écrire l'arabe dialectal en graphie arabe, mais il est beaucoup plus difficile de le lire*". En effet, l'arabe dialectal maghrébin se distingue d'une part, par un vocalisme bien particulier et d'autre part, par un certain nombre de phonèmes soit auxquels l'arabe classique ne reconnaît pas de valeur distinctive (ṛ, ẓ, ṃ , ḷ, ḅ), soit qu'ils sont tout simplement inconnus de l'alphabet de l'arabe (p, g, v). Cf. ici même § : L'enseignement de l'arabe en France.

* Pour tous contacts avec l'auteur : tél/fax : 33 5 62141987
E-mail : quitout@univ-tlse2.fr

* * * * *

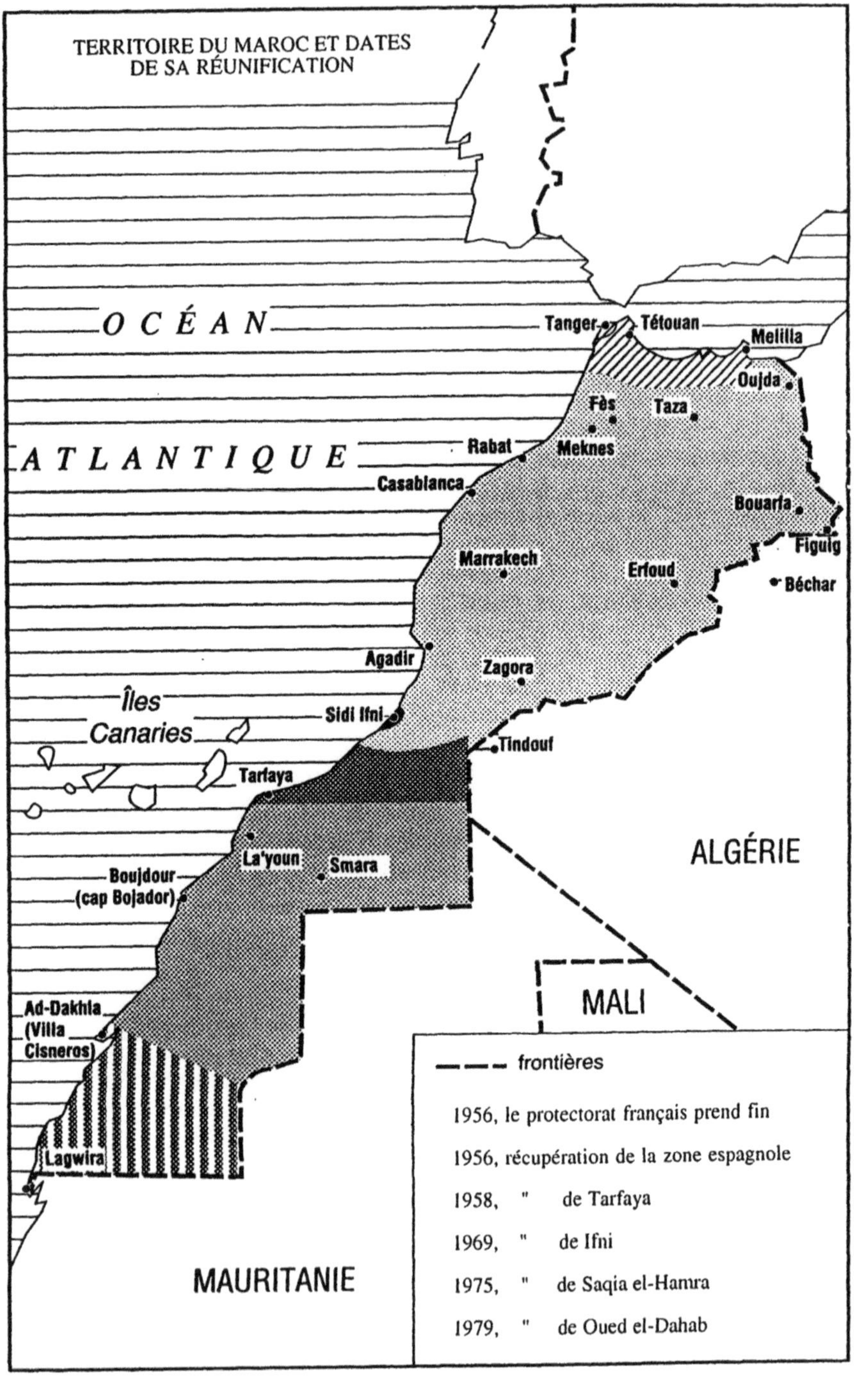
TERRITOIRE DU MAROC ET DATES
DE SA RÉUNIFICATION
OCÉAN
ATLANTIQUE
Tanger
Tétouan
Melilla
Oujda
Fès
Taza
Rabat
Meknes
Casablanca
Bouarfa
Figuig
Marrakech
Erfoud
Béchar
Agadir
Zagora
Îles
Canaries
Sidi Ifni
Tindouf
Tarfaya
ALGÉRIE
La'youn
Smara
Boujdour
(cap Bojador)
MALI
Ad-Dakhla
(Villa
Cisneros)
Lagwira
MAURITANIE
frontières
1956, le protectorat français prend fin
1956, récupération de la zone espagnole
1958, " de Tarfaya
1969, " de Ifni
1975, " de Saqia el-Hamra
1979, " de Oued el-Dahab

TABLE DES MATIÈRES

ABRÉVIATIONS ET SYMBOLES

PRÉSENTATION GÉNÉRALE 11
Situation linguistique au Maroc 13
Éléments d'histoire 17
Dynasties marocaines depuis la conquête arabe 18
Chronologie des moments forts depuis l'antiquité 21
Protectorats français et espagnol 24
Indépendance 27
Population du Maroc 28
Éléments de géographie 29
Éléments d'économie 31

ALPHABET ET TRANSLITTÉRATION 33
- Les consonnes 34
- Les voyelles 37
- La durée vocalique 38
- L'assilmilation 39
- L'emphase 40
- Les conventions typographiques 40

LA GRAMMAIRE 43
L'article 43
Le nom : le genre 44
Le masculin 44
Le féminin 45
La formation du féminin 45
Le nom : le nombre 46
Le pluriel externe 46
Le pluriel interne 47
Le duel 48
L'annexion 49
L'adjectif 50
Le comparatif et le superlatif 52
Le verbe 53
Le passé 54
Le passé du verbe "être" 55
Le passé du verbe "avoir" 55

Le présent 56
Le présent du verbe "être 58
Le présent du verbe "avoir" 58
Le futur 59
Le participe 59
Les phrases nominales 61
Les pronoms 62
Les pronoms personnels isolés 62
Les pronoms personnels suffixes 63
Les possessifs 63
Les conjonctions et les locutions conjonctives 65
Les prépositions et les locutions prépositives 65
Les adverbes et les locutions adverbiales 66
Les démonstratifs 68
L'interrogation 69
La négation 70

PRATIQUE DE LA LANGUE 73
Salutations et formules de politesse 73
Acceptation 76
Excuse 76
Refus 76
Protestation 77
Interpellation 77
Hébergement 79
Moyen de locomotion et voyages 81
Prendre le taxi 82
Prendre le bus 83
Prendre le train 84
Prendre la voiture 85
La poste, la banque et autres administrations 87
Le téléphone 90
Le marché 92
Expression du temps 95
Expression du nombre 97
Expression du poids et mesures 101
Proverbes et locutions proverbiales 102
Expressions et locutions idiomatiques 111

LA CULTURE MAROCAINE 117
La cuisine 118
Les épices, les plantes aromatiques et les parfums 121
Le restaurant 122
La religion 126

Les fêtes 130
Les musiques du Maroc 132
La toponymie (les noms de lieu) 138
L'anthroponymie (les noms de personnes) 142
Les prénoms arabes 145
L'enseignement de l'arabe en France 149
L'enseignement du français au Maroc 151
Les Français au Maroc 154
Les Marocains en France 157

EMPRUNT DE L'ARABE MAROCAIN 159
Emprunt au français 160
Emprunt à l'amazighe 165
Emprunt à l'espagnol 169

CONJUGAISON DES VERBES FRÉQUENTS 171

GLOSSAIRE DES VERBES 181
Français-marocain 181
Marocain-français 189

LEXIQUE 195
Français-marocain 195
Marocain-français 213

BIBLIOGRAPHIE 233

*****

ABRÉVIATIONS ET SYMBOLES

masc/m	Masculin	ar.	Arabe
sing/s.	Singulier	fr.	Français
pl.	Pluriel	esp.	Espagnol
pers.	Personne	péj.	Péjoratif
litt.	Littéralement	empr.	Emprunt
qqch.	Quelque chose	qqn.	Quelqu'un
fém, f.	Féminin	ar. cl.	Arabe classique
ns.	Nous		

( )	Éléments facultatifs ou explicatifs
/	Possibilité de co-occurrence
[ ]	Notation phonétique
//	Notation phonologique

*****

PRÉSENTATION GÉNÉRALE

Le Royaume du Maroc (nom officiel) comptait en 1999 une population de 29 millions d'habitants pour une superficie de 710 000 km2 (Sahara occidental compris). Au Nord et à l'Ouest, des frontières naturelles : respectivement la Méditerranée (510 kms de côtes) et l'Atlantique (2900 km). Au Sud et à l'Est, des frontières politiques : respectivement, la Mauritanie (650 km) et l'Algérie (1350 km).

La religion officielle du Maroc est l'islam, sa langue officielle est l'arabe (dans sa variété moderne ou classique)[1].

Le Maroc est une monarchie constitutionnelle. Le roi qui dispose de l'essentiel du pouvoir est aussi le "commandeur des croyants". La famille alaouite de l'actuel roi, Mohamed VI, règne depuis 1640.

Le premier ministre et les membres du gouvernement sont nommés par le roi. Le régime est de type parlementaire à deux assemblées représentatives :

- la Chambre des Représentants est composée de 325 députés élus pour cinq ans au suffrage universel.
- La Chambre des Conseillers est composée, elle, de 270 membres ; elle est élue pour 9 ans au suffrage indirect.

Le Maroc naquit en 788 près de Volubilis. Ce fut l'œuvre de Idriss Ier, un rescapé musulman d'Orient proclamé par les Amazighes de cette région à l'issue d'une tactique politique (voir infra). Il prêta le serment coranique de la **Bay'a** (pacte liant réciproquement le Roi au Peuple). Depuis douze siècles, la monarchie marocaine est toujours en place. Une profondeur historique rarement égalée. Comparativement à la France, par exemple, quand, en 987, Hugues Capet est élu roi de France, la monarchie au Maroc a déjà près de deux siècle d'existence.

---

[1] L'alphabet arabe s'écrit de droite à gauche. Chaque lettre s'écrit différemment selon sa position (isolée, initiale, médiane, finale). Seules les consonnes et les voyelles longues sont notées. L'alphabet arabe sert également à transcrire le persan et l'ourdou.

Le Maroc compte soixante provinces et sept ***wilayas***, *préfectures* qui sont :

- Casablanca
- Rabat-Salé
- Fès
- Meknès
- Marrakech
- Agadir
- Tanger

Le paysage politique marocain offre l'aspect d'un pays démocratique car plusieurs partis se disputent le terrain politique. Voici les plus importants :

* Gouvernement :
- Union Socialiste des Forces Populaires (USFP)
- Istiqlal (Indépendance)
- Parti du Progrès et de Socialisme (PPS)
- Organisation de l'Action Démocratique et Populaire (OADP)

* Opposition légale :
- Union Constitutionnelle
- Rassemblement National des Indépendants
- Parti National Démocratique
- Mouvement Populaire

* Opposition clandestine
- *Ila l amam* (en avant) parti marxiste
- Mouvements islamistes divers[2]

[2]L'islamisme marocain et maghrébin en général existe et il serait, certes, vain de le nier, mais il serait dangereux de le surévaluer comme ce que font parfois certains médias occidentaux. Cette attitude sociale consistant à sécréter de temps à autre des mouvements islamistes est chose courante dès la 1ère année de l'hégire, au lendemain de la mort du prophète Mahomet en 632.
Globalement, deux tendances se sont partagées les revendications sociales: l'une rigoriste et radicale ; elle se base sur une interprétation littérale du texte sacré et l'autre modérée. Celle-ci adapte les préceptes religieux aux réalités sur le terrain, des réalités forcément différentes de celles qui prévalaient en Arabie à l'époque du prophète.

SITUATION LINGUISTIQUE AU MAROC.

Ce qui particularise entre autres le Maroc et le Maghreb de façon générale, par opposition à l'ensemble oriental, c'est la pratique linguistique. C'est ainsi que, qu'on le veuille ou non, les données ethnolinguistiques aussi rapides soient-elles enregistrent au Maghreb (entendons le Maroc, l'Algérie et la Tunisie) la coexistence de trois langues : l'arabe, le français et l'amazighe. Trois langues dont la répartition est à mettre en corrélation avec des usages socioprofessionnels, ethniques, géographiques...

L'ARABE : La situation est en réalité beaucoup plus complexe que ne le laisse apparaître la triade ci-dessus. L'arabe se présente en fait sous trois formes :

L'arabe classique. C'est la langue prestigieuse et sacrée du Coran. Strictement codifiée depuis des siècles, cette variété assure la diffusion des préceptes de l'islam et les valeurs de la culture et de la civilisation musulmanes. C'est la langue de l'écrit par excellence. Elle est le monopole de la tranche lettrée de la société mais elle s'érige en modèle pour toutes les autres catégories de la société. L'arabe classique n'est utilisé nulle part comme un moyen de communication spontané et il n'est la langue maternelle de personne ni au Maghreb ni, d'ailleurs, dans aucun autre pays arabe quel qu'il soit. Il est, en revanche, la référence du Golfe à l'Atlantique, à partir duquel ont été élaborées les autres variétés dialectales qui, aujourd'hui, sont très éloignées de lui. L'arabe classique, langue de la révélation, ne doit pas être corrompu par l'usage. On peut dire qu'il existe une dichotomie entre les différents dialectes de la langue parlée et l'arabe classique figée dans sa sacralité.
Sans les études coraniques, la grammaire et les exégèses, les lecteurs seraient dans l'incapacité de comprendre cet arabe dit "classique" qui reste néanmoins celui de la prédication et des cérémonies religieuses.

L'arabe dialectal. C'est la variété de la langue arabe qui assure la communication orale de tous les jours, à la maison, dans la rue, dans les situations non officielles, etc. C'est le langage spontané et des lettrés et de la masse. L'accès à l'arabe classique demeure impossible à partir des langues maternelles qui sont l'amazighe et l'arabe dialectal. Celui-ci connaît des projections en Israël, dans les pays d'immigration comme la France, la Belgique, mais aussi à Malte où le maltais, une variété d'arabe maghrébin, jouit du statut de langue nationale. Au Maroc et au Maghreb en général, bien qu'il soit pratiqué par la quasi-totalité de la population, il ne dispose d'aucun statut officiel d'où le mépris qu'il essuie de la part de certains Maghrébins, toutes couches sociales confondues. On se plaît parfois à opposer une forme noble, prestigieuse, qui est l'arabe classique à une forme "dégradée", "grossière" et orale de surcroît, mais dans le même temps, on en fait sa langue quotidienne intime et spontanée[3].

Il convient de noter par ailleurs que, vu le substrat linguistique amazighe au Maghreb, l'arabe dialectal marocain et algérien (l'arabe tunisien dans une bien moindre mesure) empruntent beaucoup de leurs structures grammaticales à la langue amazighe[4]. C'est cette réalité qui est à la base de l'incompréhension des Arabes orientaux et parfois des Tunisiens eux-mêmes des dialectes marocain et algérien.

L'arabe moderne. La situation de diglossie formelle (coexistence entre deux systèmes linguistiques génétiquement apparentés se partageant fonctionnellement les usages) résultant du contact entre l'arabe classique et l'arabe dialectal ne pouvait durer longtemps face à une modernité requérant un assouplissement des structures grammaticales et une adaptation du vocabulaire de l'arabe classique à l'air du temps. En effet, dès le XIXe siècle, l'élite moderniste proche-orientale a donné un nouveau souffle à cette langue, la rendant apte à assurer la communication technique et culturelle et à répondre aux exigences du monde moderne de manière large et efficace.

Le Maroc étant sous domination coloniale est resté en retrait par rapport à ces changements, mais au lendemain des indépendances, l'on mit en pratique une politique linguistique naguère réprouvée du colonialisme français. L'arabe devient alors une langue officielle et le processus de ré-arabisation

---

[3]L'erreur du gouvernement marocain et des autres gouvernements maghrébins a consisté à ignorer les dialectes arabes et la langue amazighe. Au lieu d'utiliser l'arabe dialectal pour remonter vers le classique et le moderne en établissant le lien organique qui existe entre les trois variétés, on a préféré, pour des raisons unitaristes et démagogiques, ignorer tout ce qui est en dehors de l'arabe du Coran.

[4]A titre indicatif, signalons l'emploi des phrases typiquement algériennes et marocaines comme par exemple la forme indéfinie **wāḥed el-weld,** *un garçon* ou encore le verbe d'existence **kayen** dans une phrase comme **kayen en-nās elli...,** *il y a les gens qui...*

commence avec les nationalistes maghrébins pressés de "dégeler" et de dynamiser la langue arabe demeurée depuis des siècles en état de léthargie. Il fallait s'adresser à la masse dans un langage accessible afin de vulgariser les concepts et faire passer les idées. Cette simplification a donné lieu à ce que l'on appelle aujourd'hui l'arabe moderne. C'est ce qui est utilisé actuellement, aussi bien au Maroc qu'ailleurs dans le monde arabe dans la presse écrite, à la radio, à la télévision, dans les communications formelles, les administrations, etc.

LE FRANÇAIS. Bien que le français soit de plus en plus concurrencé par l'anglais, il continue d'avoir un rang important au Maroc (cf. §, Enseignement du français au Maroc).

L'AMAZIGHE (le berbère). Dans une échelle de valeurs des langues au Maghreb, l'amazighe occupe la place la moins prestigieuse, suivi immédiatement de l'arabe dialectal, bien que celui-ci soit assumé vaille que vaille par le processus d'arabisation en cours depuis treize siècles. L'amazighe est une langue essentiellement orale. Elle se présente actuellement sous la forme d'un nombre élevé de dialectes et de parlers régionaux. Elle concerne une aire géographique immense qui va sur un axe est-ouest de l'Égypte à l'Atlantique et sur un axe nord-sud de la Méditerranée au-delà du fleuve Niger. Une dizaine de pays sont donc concernés par la langue amazighe, mais de façon numériquement très inégale :

Aucune statistique officielle -il en y a eu plusieurs depuis les indépendances- n'a rendu public le nombre de ces amazighophones au Maroc. On en est réduit, en définitive, à supposer des chiffres décriés de toutes parts. Trop pour les uns, pas assez pour les autres. Le nombre de ces amazighophones étant évidemment, lui-même, un enjeu politique et idéologique.

Au Maroc, ils serait 40 à 50% de la population, soit donc près d'une douzaine de millions de Marocains si l'on tient compte des dernières statistiques officielles qui font état de 29 millions d'habitants.

De même que ces Amazighes marocains et autres ont tout perdu jusqu'au droit de savoir leur nombre, de même, ils ont perdu le droit de se dénommer. Le nom qui les désigne leur a été attribué par les Grecs (barbaroi) puis repris par les Romains (barbarus = étranger ; le mot français "barbare" dérive de la même origine). Il est retenu plus tard par les Arabes (barbar) et enfin par les Français (berbère). Le terme amazighe (= homme noble et libre selon Stéphane Gsell et Léon l'Africain) qui les a toujours désignés se retrouve escamoté, mais il semble s'imposer de nos jours à travers toute l'amazighophonie bien qu'il n'ait été sauvé au départ qu'au Maroc où il désigne à la fois une variété de la langue, le tamazight, et les habitants du Maroc central parlant cette variété[5].

Pour notre part, nous faisons le choix à la suite de A. Boukous (1995, 17), d'adopter dans cet ouvrage et ailleurs le vocable "amazighe". Nous entendons par là ce que l'on dénomme traditionnellement le berbère dans la tradition dialectologique occidentale ou tamazight dans la littérature linguistique et culturelle maghrébine. Ce vocable étranger à la population qui parle cette langue est le résultat donc de l'ethnocentrisme gréco-romain qui qualifiait de barbare toute culture marquée du sceau de la différence.

En effet comme le souligne A. Boukous, le terme amazighe a plusieurs avantages : en plus de sa profondeur historique confirmée par la littérature classique et antique, il est conforme à la morphologie des noms de langues en français (genre masculin) : le chinois, le russe, le flamand, etc. La langue arabe est dite l'arabe et non pas la "ʿarabiyya", la langue perse et dite le persan et non point la "fārissiyya", etc. Son adoption (amazighe/s (masc. et fém., sing/plur) permettra par ailleurs de distinguer l'amazighe en tant que langue-mère du tamazight en tant que dialecte spécifique du Maroc central.

Au Maroc, l'amazighe se répartit en trois groupements dialectaux le tarifit, le tamazight et le tachelhit. Les frontières géographiques entre ces trois variétés ne sont pas étanches aussi n'ont-elles ici qu'une fonction indicative.

- Le tarifit : se parle au nord-est en général et dans la chaîne montagneuse du Rif. Les villes concernées par ce parler sont principalement Nador, El-houceima, Melilla, Aknoul, Tétouan, Tanger, etc. Les tribus, elles, sont les Iqerâiyen, Iboqqoyen,

---

[5]Sous la pression des nationalistes arabes et, plus récemment, des islamistes, tous les États maghrébins, pour des raisons qui relèvent plus de l'idéologie voire de la démagogie, ont ignoré et combattu directement ou indirectement la langue amazighe qualifiée de dialecte ou de patois.
Pour différencier une langue d'un dialecte, le Maréchal Liautey disait en substance : pour être une langue, un dialecte a besoin d'une armée et d'une marine. Et dans le même ordre d'idée, Fishman, un grand linguiste américain, affirmait : *une langue est un dialecte qui a réussi politiquement ; un dialecte est une langue qui a échoué politiquement.*

Igeznnayen, Iglaiyen, Iznassen, Temsamane, Ayt Touzzine, Ayt Ouaryaghel, Ayt Itteft, etc.

- Le tamazight : se parle entre le Mont Saghro au sud et la ville de Taza au nord et à l'ouest entre l'oued Grou et le cours de Moulouya moyenne à l'est. Les centres urbains importants de cette aire linguistique sont Taza, Tahla, Sefrou, Imouzzar, Ifrane, El Hajeb, Meknès, Azrou, Khenifra, Khemisset, Boulmane, Midelt, Beni Mellal, Errachidia, Goulmima, etc.

Les tribus tamazightophones sont les Ayt Ouaraïne, Ayt Seghrouchen, Ayt Youssi, Ayt Sgougou, Zemmour, Guerwane, Ayt Mguild, Zayane, Ayt Yafelmane, Ayt Sukhmane, Ayt Atta, etc.

- Le tachelhit : se parle entre la province d'Azilal au nord, le cours de Drâa à l'est et au sud et l'Océan atlantique à l'ouest. Les agglomérations importantes concernées par ce dialecte sont Agadir, Tiznit, Taroudant, Inzeggane, Ouarzazate, Imi n Tanout, Essaouira, Marrakech, etc.

Les tribus tachelhitophones sont Ihahane, Ida Outanane, Ayt Baâmrane, Ilalen, Ida oultite, etc. à l'ouest ; Imtouggen, idemsiren, Igedmiwen, Ida Ouzeddagh, etc. au centre ; Ayt Ouaouzguite, Indouzal, Isouktam, etc. à l'est.

ÉLÉMENTS D'HISTOIRE.

Les Amazighes sont les habitants autochtones du Maroc, comme de tout le Maghreb d'ailleurs. Les protohistoriens postulent qu'ils se sont installés au nord de l'Afrique au Néolithique, certains les considèrent comme autochtones, d'autres comme originaires d'Orient (sud de l'Arabie) d'autres encore comme originaires d'Occident (sud de l'Europe). L'origine des Amazighes est en lui-même un enjeu idéologique. Les deux dernières thèses sont, à l'évidence, sous-tendues par des intérêts opposés.

Aux IXe-VIIIe siècle av. J.-C., les Phéniciens créent sur le littoral des comptoirs qui passent au VIe siècle sous le contrôle de Carthage. Les Maures et les Numides, Amazighes de la région, y organisent le royaume de Mauritanie, annexé par Rome en 40 apr. J.-C. Comme le reste de l'Afrique romaine, la région est envahie, après la chute de l'empire, par les Vandales (415-431) puis par les Byzantins (531-646). Ceux-ci n'avaient qu'un pouvoir limité sur la région, ce qui a grandement facilité la pénétration arabe.

Les Arabes arrivèrent de l'Arabie et conquirent le pays. Après une résistance farouche qui dura soixante-dix ans dont la figure emblématique est la Kahina, une Amazighe de confession juive de l'Aurès, l'islam fut imposé aux tribus amazighes chrétiennes, juives ou animistes vers 705.

Plus tard, lorsque l'islamisation sera assurée partout, les Amazighes vont être associés aux Arabes dans cette aventure prodigieuse qui les a jetés aux quatre coins du monde. Un Amazighe dénommé Tarik conduira la première expédition aboutissant à ce que l'on a appelé incorrectement la conquête "arabe" de l'Espagne, une conquête qui fut essentiellement l'œuvre des Amazighes. **Al-Andalus** se verra en effet colonisé par de nombreuses tribus Amazighes (Huwwara, Masmuda, Sanhaja, etc.). Le Maroc et le Maghreb feront alors partie d'un espace islamique allant de l'Indus à l'Atlantique, du Sahara aux Pyrénées et de l'Océan indien à la mer Caspienne.

LES DYNASTIES MAROCAINES DEPUIS LA CONQUÊTE ARABE

Les Idrissides (**al-Adārisa** = de Idris 1er). Fuyant la vengeance des Abbassides, maîtres de Baghdad après la défaite des Omayyades implantés à Damas, Idris I, fondateur de la dynastie, atterrit près de Volubilis, au beau milieu d'une tribu amazighe dirigée alors par Ishaq, chef des Awarba. Il séduit celui-ci et épousa Kenza, sa fille. L'alliance est désormais scellée entre les deux groupes ethniques[6]. Se réclamant du Prophète, il réussit à se faire élire chef en 788. L'État marocain est né indépendamment des deux grands pôles du monde musulman de l'époque : Baghdad et Cordou. Chose qui n'est pas du goût du maître de Baghdad, Haroun al-Rachid, qui ne tarda pas à le faire empoisonner en 791.

Son fils, Idris II, né après sa mort de cette union arabo-amazighe lui succéda en 803 à l'âge de onze ans après une transition politique assurée par deux régents, fidèles compagnons d'Idris 1er. Il fonda Fès en 809 (première capitale du Maroc) et fédéra les Amazighes marocains du Nord autour de lui.

---

[6]Cette tradition de s'allier aux Amazighes par mariage pour mieux les rallier sera conservée par les monarques d'origine arabe jusqu'à nos jours.

Les Almoravides (al-Murābiṭūn = "les fidèles du **ribāṭ**, *couvent militaire.* Comme celui des Idrissides qui le précédèrent et celui des Almohades qui lui succéda, l'empire almoravide tire ses origines d'une réforme religieuse. Cette dynastie amazighe pieuse et orthodoxe venant du Sahara Occidental au XIe siècle fut créée au départ par un certain Ibn Yassine, un Amazighe du sud marocain qui fit un voyage à la Mecque et devint un fervent prédicateur. Un peu plus tard, cette dynastie fut conduite par son nouveau chef Youssef ben Tachfin. En 1062 Marrakech fut fondée et érigée en capitale. En quelques décennies, cette dynastie domina tout le Maroc, Le Maghreb central jusqu'à Alger, la Mauritanie actuelle et atteignit Valence en Espagne en 1103. Mais des contestations sur un double front espagnol et marocain ne tardèrent pas à se faire jour.

Apparut alors, en 1125, un Amazighe originaire du sud marocain nommé Mohamed Ibn Toumert. Réformateur religieux et grand opposant aux Almoravides, il se lança à la conquête du pouvoir. Rattrapé par la mort, on désigna un autre Amazighe Abd Al-Mou'min pour lui succéder. Mais les fils des farouches Sahariens, amollis par le luxe andalou entre autres, étaient à leur tour emportés par un autre vent de réforme, à la fois religieux et tribal.

Les Almohades (**al-Muwaḥḥidūn** = "les Confesseurs de l'Unité de Dieu"). L'initiateur est, une fois encore, un voyageur qui a visité la Mecque, Cordou, Baghdad et Alexandrie : Ibn Toumert. Bien que amazighe, originaire de la tribu de Masmouda dans le Haut Atlas marocain, il prétendait descendre du Prophète. Noblesse oblige ! Pour lui succéder, il choisit Abd Al-Mou'min qui balaie les derniers Almoravides et s'empare en 1147 de Fès, Tlemsen, Marrakech. Dix ans plus tard, le Maghreb entier est sous domination almohade. Même l'Ifriqia, l'actuelle Tunisie et l'est de l'Algérie, qui avaient échappé aux Almoravides sont conquis. Pour la première fois depuis l'Empire romain, l'Afrique du Nord est aux mains d'un seul pouvoir et pour la première fois de son histoire, ce pouvoir est issu de son sol.

Les Almohades furent le plus fanatique des mouvements réformateurs de l'islam maghrébin. A coup d'exécutions sommaires et de conversions forcées furent éliminées les dernières communautés chrétiennes ainsi que les tribus amazighes de confession juive qui gardaient un lointain souvenir de l'expansion du judaïsme.

Pendant plus d'un siècle 1147-1269[7], les Almohades ont régné sur un empire qui va de l'Espagne à la Libye. Leur chef emblématique est le sultan Yaâkoûb al-Mansoûr.

Les Mérinides : Amazighes originaires de la tribu de Beni Mrine d'où leur nom. Sous la houlette de leur chef Abou Yoûssuf Yaâkoûb, ils se lancent à la conquête de l'empire almohade ou de ce qui en reste. Ils s'emparent de Marrakech en 1269 puis de l'Espagne et un peu plus tard, sous le règne de deux de leurs grands chefs Abou al-Hassan et Abou Inan, ils conquièrent Tunis en 1347. N'étant pas investis d'un idéal religieux comme leurs prédécesseurs, ils doivent faire face à des rébellions de tribus rivales, mais aussi à la *reconquista* espagonle. Et la défaite est inévitable en 1492 avec la chute de Grenade.

Les Wattassides : autre tribu amazighe qui va régner jusqu'au milieu du XVIe siècle. Vers la même époque, les Portugais vont traverser le détroit de Gibraltar pour s'emparer de certaines villes de l'actuel Maroc.

Les Saâdiens : venant d'Arabie et usant eux aussi de l'élément religieux (descendants du Prophète ; en arabe, **shrīf**, pl. **shorfa)**. À partir de la vallée de Darâa, ils ont mené une guerre sans merci contre l'envahisseur, en l'occurrence, les Portugais. Ils réussirent à prendre Agadir en 1541 et pousser même jusqu'à ce qui était convenu d'appeler alors **bilād el-Sūd**, le pays de Noirs à savoir le Mali. Leur principal chef est Ahmed al-Mansoûr surnommé **al-Dahbī**, *le doré*. Cette dynastie s'éteignit avec la mort de son dernier chef al-Abbâs en 1659.

Les Alaouites : originaires de Tafilalt d'où leur autre nom les Filaliens. À partir de là, ils menèrent des offensives réussies sur Fès d'abord en 1649 puis plus tard sur Marrakech en 1668. C'est Moulay Rachid qui fonda cette dynastie en 1666, mais c'est son frère, le fameux Moulay Ismaël, "l'assoiffé du sang" comme l'appellent les historiens, qui se rendit célèbre. Il mena ses sujets avec une main de fer et choisit Meknès comme capitale impériale. Il régna 55 ans, un record en terre d'islam : 1672-

[7]La décadence a en fait commencé plus tôt. La sanglante défaite de Las Navas de Tolosa en 1212 qui réduisit la domination musulmane en Espagne à l'Andalousie marqua le recul du pouvoir des Almohades.

1727. C'est cette dynastie qui est toujours au pouvoir au Maroc représentée par l'actuel roi Mohamed VI.

Au cours du XVIIIe siècle, au moment où l'Europe découvre les lumières et trouve sa voie vers l'ère industrielle, le Maroc s'engourdit et finit par exciter les convoitises impérialistes.

Au XIXe siècle, les puissances européennes (Grande-Bretagne, Espagne, France...) obligent les sultans du Maroc à ouvrir le pays à leurs produits. Mais leur rivalité permet au Maroc de sauvegarder son indépendance. Cependant, après les accords d'Algésiras (1906-1912), la France qui occupait déjà la majeure partie du pays, établit, suite au traité de Fès, son protectorat sur le Maroc en 1912. L'Espagne, pour sa part, obtient une zone nord (le Rif) et une zone sud (Ifni). 44 ans plus tard, le 2 mars 1956, l'indépendance du Maroc fut proclamée. Le Maroc fut érigé en royaume en 1956 et à la mort de Mohamed V en 1961, Hassan II accéda au Trône. 38 ans plus tard, il mourut subitement à Rabat le 23 juillet 1999 et son fils lui succéda sous le nom de Mohamed VI.

CHRONOLOGIE DES MOMENTS FORTS DEPUIS L'ANTIQUITÉ.

10.000 av. J.-C. : épanouissement de la civilisation ibéromaurusienne. L'Homme de Mechta el-Arbi occupe toute l'Afrique du Nord.
7000-5000 av. J.-C. : civilisation capsienne. Apparition des Protoméditerranéens.
Vers 1000 av. J.-C. : début de l'implantation phénicienne.
800/146 av. J.-C. : Carthage
Vers 450 av. J.-C. : Carthage se constitue un Empire africain.
396 av. J.-C. : les Libyens et Numides (amazighes) révoltés s'emparent de Tunis.
311-307 av. J.-C. : expédition d'Agathocle en Afrique. Ailymas, roi des Numides.
238-237 av. J.-C. : guerre des Mercenaires et des Numides. Naravas, prince numide.
203 av. J.-C. : Syphax, roi des Numides Masaesyles, s'empare du royaume Massyle.
IVe siècle /46 av. J.-C. : Royaume numide des Massyles.
241 av. J.-C. : fin de la première guerre punique.
201 av. J.-C. : fin de la seconde guerre punique.

202-148 av. J.-C. : règne de Massinissa qui unifie la Numidie et s'empare d'une partie du territoire de Carthage.
146 av. J.-C. : destruction de Carthage. Fondation de la Province romaine d'Afrique.
148-118 av. J.-C. : règne de Micipsa.
118-105 av. J.-C. : règne de Jugurtha. Lutte contre Rome. La partie occidentale de la Numidie passe aux mains de Bochus, roi des Maures.
Avant 203-33 av. J.-C. : dynastie maure des Bochus (Baga, Bochus I, Sosus, Bochus II et Bogud)
105-46 av. J.-C. : dynasties des Massyles de l'Est (Gauda, Masteabar, Hiempsal II, Massinissa II, Juba Ier).
46 av. J.-C. : défaite et mort de Juba Ier, son royaume devient une province romaine : *Africa Nova* (ex-royaune de Numidie).
25 av. J.-C./40 ap. J.-C. : dynastie mauritanienne (Juba II, Ptolémée).
42 : création des Provinces de Mauritanie Tingitane (Maroc) et de Mauritanie Césarienne (Algérie centrale et occidentale).
146 av. J.-C./439 ap. J.-C. : domination de Rome et évangélisation.
Vers 225 : extension maximum de la domination romaine en Afrique.
250-300 : grandes révoltes amazighes en Mauritanie.
Vers 285 : abandon de Volubilis par les Romains. Repli de Rome.
396-430 : St. Augustin, évêque amazighe romanisé d'Hippone.
430-533 : domination vandale dans l'est du Maghreb.
Vers 470 : arrivée de Tin Hinan au Hoggar. La lignée noble des Touaregs prétend descendre de cette princesse.
533-647 : Domination des Byzantins.
Multiplication des principautés amazighes. Pénétration des nomades chameliers néo-amazighes, les Zénètes, qui sont pour la plupart païens et certains judaïsés.
647 : irruption des Arabes en **Ifiqia** (*Africa*). Bataille de Sufetela (Sbeitla). Victoire arabe.

Conquête arabe & dynasties marocaines.
682 : Oqba ben Nafiâ, le conquérant arabe, se fait tuer par Koceila, un Amazighe chrétien, au sud de l'Aurès.

693 : mort de la Kahina (devineresse). Elle est une résistante amazighe appelée ainsi par ses adversaires arabes. Début de la fin de la résistance amazighe au conquérant[8].
700-710 : achèvement de la conquête du Maghreb par les Arabes. Ils imposent l'islam aux tribus amazighes, chrétiennes, juives ou animistes.
711 : Tarik traverse le détroit avec 12000 amazighes nouvellement convertis à l'Islam. En trois ans, 711-715, le sort de l'Espagne wisigothique est réglé.
732 : l'élan des conquérants musulmans est stoppé à l'issue de la bataille de Poitiers.
734 : début de la révolte amazighe khâridjite au Maroc[9].
788-985 : la dynastie idrisside gouverne le pays : Idriss Ier proclamé à Walili (Volubilis). Fès est fondée en 809 par Idriss II, la monarchie est établie au Maroc.
1061-1147 : les Almoravides unifient le Maghreb et l'Andalousie en un vaste empire. Marrakech est fondée par Youssouf Ibn Tachfin, le chef fondateur.
1147-1269 : sous le gouvernement des Almohades, une brillante civilisation arabo-andalouse s'épanouit. L'empire s'étend jusqu'en Libye.
16 juillet 1212 : bataille de Las Navas de Tolosa.
1269-1420 : le Maroc est aux mains des Mérinides. Cette dynastie renonce à l'Espagne en 1340.
1415 : les Portugais conquièrent Ceuta.

---

[8]La résistance amazighe à l'invasion arabe au Maghreb n'a pas partout la même forme. Le Maroc actuel, à l'exception des villes, était beaucoup moins romanisé et christianisé. La population amazighe demeura païenne et passa directement et définitivement du paganisme à l'islam au bout de deux expéditions. En Algérie et en Tunisie, en revanche, la christianisation était réelle et la résistance farouche. Les apostasies étaient nombreuses. Pas moins de sept expéditions étaient nécessaires pour venir à bout de la pugnacité des chefs amazighes et notamment Koceila auquel succéda la Kahina qui fut vaincue en 698 par Hassan al-Nou'man.

[9]Il est important de noter que cette révolte fut dirigée contre le calife d'Orient et non contre l'islam. Le différend fut d'abord fiscal dans la mesure où l'on exigea que les nouveaux convertis paient en plus des "prélèvements coraniques", des *impôts fonciers*, **ḫarāj** et des *impôts personnels*, **jizya** au même titre que les non-musulmans. Cette terrible injustice qui confère aux Amazighes un statut de vaincus, eux qui sont de traditions égalitaires, marqua le détachement définitif du Maroc avec l'Orient dès 840. Ce n'est pas le cas des autres pays maghrébins qui renoueront plus tard avec le monde oriental sous l'occupation ottomane au XVIe siècle.

1554-1659 : les Saâdiens règnent sur le Maroc. En collaboration avec les marabouts, la guerre sainte est déclarée contre les Européens.
1471 : les Portugais conquièrent Tanger et Melilla en 1497.
1492 : fin du royaume musulman de Grenade.
4 août 1578 : les Portugais sont défaits à Alcaçar Quivir par al-Mansour.
1578-1607 : règne d'Ahmed al-Mansour.
1581 : conquête du Soudan par les Marocains.
1591 : Tombouctou est conquise et le Maroc contrôle pendant quelques années le commerce saharien.
1666 : Moulay Rachid fonde la dynastie alaouite qui règne encore aujourd'hui.
1672-1727 : règne de Moulay Ismaïl. Il récupère Tanger en 1684.
XVIIe-XVIIIe siècle : le Maroc connaît des querelles successorales et une sévère décadence économique.
XIXe siècle : les puissances européennes exercent des pressions sur les sultans, mais des rivalités éclatent entre eux. Le Maroc est sauvé, mais point pour longtemps.
Août 1825 : traité avec la France qui obtient la clause de la nation la plus favorisée.
14 août 1844 : bataille d'Oued Isly.
1859 : expédition française pour contrôler l'est du pays.
1903 : les troupes françaises occupent Béchar qui deviendra Colomb-Béchar.

•LES PROTECTORATS FRANCAIS ET ESPAGNOL.

1906 : Conférence d'Algésiras ; le Maroc est placé sous contrôle international. Toutefois, à la suite d'une série d'ententes avec Madrid, Londres, Rome et Berlin, la France obtient d'avoir les mains libres dans la région. Elle s'était auparavant adjugé la Mauritanie. L'Espagne se contente du Río de Oro et de la Sagya el-Hamra (Sahara occidental).
1907 : occupation de Casablanca par le général Drude.
1911 : occupation de Fès et de Meknès par le général Moinier.
30 mars 1912 : Traité de Fès. Abdication forcée du sultan Moulay Hafid et proclamation du sultan Moulay Youssef. Le Général Hubert Lyautey est premier résident général à Rabat jusqu'en 1925. Commence alors la pacification du pays. L'Espagne obtient une zone nord (le Rif) et une zone sud (Ifni et Tarfaya). Tanger devient une zone internationale.
1914 : Prise de Taza.

1914-1918 : cinq régiments de tirailleurs marocains combattent en France. Bilan : 34 000 morts.
1915 : achèvement de la liaison ferroviaire Casablanca-Rabat-Fès.
1920 : prise de Ouezzane; fondation de l'office des phosphates.
1921 : Lyautey élevé à la dignité de Maréchal; achèvement de la liaison ferroviaire Fès-Taza.
1921-1926 : Abd el-Krim (1882-1947) anime la guerre du Rif (Nord du Maroc) contre les Espagnols à qui il inflige une désastreuse défaite en 1921 (bataille d'Anwal) puis contre les Français. Ce chef amazighe doit se rendre en 1926 devant la coalition franco-espagnole. Interné à l'île de la Réunion pendant 20 ans. Il s'en évadera pour se réfugier au Caire où il mourra en 1963 après avoir créé le *Comité de Libération du Maghreb* en 1947.
18 novembre 1927 : Mohamed V accède au Trône. Le régime colonial lui laisse un pouvoir purement religieux. La colonisation transforme l'économie ; un cinquième des terres utilisables est attribué à des Européens.
1930 : "Dahir berbère[10]" ; manifestation à Fès.

---

[10]Ce dahir promulgué le 16 mai 1930 par l'administration coloniale se proposait de séparer juridiquement les deux composantes de la nation marocaine, l'arabe et l'amazighe, afin de donner à chacune un régime juridique différent. Pour parler de ce dahir, il faudrait, à notre sens, distinguer deux choses : d'une part, son contenu et d'autre part, la conjoncture historico-politique de sa promulgation. Pour le contenu, il est une donnée objective qui est qu'il existe réellement des différences sensibles et des particularités marquantes entre le droit coranique et les codes coutumiers amazighes. Ces pratiques juridiques préexistent à l'arrivée des Français. Ceux-ci ne les ont pas créées, comme on pourrait parfois le croire à lire la littérature nationaliste arabo-islamique, mais ils ont simplement entériné une situation antérieure. Quant au contexte politique, cette nouvelle organisation judiciaire intervient à un moment où le nationalisme maghrébin en général et marocain en particulier s'est déjà cristallisé. Cette toute jeune conscience nationaliste a ressenti l'initiative française comme une agression caractérisée. Ce qui est considéré, à juste titre, comme une catastrophe nationale par tous les Marocains aurait abouti en effet à la soustraction des Amazighes à la juridiction islamique et par là même, ce qui est encore plus grave, à l'autorité judiciaire du sultan puisque le pouvoir de celui-ci était religieux et comportait l'exercice de la loi islamique.
Il est à souligner que bien qu'ils ne fussent pour rien dans cette initiative politicienne de la France, les Amazighes vont traîner depuis, une réputation injuste de connivents avec l'ennemi et de traîtres potentiels de la cause nationale. Cette suspicion va continuellement les desservir et même ceux parmi eux qui ont consacré leur vie au combat national. Ils sont et seront toujours traités de la sorte par les nationalistes arabo-islamistes tant qu'ils

1932 : prise de Ouarzazate.
1933-34 : prise de Tindouf et fin de la résistance des Amazighes du Haut Atlas. Le Maroc est pacifié. La France contrôle alors l'ensemble du pays.
1934 : fondation du *Comité d'Action Marocaine* par Allal el-Fassi et Ahmed Balafrej. Des manifestations en faveur des réformes.
1937 : scission de l'*Action Marocaine* ; émeutes et déportation de Allal el-Fassi au Gabon.
1939 : appui du sultan à la France en guerre.
Après la défaite française de 1940, les partis puis le sultan Mohammed V demandent l'indépendance.
1940 : ralliement du général Noguès, alors résident général, au maréchal Pétain.
1940-1945 : l'Espagne occupe Tanger, ville internationale depuis 1933.
1942 : débarquement anglo-américain en Afrique du Nord.
1943 : conférence d'Anfa avec Roosevelt, Churchill, les généraux de Gaulle et Giraud ; rencontre du sultan et du président des États-Unis. La même année, le sultan parraine la fondation de l'*Istiqlal* qui deviendra le principal mouvement de libération. Au slogan non respecté du Protectorat : "Vers l'indépendance par les réformes", il oppose la formule : "Vers les réformes par l'indépendance".
1945 : discours du sultan à Marrakech ; voyage en France de Mohamed V fait compagnon de la Libération par de Gaulle.
1946 : retour de Allal el-Fassi. Formation du *Parti Démocratique de l'Indépendance* par al-Wazzani. C'est le cycle de la résistance-répression.
10 avril 1947 : Émeutes à Casablanca ; discours du sultan à Tanger où il approuve la création de la *Ligue arabe*.
1948 : lettre du Sultan au président Vincent Auriol.
1952 : émeutes à Casablanca.
14-15 août 1953 : le sultan Mohamad V est destitué et exilé à Madagascar par les autorités françaises ; Moulay Ben Arafa est proclamé roi.
1954 : autonomie interne de la Tunisie ; armistice de Genève mettant fin à la guerre d'Indochine ; début de la guerre d'Algérie.
10 novembre 1955 : retour de Mohamed V ; ralliement du Glaoui à celui-ci.

---

n'auront pas renoncé à leur particularisme culturel pour se fondre dans le creuset arabe.

L'INDÉPENDANCE.

1956 : abrogation du traité de Fès ; l'indépendance du Maroc est proclamée. (20 mars pour les Français, 7 avril pour les Espagnols qui conservent les enclaves de Ceuta et de Melilla au nord, le Sahara au sud.
1957 : le Maroc est érigé en royaume.
Août 1957 : le statut international de Tanger est aboli. (Port franc jusqu'en 1962)
26 février 1961 : Mort de Mohamed V. Son fils, Hassan II, lui succède au trône le 3 mars et instaure une politique autoritaire, suspendant la Constitution de 1965 à 1970.
1968 : l'Espagne rétrocède Tarfaya au Maroc.
1969 : l'Espagne rétrocède Ifni au Maroc.
1971-72 : trois complots sont organisés contre le roi.
1972 : nouvelle constitution approuvée par référendum. Elle sera amendée ultérieurement, en 1980, de la même manière.
1975 : le Maroc exerce des pressions sur l'Espagne. La marche verte est organisée le 6 novembre. 350 000 volontaires marocains franchissent la frontière.
Février 1976 : l'Espagne se retire du Sahara. Deux tiers du territoire reviennent au Maroc, un tiers à la Mauritanie. Le Front Polisario refuse ce partage et proclame l'indépendance de la "*République Arabe Sahraouie Démocratique*" (*RASD*). Les relations diplomatiques sont rompues avec l'Algérie.
1979 : la Mauritanie se retire du Sahara et le Maroc recouvre la totalité de l'ancien Sahara espagnol.
Septembre 1984 : élections législatives.
1988 : l'*ONU* propose au Maroc un plan de paix prévoyant la tenue d'un référendum d'autodétermination au Sahara en 1991. Le Maroc accepte, mais des divergences concernant la composition du corps électoral font repousser sans cesse ce référendum. Par ailleurs, les relations diplomatiques avec l'Algérie sont rétablies.
1992-1996 : des révisions constitutionnelles tendent à assurer un meilleur équilibre entre l'exécutif et le législatif.
Novembre 1997 : élections législatives multipartites, victoire de l'*USFP* (*Union Socialiste des Forces Populaires).* Par ailleurs, la Chambre des Représentants est pour la première fois élue au suffrage universel direct.
Mars 1998 : Hasan II nomme le leader de l'opposition socialiste au poste de Premier ministre.

Février 1999 : le Maroc signe avec les Nations Unies un accord technique concernant les préparatifs du référendum sur le Sahara occidental.
23 Juillet 1999 : mort de Hassan II. Son fils aîné lui succède sous le nom de Mohammed VI.

POPULATION DU MAROC.

Le Maroc est peuplé par plusieurs ethnies différentes :

* Les Amazighes : éléments autochtones (zones montagneuses et rurales).
La classification des Amazighes a souvent donné lieu à d'interminables controverses. Celle d'Ibn Khaldoun[11] a l'avantage d'être basée uniquement sur un critère linguistique.

Il distingue trois grands ensembles :

- le tachelhit : parlé par les Masmouda qui vivaient dans le sud et dans le sud ouest du Maroc.
- le tamazight : parlé par les Sanhaja au centre.
- le zenatiyya : parlé par les Zenata au Nord.

Les Amazighes ne sont pas réductibles à un seul type physique. De grandes différences sont, en effet, observables chez eux quant à la taille, la couleur des yeux et des cheveux. Cela va du teint clair voire très clair à foncé voire noir.

* Les Arabes : éléments envahisseurs (zones urbaines arabisées).
L'arrivée des Arabes s'est effectuée en trois phases bien distinctes:
- celle des Arabes conquérants, propagateurs de la nouvelle religion au VIIe et VIIIe siècle.
- celle des Arabes expulsés par les Fatimides d'Égypte et qualifiés de "nuée de sauterelles" par Ibn Khaldoun, les Banu Hilal du XIIe siècle. Ce sont les "arabiseurs" de la première heure.
- celle des Banu Maâqil au XIIe et XIVe siècle. Continuateurs de l'œuvre de leurs prédécesseurs.

---

[11] Les Amazighes ont donné à la chrétienté et au monde musulman de grandes figures historiques : Saint Augustin, Saint Cyprien, Tertulien, Apulée, etc.; Ibn Khaldoun, Averroès, Ibn Tofaïle, etc.

* Les Haratines[12] : éléments asservis venus de différentes régions sub-sahariennes, XIe, XIIe, XVIIe XVIIIe et même le XIXe siècle, zones sahariennes et autour des palais.
* Les Juifs[13] : éléments réfugiés en grande majorité, originaires d'Espagne, XVe et XVIe siècles (zones citadines anciennes : Rabat, Salé, Tétouan, etc.).

* Les Européens : éléments colonisateurs, XIXe et XXe siècle. De nos jours, il y aurait au Maroc quelque 50 000 Européens dont la plupart est de nationalité française.

ÉLÉMENTS DE GÉOGRAPHIE

On trouve au Maroc quatre groupes de régions :
- L'ensemble montagneux formé des chaînes du Rif, du Haut Atlas, ou Grand Atlas, partie la plus élevée du système (4165 m au djebel Toubkal), est séparé de la chaîne du Moyen Atlas (le plus haut point, le mont Bou Nasser, culmine à 3340), au nord, par la Moulouya et de l'autre chaîne, l'Anti-Atlas, au sud, par l'oued Sous. Au total, 100 000 km^2 de la superficie totale s'élève au-dessus de 2000 m.
- Les plaines (du Haouz et de Tadla) et les plateaux (de la Meseta) formant le Maroc atlantique. Cette région est la plus peuplée et la plus riche de toutes.
- Les plateaux de l'Est, pauvres et mal arrosés . Ils s'étendent jusqu'à la frontière algérienne.
- Le désert au Sud. Des centaines de kilomètres de dunes sculptées par le vent. Aucune richesse sinon celle du sous-sol.

---

[12]L'ensemble le plus important des Noirs marocains est issu de l'esclavage. Moulay Ismaël (1672-1727) recrutait au Mali (anciennement **bilād es-sūd**, *le pays des Noirs*) toute sa garde personnelle. C'est ainsi que 150 000 soldats de la "garde noire" ont débarqué au Maroc à cette époque. Notons que cette milice chérifienne, vus ses bons et loyaux services, existe encore de nos jours.

[13]Le Maroc a abrité jusqu'à 160 000 juifs. La plupart avait été expulsée d'Andalousie suite à la *Reconquista*. Vers la fin des années 1960, il n'en restait plus que 30 000 ; le reste a préféré émigrer en Israël après 1948, en Europe ou aux Etats-Unis. Si le nombre de juifs a fortement décru, de nombreuses villes marocaines possèdent encore leur quartier juif appelé **Mellāḥ** Celui-ci vient de l'arabe **melḥ**, *sel*, car les juifs étaient chargés de saler les têtes des rebelles décapités. Ils étaient du reste chargés des besognes les plus basses : ébouage, nettoyage, transport de charogne et autres travaux refusés par le reste de la population.

Ces quatre régions, différentes les unes des autres offrent au Maroc un aspect contrasté. Aussi a-t-on souvent l'impression, en le parcourant, de traverser plusieurs pays.
La population est en majorité concentrée dans les plaines côtières et dans les grandes villes. La densité globale est de 37,8 au km^2. Les villes concentrent plus 50% de la population et accusent un développement plus rapide que leur fonction de production. La population est jeune, plus de la moitié a moins de 20 ans et quasiment les 3/4 ont moins de 30 ans. Le taux d'accroissement naturel de la population est d'environ 2% soit plus de 500 000 personnes par an. Ces toutes dernières années, on a pu observer une baisse relative du taux de fécondité due probablement au recul de l'âge de mariage des jeunes et aux difficultés économiques qui pèsent sur les ménages.

Les villes les plus importantes :
- **Casablanca** : ville côtière de plus de 3,8 millions d'habitants. C'est la métropole économique et financière du Maroc. On y trouve le plus grand port du pays.

- **Rabat** : compte 1,2 million d'habitants. Elle est la capitale administrative à l'embouchure du fleuve de Bou Regreg. C'est le siège du gouvernement, du parlement et des ambassades.

- **Fès** : capitale scientifique en raison de son université, la plus vieille du pays. Elle compte aussi 1,2 million d'habitants.

- **Marrakech** : le centre touristique le plus important du Maroc. Il vient en 4ème position avec 870 000 habitants. La ville se situe au pied du Haut Atlas sur le fleuve Tensift. Elle est connue pour la douceur de son climat en automne et en hiver, et ses températures caniculaires en été.

Viennent ensuite des villes comme **Agadir** (centre balnéaire), **Tanger** (port sur le détroit de Gibraltar), **Meknès** (60 km à l'ouest de Fès), **Tétouan** (50 km à l'est de Tanger) avec 500.000 habitants ou encore **Oujda** (au Nord-est à la frontière algérienne) ou **Kénitra** (40 km au nord de Rabat) qui comptent entre 200.000 et 260.000 habitants.

Le climat du Maroc est un climat tempéré et chaud de type méditerranéen : à l'ouest, il est océanique, continental au centre et à l'est, et aride ou désertique au sud.

On peut distinguer grosso modo deux saisons : l'une qui va de mai à septembre (sèche et chaude) et l'autre d'octobre à avril (froide et humide). Les températures varient en fonction des régions. Elles peuvent atteindre les 50° l'été et descendre au-dessous de 0° l'hiver. Près des côtes, les températures restent modérées à longueur d'année (entre 10° et 28°).

Les précipitations sont généralement modestes. Les périodes les plus arrosées se situent entre novembre et mars. La pluviosité est plus importante dans les régions du nord-ouest et du littoral atlantique.

- ÉLÉMENTS D'ÉCONOMIE

Le Maroc est un pays principalement agricole (40% de la population active ; 17% du PNB) aussi son économie dépend-elle des aléas climatiques. Si bien que dans les années de pluies abondantes, les récoltes sont importantes et le taux de croissance s'en trouve très positif (6,3% en 1998) alors que dans les années de sécheresse, la récolte est nulle et le résultat en termes de croissance est négatif (-2% en 1997). Cela dit, ce taux reste positif sur le long terme. L'agriculture se présente sous forme de production vivrière (blé, orge) et de grandes plantations spécialisées dans les cultures d'exportation (agrumes notamment). Elle est complétée par l'élevage (ovins, 15 millions de tête ; caprins, 6 millions en 1996).

En dehors du secteur de l'agriculture, la pêche constitue une ressource importante du pays (625.000 tonnes en 1996 ; 15% du volume des exportations).

Sans ressources énergétiques, le pays dispose en revanche de grands gisements de phosphate dont le Maroc détient les deux tiers des ressources mondiales. Il est le troisième producteur mondial et le premier exportateur.

L'industrie est encore peu développée et reste centrée sur des secteurs traditionnels : agro-alimentaire, textile, artisanat et limitée au traitement des produits du sol et des phosphates. Le secteur des mines et de l'industrie occupe 24% de la population active et contribue pour 28% au PNB du pays.

Le tourisme constitue pour sa part une ressource importante de revenus. Après une période de baisse, il connaît depuis 1996 une reprise conséquente (3 millions de visiteurs par an).

Les services, quant à eux, occupent 41% de la population active et contribuent pour 54% au PNB du pays.

Enfin, il faut signaler le volume de devises transférées par les Marocains travaillant à l'étranger et qui couvre une partie non négligeable du déficit de la balance commerciale.

Depuis une dizaine d'années, le Maroc est en pleine transformation économique. Sa monnaie, le dirham[14], est devenue convertible, la bourse est active, un plan de privatisation est entrepris et l'endettement se réduit.

Cependant, malgré tous ces efforts, le Maroc connaît un taux de chômage de 20% notamment dans les villes où la pression démographique et l'exode rural accroissent le sous-emploi. Les jeunes diplômés sont touchés de plein fouet par cette crise. Par ailleurs, on peut constater un écart flagrant entre les couches aisées et les couches pauvres.

L'analphabétisme bat des records : 72% de la population rurale et 37% en milieu urbain ; soit, au total, 40% des hommes et 68% des femmes.

Le commerce extérieur s'effectue notamment avec la C.E. La France vient en tête. Elle est le premier partenaire économique et commercial et le premier investisseur. Viennent ensuite l'Allemagne, l'Italie, les États-Unis ou encore l'Espagne. Le volume des exportations (9,3% milliards de dollars) dépasse celui des importations (7,42 milliards de dollars). Le taux d'inflation est de 3% et la croissance annuelle, elle, est de 6%. Quant au PIB (Produit Intérieur Brut), il est de 33,4 milliards de dollars. (France : 1239,2)

[14]Dirham est un mot que l'arabe a emprunté au persan. Il veut dire "pièce d'argent". 1FF vaut 1,50 DH environ. Au Maroc, on compte aussi en franc, *frank*, mais entendu au sens de centime. Ce qui fait qu'un dirham vaut 100 *frank*. On compte aussi selon les régions en "riyal". 1 dirham vaut 20 *riyal* et 1 franc français vaudrait autour 27 *riyal*.

ALPHABET ET TRANSLITTÉRATION

Graphie latine	Graphie arabe	Appellation arabe	Exemple arabe	Exemple français
b	ب	ba	banka	banque
t	ت	ta	temma	là
j	ج	jīm	jiha	côté
ḥ	ح	ḥa	ḥmār	âne
ẖ	خ	ẖa	ẖāwi	vide
d	د	dāl	dīma	toujours
r	ر	ra	rās	tête
z	ز	zāy	zwīn	beau
s	س	sīn	sma	ciel
sh	ش	shīn	shemsh	soleil
ṣ	ص	ṣād	ṣabūn	savon
ṭ	ط	ṭa	ṭebla	table
ḍ	ض	ḍāḍ	ḍerba	coup
ʿ	ع	ʿīn	ʿīn	œil
ġ	غ	ġīn	ġāli	cher
f	ف	fa	flūs	argent
q	ق	qāf	qehwa	café
k	ك	kāf	kāfi	suffisant
l	ل	lām	līl	nuit
m	م	mīm	mdīna	ville
n	ن	nūn	nʿam	oui
h	ه	ha	hna	ici
w	و	wāw	wṣel	arriver
y	ي	ya	yāms	hier

Les consonnes p, v, g et ẓ n'existent pas dans la langue arabe classique et n'ont pas de nom consacré. Appelons-les en arabe dialectal :

p	pa	pupuya	poupée
v	va	vāz	vase
g	ga	garru	cigarette
ẓ	ẓa	ẓaẓ	sensualité

LES CONSONNES :

Consonnes existant dans l'alphabet français :

b **bū-ya**, *mon père* ; **bibi**, *dindon* ; **bulīs**, *police.*

p **pupuya**, *poupée* ; **pisri**, *épicerie* ; **parkin**, *parking* .

f **Fās**, *Fès* ; **fumm**, *bouche* ; **film**, *film* , **ferrān**, *four.*

v **vāz**, *vase* ; **villa**, *villa* .

m **māl**, *richesse, argent* ; **mra**, *femme* ; **mnīn** *d'où.*

t **atāy**, *thé* ; **tulūt**, *tiers* ; **ḫālt-i**, *ma tante* .

d **dgīg**, *farine* ; **derhem**, *dirham* .

n **nsa**, *il a oublié, femmes* ; **nishane**, *tout droit* .

z **zebda**, *beurre* ; **zitūne**, *olives* .

s **sīd-i**, *monsieur, mon seigneur* ; **sarūt**, *clef* .

j **jbel**, *montagne* ; **jdīd**, *neuf* ; **jedd**, *grand*-père.

sh Comme dans "**cheval**" **shamsh**, *soleil* ; **shwa**, *grillades* ; **shūf !** *regarde*! .

k **kās**, *verre* ; **kilu**, *kilogramme* ; **kamūn** *cumin.*

g **gemra**, *lune* ; **gles**, *assieds-toi* ! Cette consonne apparaît parfois en substitution de "**q**" (cf. infra). Pour certains mots, on peut donc prononcer **qelb** => **gelb**, *cœur* ; **qūl** => **gūl**, *dis* , etc.

l **līl**, *nuit* ; **lūz**, *amandes* ; **zwīn**, *beau, bon* .

r Toujours franchement roulé : **mrīḍ**, *malade* ; **remla**, *sable* ; **rebb-i**, *mon Dieu.*

ġ C'est le **r** "parisien" fortement grasseyé produit par vibration au fond de la gorge. C'est aussi le "r" du gargarisme : **ġaba**, *fôret* ; **ġība**, *absence* ; **ġāli**, *cher.*

Il faut rappeler qu'en arabe, le ***r*** et le ***ġ*** sont deux consonnes bien distinctes l'une de l'autre.

w C'est le "w" de watt, de oui ou de *water* anglais. En aucun cas celui de wagon en français : **wālu**, *rien* ; **wāḥed**, *un*; **werḍ**, *roses* .

y C'est le y de yacht ou de *year* anglais : **yumayen**, *deux jours* ; **yedd**, *main.*

Consonnes modifiées de l'alphabet français : aux consonnes t, d, s et z existant en français, correspondent des consonnes dites emphatiques :

ṭ Le **t** avec un point en dessous doit être prononcé avec emphase, c'est-à-dire en se servant de la cavité buccale comme d'une caisse de résonance ou encore comme si l'on avait la bouche pleine : **ṭīr**, *oiseau* ; **ṭri**, *frais* ; **ṭāb**, *il est cuit, il est mûr* # **tāb**, il s'est repenti.

Le mot "*Tati*", enseigne de l'établissement commercial français, présente pour l'oreille d'un arabophone deux sons **t** bien différents ; l'un emphatique, c'est le premier et l'autre normal. Faites le test vous-même et essayer de percevoir la différence ! (Pour plus de détails, voir infra : l'emphase)

ḍ Le **ḍ** comme le *ṭ* est une emphatique qu'il faut prononcer avec un gonflement de la gorge : **ḍrīf**, *gentil*; **ḍīf**, *hôte* ; **eḍ-ḍu**, *la lumière* , **ḍār**, *maison* # **dār**, *il a fait* .

ṣ Une autre consonne emphatique, faites-la résonner au fond de la gorge : **ṣāfi**, *clair, assez* ; **ṣerf**, *monnaie*

ẓ Encore une emphatique : **ẓār**, *il a visité* ; **bāẓ**, *eh bien, dis donc* ! # **bāz**, *épervier.*

Consonnes qui n'existent pas en français : ces consonnes ont une prononciation qu'on ne pourra acquérir qu'en se les faisant prononcer par des arabophones natifs.

ḫ C'est la *jota* espagnole ou le *ch* allemand de *Nacht* et de *Achtung*. Pour l'articuler, il faut produire une sorte de raclement au fond de la gorge comme lorsqu'on veut cracher : **ḫubz** *pain*, **ḫāwi**, *vide* ; **ḫemsa**, *cinq.*

ḥ Ce **h** avec un point en dessous est fortement expiré. Il est émis par le larynx dans la position de la voix chuchotée. Il se prononce comme si l'on avait la bouche emportée par un plat trop épicé : **ḥāj**, *pèlerin* ; **ḥrīra**, *soupe* ; **ḥūt** *poisson.*

ʿ Ce son est émis du plus profond de la gorge tout comme **ḥ** : air expiré avec contraction de la partie inférieure du larynx et vibration des cordes vocales : **ʿīd**, *fête* ; **ʿār**, *honte* ; **ʿend-i** *chez-moi*, j'ai ; **ʿdu**, *ennemi.*

ʾ C'est une attaque vocalique très rare quand elle est d'origine classique : **masʾūl**, *responsable* ; **dāʾira**, *circonscription.* En revanche, dans les vieux parlers citadins Fès, Rabat, Tétouan, Tanger ou celui des Juifs par exemple, elle apparaît souvent à la place du **q**, ex.: **ʾūl-l-i - qūl-l-i - gūl-l-i**, *dis-à-moi* => *dis-moi* .

q Consonne gutturale par excellence. Elle est émise par une explosion sourde se produisant à l'extrême fond de la gorge. C'est en quelque sorte un "k" prononcé avec fort relâchement du palais : **dqīq**, *farine* ; **qīma**, *valeur.* Cette consonne se prononce plus facilement avec la voyelle **a** : **qāl**, *il a dit* ; **qelb**, *cœur* ; **qerd**, *singe.* Parfois, cette consonne peut être interchangeable avec **g**: **qelb**, *cœur* = **gelb** et **qāl**, *il a dit* = **gāl**, mais **gern** *corne* # **qern**, *siècle.*

h C'est un **h** fortement expiré. Le souffle vient directement de la poitrine, sans rencontrer d'obstacle dans la gorge. C'est le *h* du mot anglais *holding* : **hdiyya** *cadeau*, **hada** *celui-ci, ceci* ; **hna**, *ici.* C'est un son qui n'existe pas en français moderne, sauf dans quelques exclamations vigoureuses comme dans *hum !*

Remarque : l'arabe marocain dispose d'autres consonnes, mais dont on ne fera pas état ici : ce sont :

ṯ C'est une consonne comparable à "th" anglais sourd de *thing* ou à "c" espagnol de *nación.* Elle n'est entendue que chez quelques tribus bédouines. Elle est presque toujours remplacée par le **t** ci-dessus. En Tunisie, en revanche, ce son est d'une bien plus grande fréquence, d'où son importance en arabe tunisien.

ḏ Cette consonne est comparable à "**th**" sonore anglais de *weather*. Elle est souvent remplacée au Maroc par le son qui lui est plus proche **d.** Elle est réalisée sporadiquement au nord du Maroc chez les Jbala.

ğ C'est le son que l'on retrouve dans le mot français emprunté à l'anglais : *manager*. C'est une consonne sonore dédoublée : d+j en une seule émission de voix. Elle apparaît dans les parlers de l'est du Maroc. Elle est prononcée **j** partout ailleurs. C'est une consonne très présente en arabe algérien par exemple : **Jamal => Ğamal**, **jbel => ğbel**, *montagne*.

ḍ Ce son de l'arabe écrit est quasiment inexistant en arabe marocain contrairement à l'arabe tunisien où il est attesté fréquemment.

ṛ Consonne emphatique peu fréquente certes, mais peut parfois être distinctive comme dans : **rāb**, *s'écrouler* vs **ṛāb**, *se cailler ;* **bred**, *avoir froid,* **bṛeḍ**, *limer.*

ḅ Consonne emphatique **ḅeḷḅeḷ**, *marmonner* ; **ḅaḅūr**, *bateau;* ʿ**ḅer**, *mesurer.*

Elle peut aussi opposer des mots comme : **ḅaḷa**, *pelle* vs **bala**, *individu calamiteux.*

ṃ Consonne emphatique que l'on retrouve dans des mots comme **ṃaṃa**, *maman* ; **ṃur**, *derrière* ; **māt**, il est mort vs **ṃāṭ**, *les maths.*

ḷ Consonne emphatique des mots comme : **eḷ-ḷur**, à l'arrière.

LES VOYELLES :

On peut réduire le vocalisme de l'arabe dialectal marocain au triangle vocalique suivant :

/a/ comme dans : **kla**, *il a mangé*, **bra**, *lettre.*
/u/ (= ou français) comme : **siru**, *sirop*, **biru**, *bureau.*
/i/ comme dans : **malika**, *reine*, **ḥafi**, *nu* !

Ces trois phonèmes ont une aire de dispersion très large. Ils se réalisent en plusieurs allophones dont le timbre est contextuellement conditionné. Exemples :

[a] de **beldān**, *pays* est moins ouvert que celui de **ġrāb**, *corbeau* et ceci sous l'effet de la vélaire /ġ/ et de l'emphatique /ḍ/.

[u] de **ẓūr**, *visiter* est réalisé [o] vu la présence dans l'environnement immédiat de l'emphatique /ẓ/

[i] de **qṭīb**, *bâton e*st réalisé [ɛ] pour des raisons d'emphase du /ṭ/.

À ces trois voyelles, il faut en ajouter une quatrième le schwa /ə/ noté ici, pour des raisons de commodité, /e/ qui mérite un traitement à part.

/ə/ C'est un phonème à part entière quand il permet de distinguer, par sa position, un verbe d'un substantif : **berd**, *froid* vs **bred**, *il a froid* ; **ġres**, **planter** vs **ġers**, *l'action de planter* ou quand il s'oppose à l'autre voyelle brève : **ḥebb**, *il a aimé* vs **ḥubb**, *amour*.

Il peut être aussi un simple "lubrifiant phonétique", quand il ne sert que comme une simple voyelle d'appui permettant d'éviter la constitution de groupes consonantiques imprononçables i. e plus de deux consonnes successives : **sket**, *se taire* ; **ṣerfeq**, *gifler* ; **weld**, *garçon ;* **keswa**, *costume* ; **ḥelwa** *pâtisserie* ; **kebda**, *foie* ; **debza**, *coup de poing*.

La durée vocalique : Il n'y a pas à l'heure actuelle de consensus entre les linguistes par rapport à cette question. Certains chercheurs ne jugent pas nécessaire de noter la quantité vocalique, d'autres au contraire pensent qu'elle est importante.

Il serait peut-être prudent, en attendant que les résultats d'études mettant à profit des appareils de mesure électro-acoustiques fiables soient disponibles, de noter cette durée. Aussi, les trois voyelles mentionnées ci-dessus, auront-elles chacune une valeur longue notée par un trait suscrit (ā, ī, ū), ex.:

ā **klāt**, *elle a mangé ;* **brawāt** *lettres*.
ī comme dans *beef* anglais : **srīr**, *lit* ; **sīr**, *va* !
ū **kūl**, *mange* ! comme dans *cool* anglais ; **jūj**, *deux*.

Ce phénomène de longueur se retrouve en français, mais il a perdu beaucoup de sa pertinence et tend à disparaître : signalons à cet égard la différence entre, par exemple, *bête* et *bette, reine* et *renne, mètre* et *mettre, pâte* et *patte*, etc.

L'assimilation : L'article **al** de l'arabe classique devient **el** en arabe dialectal. Il se place devant le substantif qu'il détermine. Quand ce substantif débute par certaines consonnes, le **l** de l'article subit une assimilation à la consonne. Ce qui entraîne une gémination (redoublement) de la consonne initiale :

Voici les consonnes avec lesquelles on assiste à ce phénomène : **n, r, d, ḍ, z, ẓ, t, ṭ, l, s, ṣ** et **sh.**

Exemple :

el-nsa > **en-nsa**, *les femmes* ;
el-zīt > **ez-zīt**, *l'huile.*

Ces consonnes sont appelées par les grammairiens arabes : consonnes solaires, par référence au mot **esh-shemsh**, *le soleil* où le **l** est assimilé par le **sh.**

La consonne j dispose d'un traitement à part, en ce sens que le l de l'article peut être assimilé ou non : **ej-jeld**, *la peau* ; **el-jafāf**, *la sécheresse.*

Le phénomène d'assimilation correspond aux grandes lois de phonétique générale. Il affecte aussi des phonèmes à l'intérieur des mots comme dans : **ma ṣebtū-sh** *je ne l'ai pas trouvé* qui devient **ma ṣettū-sh** et où le [b] est assimilé par le [t] ou encore dans **sheft-u** *je l'ai vu* qui devient **shett-u.** Le [f] étant assimilé par le [t].

La gémination : L'arabe en général a des consonnes redoublées comme en français. On les prononce toutes avec une insistance : **ḫebbāz**, *boulanger*, **ḥemmam**, *hammam.*

L'assimilation de l'article **el** par la consonne qui le suit provoque une gémination i.e. comme dans **er-rūz**, *le riz.* Cette gémination a lieu aussi bien au début des mots qu'au milieu : **ṣeṭṭer**, *souligner* ; **kellem**, *interpeller.* Le **l** redoublé, précédé de **i**, n'est jamais mouillé : **bi l-Lāh**, *par Dieu.*

L'emphase : L'emphase (ou la pharyngalisation) est l'accroissement de la cavité buccale de manière à ce qu'elle serve de caisse de résonance aux organes de phonation; la partie postérieure de la langue va toucher le voile du palais occasionnant un recul de tout l'appareil phonateur.

Comme on peut le constater sur le tableau de translittération, le phénomène d'emphase est marqué par un point souscrit à l'exception de la pharyngale **ḥ**.

Il y a lieu de distinguer les phonèmes emphatiques vrais (**ẓ**, **ṭ**, **ṣ**, **ḍ**) et les phonèmes emphatisés i. e. ayant été mis en condition d'emphase par de vrais emphatiques ou par des phonèmes postérieurs comme [ġ] ou [q].

L'unité minimale affectée est la voyelle qui précède ou qui suit le phonème emphatique. Cependant, l'emphase peut porter sur la totalité du mot comme dans **baṭrūn**, *patron* où l'on entend **ḅaṭṛūn**.

Notons enfin que l'emphase, tout comme la gémination, peut changer le sens d'une unité lexicale : **ḍār**, *maison* ; **dār**, *il fait* ; **kteb**, *écrire* ; **ketteb**, *faire écrire;* **semm**, *venin, poison ;* **ṣemm**, *sourd ;* **ṣmer**, *brun ;* **ṣemmer**, *ferrer une bête.*

Conventions typographiques :

- Pour la commodité du décodage, les tirets serviront à séparer, par exemple, le nom de son article : **es-sma**, *le ciel* ou le verbe de son affixe : **klā-h**, *il l'a mangé.*

Ils serviront aussi à séparer le verbe du morphème discontinu de négation : **ma-mshīt-sh**, *je ne suis pas parti*, etc.

- Le verbe est énoncé conventionnellement à la troisième personne du singulier de l'accompli. Il est communément traduit et de manière tout aussi conventionnelle en français par l'infinitif.

Exemple : **bda**, *il a commencé, commencer.* Comme l'infinitif français en effet, cette forme verbale est la plus courte des formes conjuguées

- Pour un passage correct à la graphie, il y a lieu d'attirer l'attention sur les formes que peut prendre l'indice préfixé de la troisième personne du masculin singulier et pluriel "il, ils". Ceux-ci prendront un **i** devant un thème commençant par une consonne : **ilāġi / ilaġiw**, *il / ils appelle/nt* ou un **ye** devant un thème commençant par une seule consonne tendue ou deux consonnes : **yeddi / yeddiw**, *il/ ils emmène/nt ;* **yeshri / yeshriw**, *il / ils achète/nt*, etc.

- Il convient par ailleurs de ne pas marquer, au début du mot, le schwa **ə** noté ici **e** à chaque fois qu'il fait suite à une voyelle. Exemples : **yebda el-ḥayāt —> yebda l-ḥayāt** , *il commence la vie ;* **huwwa elli msha —> huwwa lli msha**, *c'est lui qui est parti.*

Remarque :

Toutes les consonnes doivent être prononcées que ce soit au milieu du mot comme **janta**, *jante* qui se prononce **ja-n-ta**, ou à la fin du mot comme **vaz**, *vase* qui se prononce "**vaze**" au même titre que le mot "gaz" en français ; **tulūt**, *tiers* se prononce "**tulūte**" comme en français le mot "moult". **bīn**, *entre* se prononce **bīne**. **Kās**, *verre* se prononce **kāss**, etc.

*****

LA GRAMMAIRE

L'ARTICLE :

À la différence du français qui distingue les articles définis des articles indéfinis, l'arabe n'en distingue qu'un, c'est ***el***. Il se place devant le nom et sert pour le masculin, le féminin, le singulier et le pluriel :

kebsh, *mouton*	**el-kebsh**, *le mouton*
beqra, *vache*	**el-beqra**, *la vache*
bnāt, *fille*	**el-bnāt**, *les filles*
ḫīl, *chevaux*	**el-ḫīl**, *les chevaux*

Attention : lorsque le mot devant lequel on doit mettre l'article commence par les lettres **d, ḍ, l, n, r, s, ṣ, sh, t, ṭ, z, ẓ** c'est-à-dire par les lettres que l'on prononce avec les dents ou la langue, on contracte le "l" de l'article avec la première lettre du mot qui se trouve par suite redoublée :

au lieu de	**el-zīf**	on dira	**ez-zīf**, *le foulard*
	el-rās		**er-rās**, *la tête*
	el-snān		**es-snān**, *les dents*
	el-nār		**en-nār**, *le feu*

Il faut arriver par soi-même à opérer cette assimilation instinctivement. Il s'agit d'ailleurs ici de la loi phonétique du moindre effort qui fait qu'il est autrement plus aisé de prononcer **ennār** que **elnār**.

Remarque : on peut rendre les articles indéfinis français *un, une* par **wāḥed**[15], *un* valable pour le masculin et le féminin (suivi d'un nom avec article) et par **shi**, *des, quelques* (suivi d'un nom sans article) :

wāḥed el-ḥmār	*un âne*
wāḥed el-ḥmara	*une ânesse*
wāḥed el-ḥmīr	*des ânes*
shi wāḥed	*quelqu'un*
shi ḥaja	*quelque chose*
shi merrāt	*quelquefois*
shi nās	*des gens*
shi wlād	*des enfants*

---

[15]Cette construction est d'origine amazighe. Elle n'est connue qu'au Maroc et en Algérie.

- Pour un passage correct à l'écriture de l'arabe marocain, nous préférons, à chaque fois qu'un article est précédé d'une voyelle, éliminer le **e** de l'article : **ʿend-i el-flūs** => **ʿend-i l-flūs**, *j'ai de l'argent.*

LE NOM : Le genre

Comme en français, il y a en arabe en général et en arabe marocain en particulier deux genres : un masculin et un féminin.

1. Le masculin : sont du genre masculin :

- les noms désignant un être de ce sexe :

el-bu	*le père*
el-ḫu	*le frère*
el-jedd	*le grand-père*
er-rājel	*l'homme, le mari*

- les noms que l'usage a fait de ce genre :

el-qfa	*la nuque*
ej-jra	*la course*
esh-shra	*l'achat*
el-ġla	*la cherté*
el-basha	*le sous-préfet*

- les noms de groupements humains et de tribus :

en-nṣara	*les chrétiens*
Jbala	*les Jbalas (nom de tribu)*
Mkānsa	*les Meknassis*
Biḍawa	*les Casablancais*
Gnawa	*les Gnawas*

- les autres noms ne se terminant pas par un **a** :

es-sūq	*le marché*
el-ḥsāb	*le compte*
el-qanūn	*la loi*
el-shīk	*le chèque*
el-jawāb	*la réponse*
el-tenber	*le timbre*

2. Le féminin : sont du genre féminin :

- les noms indiquant un être de ce sexe :

el-bent	*la fille*
el-umm	*la mère*
el-uḫt	*la sœur*
el-ḥmāt	*la belle-mère*

- les noms qui indiquent une partie double du corps :

el-rjel	*le pied*
el-yedd	*la main*
el-ʿīn	*l'œil*
el-wden	*l'oreille*
es-sāq	*la jambe*

- les noms que l'usage a fait de ce genre :

el-kersh	*le ventre*	**el-nār**	*le feu*
el-shemsh	*le soleil*	**el-blād**	*le Pays*
el-ḍār	*la maison*	**el-arḍ**	*la terre*
el-ḥerb	*la guerre*	**el-rīḥ**	*le vent*
el-bāb	*la porte*	**el-ḥanūt**	*la boutique*
eṭ-ṭrīq	*la route*	**er-rūḥ**	*l'âme*

- et enfin, ce qui constitue la grande partie du vocabulaire, les mots caractérisés morphologiquement par un **a** en final que l'on devrait écrire **āt**, car en réalité, ces mots se terminent par **āt**. Ce **t** est muet, mais réapparaît ailleurs (voir infra) :

el-meshya	*la (dé)marche*	**et-teffaḥa**	*la pomme*
ez-zebda	*le beurre*	**es-smiyya**	*le nom*
el-kelma	*la parole*	**ej-jerda**	*le jardin*
el-ḫelfa	*le pas*	**el-kebda**	*le foie*
ez-zerba	*la précipitation*	**el-ġelṭa**	*la faute*

3- La formation du féminin

Pour former le féminin en arabe marocain, c'est très simple en dehors de quelques rares cas de féminins irréguliers comme **el-bu**, *le père,* **el-umm**, *la mère*, etc. Il suffit de rajouter à la fin du mot au masculin un **a** :

el-kelb	**el-kelba**	*le chien/la chienne*
el-kbīr	**el-kbīra**	*le grand/la grande*
el-zwīn	**el-zwīna**	*le beau/la belle*
el-ġlīḍ	**el-ġlīḍa**	*le gros/la grosse*

Certains mots se terminent au masculin par une voyelle **i**. Pour former leur féminin, on insère un **y** entre ce **i** et le **a** du féminin pour éviter la rencontre de ces deux voyelles :

ej-jdi	**ej-jdiya**	*le chèvreau/ la chevrette*
el-qni	**el-qniya**	*le lapin/la lapine*

LE NOM : le nombre

Il existe en arabe marocain trois nombres : le singulier, le pluriel et le duel (deux choses). Cette dernière catégorie est beaucoup moins fréquente que les deux premières.

Il n'existe aucune règle de formation de pluriel en arabe marocain. La pratique de la langue et le recours au glossaire nous renseignent pour chaque nom en usage.

Cela dit, nous pouvons tout de même dégager quelques constatations. C'est ainsi que l'on peut distinguer :

1- Le pluriel externe : il s'obtient par une simple addition au singulier d'une terminaison ; le corps du mot n'est pas profondément affecté :

Pour le masculin, l'on rajoute au singulier **īn** :

muᶜellim	**muᶜellimīn**	*instituteur/s*
muweḍḍaf	**muweḍḍafīn**	*fonctionnaire/s*
musāᶜid	**musāᶜidīn**	*assistant/s*
beyyāᶜ	**beyyāᶜīn**	*vendeur/s*

Nota : lorsque le singulier se termine par la voyelle **i**, la rencontre de celle-ci avec le **īn** du pluriel, donne lieu à l'apparition d'un y pour empêcher l'hiatus :

Jazayri + īn	**Jazayriyīn**	*Algérien/s*
Tunsi + īn	**Tunsiyīn**	*Tunisien/s*
Fransawi + īn	**Fransawiyīn**	*Français*
Urupi +īn	**Urupiyīn**	*Européen/s*

Pour le féminin, on substitue **āt** au **a** final du singulier :

ḫeyyaṭa	**ḫeyyaṭāt**	*couturière/s*
ṭefla	**ṭeflāt**	*fille/s*
ḥārisa	**ḥārisāt**	*surveillante/s*
mudīra	**mudīrāt**	*directrice/s*
luġa	**luġāt**	*langue/s*

Remarque : pour éviter l'hiatus entre deux voyelles **a** et comme pour le masculin, on fait appel à un **y** ou à un **w**. L'usage seul peut rendre compte de cet emploi :

mra + āt	**mrawāt/nsa**	*femme/s*
bra + āt	**brawāt**	*lettre/s*
sma + āt	**smawāt**	*ciel/cieux*
mya + āt	**myawāt**	*cent/centaines*

2- Le pluriel interne: il s'obtient par une modification notable de la forme du singulier. Ce pluriel est beaucoup plus fréquent que le premier.

Pour le masculin :

bġel	**bġāl**	*mulet/s*
ḥmār	**ḥmīr**	*âne/s*
bīt	**byūt**	*chambre/s*
sherwīṭ	**shrāwṭ**	*torchon/s*
tājer	**tujjār**	*commerçant/s*
sellūm	**slālem**	*échelle/s*
bāb	**bibān**	*porte/s*
fās	**fisān**	*pioche/s*
mizān	**mwāzen**	*balance/s*
ʿālem	**ʿulama**	*savant/s*
fār	**firān**	*souris*

Pour le féminin :

bent	**bnāt**	*fille/s*
madrasa	**mdāres**	*école/s*
shkāra	**shkāyer**	*sac/s*
qenṭra	**qnāṭer**	*pont/s*
saʿa	**swāyeʿ**	*heure/s*
fershiṭa	**frāsheṭ**	*fourchette/s*
flūka	**flayek**	*barque/s*
ḥefra	**ḥfāri**	*trou/s*

3- Le duel : le duel se forme en ajoutant la terminaison **īn** (c'était le même cas pour le pluriel externe masculin) à la forme du singulier. Contrairement aux deux autres nombres, le duel n'est pas très productif en arabe marocain. On ne le trouve guère que dans de très rares cas comme :

- Les parties doubles du corps :

yedd	**yeddīn**	*deux mains*
sāq	**sāqīn**	*deux jambes*
ʿīn	**ʿinīn**	*deux yeux*
wden	**wednīn**	*deux oreilles*

- les noms indiquant des unités de poids ou de mesure :

rṭel	**reṭlīn**	*deux livres*
uqiya	**wqiytīn**	*deux onces*
mudd	**muddīn**	*deux boisseaux*
drāʿ	**drāʿīn**	*deux coudées*

- les noms indiquant une durée :

yūm	**yumīn**	*deux jours*
saʿa	**seʿtīn**	*deux heures*
shher	**shehrīn**	*deux mois*
ʿām	**ʿamīn**	*deux ans*
merra	**mertīn**	*deux fois*

Remarque : le **a** final des noms féminins singuliers se transforme en **t** lorsque ces noms reçoivent la terminaison **īn** du duel ou lorsqu'ils sont suivis d'un complément de nom ou encore d'un pronom affixe :

djaja	**djajt Karim**	*la poule de Karim*
djaja	**djajt-i**	*ma poule*
merra	**merrt-īn**	*deux fois*

En dehors des noms que l'on vient de voir, l'arabe marocain a recours, pour signifier deux choses, à l'adjectif numéral cardinal "deux" comme en français :

kelma, *parole*	**jūj kelmāt**, *deux mots*
kelb, *chien*	**jūj klāb**, *deux chiens*
qeṭṭ, *chat*	**jūj qṭūṭ**, *deux chats*

Lorsque le nom est précédé de l'article **el**, il convient d'introduire la préposition **d**, **dyāl**, **mta**ᶜ, **ntā**ᶜ, **tā**ᶜ, *de* :

el-bnāt	**jūj d el-bnāt**	*deux filles*
eṭ-ṭrīq	**jūj dyāl eṭ-ṭerqān**	*deux routes*
el-bulīs	**jūj mtā**ᶜ **el-bulīs**	*deux policiers*
el-ġelṭa	**jūj tā**ᶜ **el-ġelṭāt**	*deux erreurs*

L'annexion : il existe deux types d'annexion en arabe dialectal marocain : l'annexion directe et l'annexion indirecte.

- L'annexion directe consiste à faire suivre deux noms. Le premier qui ne saurait comporter l'article défini[16] est déterminé par le second :

bāb el-bīt	*la porte de la chambre*
mudīr el-madrasa	*le directeur de l'école*
sarūr eṭ-ṭunubīl	*la clé de la voiture*
serjem eḍ-ḍār	*la fenêtre de la maison*
flūs el-walīd	*l'argent du père*

Lorsqu'il s'agit d'un féminin en **a** qui en gouverne un autre, soit on transforme ce **a** en **e** et on fait sentir un **t** final qui est habituellement muet :

ṭefla	**ṭeflet ej-jār**	*la fille du voisin*
kelma	**kelmet el-ḥeqq**	*la parole de vérité*

soit on fait simplement sentir ce **t** s'il n'y a qu'une seule consonne qui précède :

djaja	**djajt ej-jirān**	*la poule des voisins*
ḫala	**ḫālt el-weld**	*la tante du garçon*

Le **t** d'annexion du féminin apparaît aussi avec les pronoms suffixes :

maktaba	**maktabt-i**	*ma librairie*
ḫala	**ḫalt-i**	*ma tante*
qmija	**qmijt-u**	*sa chemise*

---

[16]En français, on dirait par exemple : Hôtel Dieu.

Si en revanche, il ne s'agit pas d'un féminin en **a**, il suffit de juxtaposer les deux noms sans oublier d'amputer le premier de son article.

bāb	**bāb eḍ-ḍār**	*la porte de la maison*
nhār	**nhār es-sūq**	*le jour du marché*

- L'annexion indirecte consiste à unir au premier terme un nom ou un pronom à l'aide d'une particule d'annexion. Celle-ci peut être **ntāᶜ** (ou ses variantes : **mtāᶜ**, **ntāᶜ**, **tāᶜ**) ou **dyāl** (ou son dérivé : **d**)[17].

el-bāb ntāᶜ el-bīt	*la porte de la chambre*
sarūt eḍ-ḍār dyāl-i	*la clé de ma maison.*
lūn el-bāb ntāᶜ eḍ-ḍār	*la couleur de la porte de la maison*

L'ADJECTIF :

L'adjectif en arabe marocain se place toujours après le nom qu'il qualifie. Il s'accorde en genre et en nombre avec lui. Les règles de formation du féminin et du pluriel des adjectifs sont les mêmes que celles des noms :

ṭeyyara kbīra	*un grand avion*
fendeq ġāli	*un hôtel cher*
nās ktār	*des gens nombreux*
bnāt zwināt	*de jolies filles*

Comme adjectif épithète, il prend l'article au même titre que le nom qu'il qualifie :

el-mdīna el-kbīra
la grande la-ville
La grande ville

esh-shejra eṣ-ṣġīra
l'arbre le-petit
Le petit arbre

eṣ-ṣāk el-byeḍ
le sac le-blanc
Le sac blanc

es-srāwel ej-jdadīn
les pantalons les-neufs
Les pantalons neufs

[17]En français, on dirait par exemple : hôtel de ville. Ce second type d'annexion, contrairement au premier qui relève de l'arabe classique, est un pur calque de l'amazighe : **el-wesṭ dyāl es-sūq = ammas n es-sūq**, *le milieu du marché.*

Comme adjectif attribut, il ne prend pas d'article même si le nom auquel il se rapporte en a un (voir ci-dessus les phrases sans verbe) :

eṣ-ṣfer ṣᶜīb
le voyage pénible
Le voyage est pénible

el-ḥmel tqīl
la charge lourde
La charge est lourde

el-gemra kāmla
la lune pleine
La lune est pleine

el-berd qāṣeḥ
le froid dur
Le froid est dur

Certains adjectifs sont employés tels des noms comme c'est le cas en français :

el-byeḍ	*le blanc*
el-kḥel	*le noir*
el-ḫḍer	*le vert*
el-ᶜālem	*le savant*
es-sḫūn	*le chaud*
el-zreq	*le bleu*

La marque du féminin **a** provoque parfois des modifications vocaliques :

aḫūr/uḫra (m, f)	*autre*
ṣfer/ṣefra (m, f)	*jaune*
ḥmer/ḥemra (m, f)	*rouge*
ḫḍer/ḫeḍra (m, f)	*vert/e*
zreq/zerqa (m, f)	*bleu/e*

Remarque : l'adjectif indéfini "quelque" a pour équivalent **shi :**

bġīt shi ḥāja
je-veux quelque chose
Je veux quelque chose.

qrīt shi ktūb
j'ai-lu quelques livres
J'ai lu quelques livres

Il a par ailleurs d'autres sens qu'il ne faut pas confondre. Il peut être adverbe :

shi settīn d en-nās
quelque soixante de les-gens
Quelque soixante personnes.

shi wāḥed
quelque un
Quelqu'un.

Il peut être une variante du deuxième segment de la négation ne...pas :

ma mshaw-shi
ne ils/elles sont partis/es pas
Ils/elles ne sont pas partis/es.

ma kayen shi
ne étant pas
Il n'y a pas.

Il peut être l'équivalent de *chose* :

shi ġrīb hada
chose étrange ceci
Ceci est une chose étrange.

hād esh-shi mezyan
cette la-chose belle
Cette chose est belle.
(= C'est beau)

LE COMPARATIF ET LE SUPERLATIF

Le comparatif: Il existe plusieurs moyens d'exprimer le comparatif en arabe marocain. Le moyen le plus fréquent est celui de l'adjectif ordinaire que l'on fait suivre d'une préposition comme **ʿla**, *sur* ou **men**[18], *de* (mises ici pour "que") ou encore **ki/kīf/bḥāl**, *comme*. Exemples :

Faṭima zwīna ʿla uẖt-ha
Fatima belle sur sœur-sa
Fatima est plus belle que sa sœur.

huwwa mezyān kīf-k
lui bon comme frère-son
Il est aussi bon que toi.

ana ṭwīl ʿlī-k
moi long sur-toi
Je suis plus grand que toi.

ṣāfi bḥāl el-ma
claire comme l'eau
C'est clair comme de l'eau.

On peut faire appel aussi à des tournures invariables comme : **ẖīr men**, *mieux que* ; **ḥsen men**, *meilleur que* ; **kber men** ; *plus grand que* ; **ṣġer men**, *plus petit que* ; **kter men**, *plus que* ; **qell men**, *moins que,* etc.

mdīnt-i ẖīr men mdīnt-kum
ville-ma mieux de ville-votre
Ma ville est mieux que la vôtre

ʿend-i kter men-u
chez-moi plus de-lui
J'ai plus que lui.

---

[18]C'est encore ici une expression calquée sur l'amazighe : **izur ẖ-s, ġlīḍ ʿlī-h,** *il est plus gros que lui.* En Tunisie on dirait conformément à l'arabe littéral : **aẖshan men-u.**

nta tewzen qell men-i
toi tu-pèses moins de-moi
Toi, tu pèses moins que moi.

hiyya ḥsen men-kum
elle mieux de vous
Elle est mieux que vous.

hiyya ṣġer men hadi
celle-ci petit que celle-ci
elle est plus petite que celle-ci.

yeswa qell men-u
il vaut moins que lui
Il vaut moins que lui.

Le superlatif : contrairement au comparatif, l'adjectif à l'aide duquel, le superlatif s'exprime n'est jamais accompagné de la préposition **men**, en revanche il peut être précédé d'un article.

Ḥasan huwwa le-kbīr
Hassan lui le-grand
Hassan est le plus grand.

hiyya el-mḫiyra fi-hum
elle la-meilleure dans-elles
Elle est la meilleure d'entre elles.

huwwa l-qṣīr fi-na
il le-petit dans-nous
Il est le plus petit d'entre nous.

hiyya el-kbīra fi-hum
elle la-grande dans elles
Elle est la plus grande parmi elles.

mra mesrāra bezzāf
femme charmante beaucoup
Une très charmante femme.

el-Lāhu akbar
al-Lah plus grand
Allah est le plus grand.

Remarque : l'adjectif qui sert de support à la comparaison varie en genre et en nombre avec le nom auquel il se rapporte :

LE VERBE.

Le verbe en langue arabe a une racine très souvent trilitère (composée de trois consonnes). L'arabe compte, en effet, un petit nombre de racines de deux consonnes ou de quatre consonnes.

Exemple de racines : **Q T L** => notion de tuer, **K T B** => notion d'écrire, **T R J M** => notion de traduire.
Toute racine exprime une idée, une notion définie. Ces notions-ci expriment respectivement l'idée de tuer, d'écrire et de traduire.
Pour rendre l'infinitif français, on fait appel au verbe à la 3e personne du masculin singulier du verbe à l'accompli. C'est en

effet la forme la plus courte car dénuée de tout élément dérivationnel, comme l'infinitif français d'ailleurs.

Nota : il est intéressant de signaler que dans les dictionnaires de langue arabe, les mots sont classés non pas par ordre alphabétique comme en français, mais par racine. L'usager doit, avant de commencer sa recherche, connaître la racine du mot : bilitère, trilitère, etc. C'est ainsi qu'il retrouvera, par exemple, sous la racine **qatala**, *tuer, il a tué* : **qātil**, *assassin* ; **muqātil**, *combattant* ; **qitāl**, *combat* ; **qātala**, *combattre* ; **maqtal**, *assassinat* ; **qattala**, *massacrer*, etc.

Il est important de noter aussi qu'il n'existe que deux temps ou plutôt deux aspects en arabe en général et en arabe marocain en particulier : l'un sert à exprimer tout fait écoulé, il s'appelle l'accompli (le passé), l'autre sert à exprimer tout fait qui n'est pas écoulé (présent ou futur), c'est l'inaccompli.

Attention : dire que l'arabe ne dispose que de deux aspects ne veut nullement dire qu'il n'est pas à même de saisir toutes les subtilités temporelles des autres langues qui en connaissent un bon nombre comme le français par exemple.

LE PASSÉ (= l'accompli) : Pour conjuguer un verbe à l'accompli, on lui rajoute une terminaison qui varie selon la personne, le genre et le nombre. Voici le schéma

Singulier :		Pluriel :	
1ère pers. m./f.	...-**t**	1ère pers. m./f.	...-**na**
2e pers.m.	...-**t**	2e pers. m./f.	...-**tu**
2e pers. f.	...-**ti**	3e pers. m/f.	...-**u**
3e pers. m.	...		
3e pers.f.	...-**āt**		

Pour distinguer les deux premières personnes du singulier, on tiendra compte du contexte. Conjuguons le verbe **kteb**, *écrire* (soit "*il a écrit*").

Singulier	Pluriel
kteb-t, *j'ai écrit*	**kteb-na**, *nous avons écrit*
kteb-t, *tu as écrit (m)*	**kteb-tu**, *vous avez écrit*
kteb-ti, *tu as écrit* (f)	**ketb-u**, *ils / elles ont écrit*
kteb, *il a écrit*	
ketb-āt, *elle a écrit*	

SHĀF, *voir* (soit *il a vu*)

shuft, *j'ai vu*	**shufna**, *nous avons vu*
shuft, *tu as vu (m)*	**shuftu**, *vous avez vu*
shufti, *tu as vu F)*	**shāfu**, *ils / elles ont vu*
shāf, *il a vu*	
shāft, *elle a vu*	

LE PASSÉ DU VERBE ÊTRE

En arabe marocain, le verbe "être" français est rendu par l'auxiliaire **kān**. Celui-ci peut exprimer l'imparfait, le plus-que-parfait et même le futur simple et le futur antérieur (voir infra) :

kunt, *j'étais*	**kunna**, *nous étions*
kunt, *tu étais (m)*	**kuntu**, *vous étiez*
kunti, *tu étais* (f)	**kānu**, *ils / elles étaient*
kān, *il était*	
kānt, *elle était*	

Weld-i mrīḍ fils-mon malade *Mon fils [est] malade*	**kān weld-i mrīḍ** il-était fils-mon malade *Mon fils était malade.*
el-fista ġālya la-veste chère *La veste [est] chère.*	**es-selʿa kānt ġālya** la-veste elle-était chère *La veste était chère.*

Cet auxiliaire **kān** se conjugue à tous les temps. C'est ainsi que lorsqu'il est au passé (accompli) et suivi d'un verbe lui-même à l'accompli, il exprime le plus-que-parfait :

ketbāt el-bra elle-a-écrit la lettre *Elle a écrit la lettre.*	**kānt ketbāt el-bra** elle-était a-écrit la lettre *Elle avait écrit la lettre.*

LE PASSÉ DU VERBE AVOIR

Comme pour le présent, pour rendre le passé du verbe avoir, on fait appel à la préposition **ʿend**, *chez*, précédée de l'auxiliaire **kān** :

kān ʿend-i, *j'avais*
kān ʿend-k, *tu avais* (m)
kān ʿend-ki, *tu avais* (f)
kān ʿend-u, *il avait*
kān ʿend-ha, *elle avait*

kān ʿend-na, *nous avions*
kān ʿend-kum, *vous aviez*
kān ʿend-hum, *ils/ elles avaient*

ʿend-i melyūne
chez-moi million
J'ai un million

kān ʿend-i mellyūn
il-était chez-moi million
J'avais un million.

kān ʿend-i wāḥed el-mushkil
il-était chez-moi un le-problème
J'avais un problème.

kān ʿend-ha bisheklīt w daba ma ʿend-ha-sh
il était chez-elle vélo et maintenant ne chez-elle pas
Elle avait une bicyclette et maintenant elle ne l'a plus.

LE PRÉSENT.

Le présent français est rendu en arabe par l'inaccompli qui peut rendre aussi le futur. C'est le contexte qui précise s'il s'agit de l'un ou de l'autre.

Contrairement à l'accompli qui ne possède que des suffixes, l'inaccompli dispose de préfixes et de suffixes. Regardons le schéma suivant :

Singulier			
		radical	
1ère pers.	**n-**	"	
2e pers. m.	**t-**	"	
2e pers. f.	**t-**	"	**-i**
3e pers. m.	**i/y-**[19]	"	
3e pers. f.	**t-**	"	
Pluriel :			
1ère pers.	**n-**	"	**-u**
2ème pers.	**t-**	"	**-u**
3ème pers. m./ f.	**i/y-**	"	**-u**

---

[19]Pour des raisons de lisibilité, on mettra **i** devant un thème commençant par une consonne et **y** devant celui qui commence par deux consonnes. Ex. : dār/idīr, *il a fait/il fait* ; kra/yekri, *il a loué/il loue*.

Exemples : verbe **kteb**, *écrire*

ne-kteb, *j'écris*
te-kteb, *tu écris (m)*
t-ketb-i, *tu écris (f)*
ye-kteb, *il écrit*
tekteb, *elle écrit*

n-ketb-u, *nous écrivons*
t-ketb-u, *vous écrivez*
y-ketb-u, *ils /les écrivent*

Ainsi se conjuguent tous les verbes à trois consonnes du type **kteb** comme par exemple :

fᶜel, *faire*
qbel, *accepter*
smeᶜ, *entendre*
dḫel, *entrer*
ḍḥek, *rire*

fteḥ, *ouvrir*
qleb, *renverser*
zreb, *se dépêcher*
sbeq, *devancer*
ṣber, *patienter, endurer*

hiyya teṣber bezzāf
elle elle-endure beaucoup
Elle endure beaucoup.

huwwa yefᶜel el-ḫīr
lui il-fait le-bien
Il fait du bien.

Pour les verbes ayant une voyelle **a** en final à l'accompli, ils changent, dans la plupart des cas, celle-ci en **i** à l'inaccompli :

Accompli	Inaccompli
shra, *il a acheté*	**yeshri**, *il achète*
kma, *il a fumé*	**yekmi**, *il fume*
msha, *il est allé*	**yemshi**, *il va*
tka, *il a appuyé*	**yetki**, *il appuie*
ᶜma, *il a aveuglé*	**yeᶜmi**, *il aveugle*
ġla, *il a bouilli*	**yeġli**, *il bout*
werra, *il a montré*	**iwerri**, *il montre*

msha l-el-marshi bāsh yeshri l-ḫuḍra
il-est-allé à-le-marché il-achète les-légumes.
Il est allé au marché pour acheter les légumes.

shra el-garru bāsh yekmi-h ġedda
il-acheté le-tabac pour-que il fume-le demain
Il a acheté du tabac pour fumer demain.

LE PRÉSENT DU VERBE "ÊTRE"

L'arabe ne dispose pas de verbe "être" ni de verbe "avoir", tels que le français les entend. Cependant, il existe des manières de les rendre :

Le verbe "être" peut être :

- sous-entendu comme c'est le cas dans les phrases nominales (voir supra) :

eṭ-ṭrīq ṭwīla	**eṭ-ṭrīq eṭ-ṭwīla ṣᶜība**
la-route longue	la-route la-longue difficile
La route est longue.	*La longue route est difficile.*

- exprimé par le verbe **ra** suivi d'un pronom affixe :

ra-ni	*je suis*
ra-k(m)	*tu es*
ra-ki (f)	*tu es*
ra-h	*il est*
ra-ha	*elle est*
ra-na/raḥ-na	*nous sommes*
ra-kum	*vous êtes*
ra-hum	*ils/elles sont*

ra-ni ᶜeyyān	**ra-kum ferḥanīn**
être-je fatigué	être-vous contents
Je suis fatigué.	*Vous êtes contents.*

LE PRÉSENT DU VERBE "AVOIR".

Le verbe "avoir" n'existe pas à proprement parler en arabe marocain. On a recours pour l'exprimer à une tournure sans verbe. C'est la préposition **ᶜend**, *chez, à,* suivie d'un pronom suffixe qui nous sert d'outil pour cette opération :

ᶜend-i, *j'ai*	**ᶜend-na**, *nous avons*
ᶜend-k, *tu as* (m)	**ᶜend-kum**, *vous avez*
ᶜend-ki, *tu as* (f)	**ᶜend-hum**, *ils/elles ont*
ᶜend-u, *il a*	
ᶜend-ha, *elle a*	

ᶜend-i mekteb
chez-moi bureau
J'ai un bureau.

ᶜend-na jūj wlād
chez-nous deux enfants
Nous avons deux enfants.

ᶜend-hum mushkil kbīr
chez-eux problème grand
Ils ont un gros problème.

ma ᶜend-i sh es-saᶜa
ne chez-moi pas la-montre
Je n'ai pas de montre.

LE FUTUR.

Le futur est exprimé en arabe marocain tout comme le présent que l'on vient de voir par l'inaccompli. C'est au contexte toujours que l'on se réfère :

ġedda nemshi l-ej-jbel
demain je-vais à-la-montagne
Demain j'irai à la montagne.

netmenna yenjeḥ f el-mtiḥān
j'-espère il-réussit dans l'-examen
J'espère qu'il réussira à l'examen.

ᶜemmer ma neshri men temma shi ḥaja
jamais ne-pas j'achète de là quelque chose
Je n'achèterai jamais quelque chose de là.

Le futur proche, lui, s'exprime en faisant précéder le verbe à l'inaccompli par l'un des participes actifs suivants : **ġādi**, *partant*, **māshi**, *allant* :

neshri el-ḫubz
j'-achète le-pain
J'achète le pain.

ġādi neshri el-ḫubz
allant j'-achète le-pain
Je vais acheter le pain.

yeddī-k mᶜa-h
il-emmène-te avec-lui
Il t'emmène avec lui.

māshi yeddī-k mᶜa-h
allant il-emmène-te avec-lui
Il va t'emmener avec lui.

LE PARTICIPE.

Il existe en arabe marocain deux types de participes : les participes actifs et les participes passifs. Les premiers s'apparentent aux noms d'agents et peuvent se traduire en français par un participe présent. Les seconds s'apparentent aux noms de patients et peuvent se traduire en français par le participe passé. Les uns et les autres se reconnaissent à leur schème : **fā^cel** pour les premiers et **mef^cūl** pour les seconds. La racine verbale trilitère (formée de trois consonnes) donne :

- des participes actifs ayant un **a** après la première consonne :

kteb, *écrire*	**kāteb**, *écrivant*
ḍreb, *frapper*	**ḍāreb**, *frappant*
sken, *habiter*	**sāken**, *habitant*
ḥreg, *brûler*	**ḥāreg**, *brûlant*
ṭleb, *demander*	**ṭāleb**, *demandant*

- des participes passifs ayant **me** parfois **ma** devant la première consonne et **ū** après la seconde :

kteb, *écrire*	**mektūb**	*écrit, destin*
ḍreb, *frapper*	**meḍrūb**	*frappé*
sken, *habiter*	**meskūn**	*habité*
ḥreg, *brûler*	**meḥrūg**	*brûlé*
ṭleb, *demander*	**meṭlūb**	*demandé*

Pour ce qui est des participes actifs et passifs des verbes de plus de trois consonnes, ils s'obtiennent généralement en mettant **m** ou **mu** devant la 1ère consonne du verbe et **e** ou **i** avant la consonne finale :

terjem, *traduire*	**muterjim**, *traducteur*
nervez, *énerver*	**mnervez**, *énervé*
^cellem, *enseigner*	**mu^cellim**, *enseignant*
zewweq, *décorer*	**mzewweq**, *décoré*

Les participes passifs et actifs sont variables en genre et en nombre. Ils suivent en cela les règles de formation du féminin et du pluriel à savoir **a** et **āt** pour le féminin et **īn** pour le pluriel :

Masculin	Féminin	
mesrūq	**mesrūqa**	*volé/e*
mektūb	**mektūba**	*écrit/e*
mufewwiḍ	**mufewwiḍa**	*négociateur/trice*

Singulier	Pluriel	
mu^cellima	**mu^cellimāt**	*enseignante/s*
meslem	**mselmīn**	*musulman/s*
mselma	**mselmāt**	*musulmane/s*

Remarque : le participe présent du verbe *être* **kāyen**[20], *étant, existant* reste exceptionnellement invariable surtout lorsque le verbe qui s'y rapporte est placé après lui. Ce participe a pour expression équivalente en français *"Il y a, il est, il existe" :*

kayen zenqa ṭwīla
étant rue longue
Il y a / il est une longue rue.

kayen kameyyu ḥmer
étant camion rouge
Il y a / il est un camion rouge.

kayen eḍ-ḍyur el-qdām
étant les-maisons les vieilles
Il y a / il est de vieilles maisons.

kayen ḫwatat-u
étant sœurs-ses
Il y a ses sœurs.

LES PHRASES NOMINALES.

Contrairement au français, l'arabe a deux types de phrases : les phrases avec verbe dites phrases verbales et des phrases sans verbe dites phrases nominales. Les phrases sans verbe expriment une constatation, une définition et se rendent en français par le verbe "être" au présent :

el-Lāh kbīr
al-Lah grand
Allah [est] grand

el-arḍ wāsʿa
la-terre large/vaste
La terre [est] large/vaste

el-mdīna qrība
la-ville proche
La ville [est] proche

el-ḥrīra bnīna
la-soupe délicieuse
La soupe [est] délicieuse

er-rājel eṭ-ṭwīl zwīn
le grand homme beau.
Le grand homme [est] beau

eṣ-ṣiniyya l-biḍa ġālya
le plateau blanc cher.
Le plateau blanc [est] cher

el-mṣāfrīn ktār
les-voyageurs nombreux
Les voyageurs [sont] nombreux

el-qeṭūṭ jiʿanīn
Les chats [sont] affamés
Les chats [sont] affamés.

[20]L'emploi de **kayen** est propre aux seuls dialectes marocain et algérien. Il est inconnu ailleurs où l'impact de substrat amazighe n'est pas assez fort notamment en Tunisie et pour cause **kayen** vient d'une traduction littérale d'une forme verbale d'existence équivalente en amazighe à savoir **yella.** Celle-ci, malgré son sens passé implique un temps présent : **kayen el-berd** (maintenant). **Kān** ou **ikūn** serait inutilisable puisqu'ils impliquent respectivement un temps passé et un temps indéterminé.

LES PRONOMS.

1- Pronoms personnels isolés: ils jouent le rôle de sujet.

Singulier		Pluriel	
ana	*moi*	**ḥna**	*nous*
nta(m)	*toi*	**ntuma**	*vous*
nti (f)	*toi*	**hum(a)**	*eux, elles*
huwwa	*lui*		
hiyya	*elle*		

nta Fransawi
toi Français
Tu [es] un Français.

ana Maġribi
moi Marocain
Je [suis] un Marocain.

ra huwwa ṭwīl bezzāf
voici lui grand beaucoup
Il [est] très grand.

huma fellaḥa
eux agriculteurs
ils [sont] des agriculteurs.

Remarque : ces pronoms peuvent remplacer le verbe "être[21]" **ra** (voir infra). On peut donc dire :

ana mrīḍ
moi malade
Je suis malade.

ra-ni mrīḍ
suis-je-me malade
Je suis malade.

Nota : les expressions de l'arabe marocain **ha huwwa, ha hiyya, ha huma**, etc. sont équivalentes à *voici*. Le pronom s'accordant avec le nom qui suit :

ha huma !
voici eux
Les voici !

ha huma-k !
voici eux-là
Les voilà !

ha huwwa l-biru dyāl-i
voici lui le-bureau de-moi
voici mon bureau.

ha hiyya jāt
voici elle elle-est-venue
La voilà qui est venue.

---

[21]On l'appelle ici par commodité le verbe être, car celui-ci, tel qu'il est entendu en français, n'existe pas en arabe. A l'origine "**ra**" est un verbe de l'arabe classique **raʾā**, *voir*. Suivi de pronoms personnels, "**ra**" forme une série flexionnelle qui se conjugue comme un verbe exprimant l'état ou l'existence : **ra-ni,** me voici soit, je suis ; **ra-k jit,** te voici venu soit, tu es venu, **ra-ha f eḍ-ḍār,** la voici à la maison soit, elle est à la maison, etc.

2- Pronoms personnels suffixes : ils sont suffixés à un verbe et ont la fonction de complément d'objet direct.

	Singulier	Pluriel
1ère pers. (m et f)	**-ni**, *me*	**-na** (m et f), *nous*
2e pers. (m et f)	**-k**, *te*	**-kum** (m et f), *vous*
3e pers. (m)	**-u**, *le*	**-hum** (m et f), *les*
3e pers. (f)	**-ha**, *la*	

ḍreb-ni
il-a-frappé-me
Il m'a frappé(e).

ḍerb-k
il-a-frappé-te
Il t'a frappé(e)

ḍerbāt-k
elle-a-frappé-te
Elle t'a frappé(e)

ḍerbu-na
ils-ont-frappé-nous
Ils nous ont frappé(s)

LES POSSESSIFS: ils ont la même forme que les pronoms personnels isolés, mais ils sont suffixés à un nom.

	Singulier	Pluriel
1ère p. m/f	**-i/ya** *: ma, mon*	**-na** m/f *: nos, notre.*
2e p. m/f	**-k** *: ta, ton*	**-kum** m/f : *vos, votre*
3e p. m	**-u** *: sa, son*	**-hum** m/f : *leur/s*
3e p. f	**-ha** : *sa, son*	

kelb-i	*mon chien.*	**ḍar-i** : *ma maison.*
klebt-i	*ma chienne.*	**ḍar-k** : *ta maison.*
kelb-na	*notre chien.*	**ktāb-i** : *mon livre.*
klab-na	*nos chiens.*	**ktāb-k** : *ton livre.*

Remarque : l'adjectif de la 1ère personne **-i** devient **-ya** après une voyelle : **ḫu-ya**, mon frère ; de même que le **a** de féminin singulier se transforme en **t** lorsqu'il reçoit le suffixe possessif:

tunubila	**tunubilt-i**	*ma voiture*
keswa	**ksewt-u**	*son costume*

Pour rendre les pronoms possessifs français le mien, le tien, le sien, etc., l'arabe marocain fait appel à la préposition **dyāl** ou **ntāʿ**, *de* suivie du suffixe approprié **-i**, **-k**, **-u**, etc.

Un seul possesseur :

		Un seul objet	Plusieurs objets
1ère pers.	masc.	**dyāl-i**, *le mien*	**dyāwl-i**, *les miens*
	fém.	**dyālt-i**, *la mienne*	**dyāwl-i**, *les miennes*
2ème pers.	masc.	**dyāl-k**, *le tien*	**dyāwl-k**, *les tiens*
	fém.	**dyāl-k(i)**, *la tienne*	**dyāwl-k(i)**, *les tiennes*
3ème pers.	masc.	**dyāl-u**, *le sien*	**dyāwl-u**, *les siens*
	fém.	**dyāl-ha**, *la sienne*	**dyāwl-ha**, *les siennes*

Plusieurs possesseurs :

		Un seul objet	Plusieurs objets
1ère pers.	masc.	**dyāl-na**, *le nôtre*	**dyāwl-na**, *les nôtres*
	fém.	**dyāl-na**, *la nôtre*	**dyāwl-na**, *les nôtres*
2ème pers.	masc.	**dyāl-kum**, *le vôtre*	**dyāwl-kum**, *les vôtres*
	fém.	**dyāl-kum**, *la vôtre*	**dyāwl-kum**, *les vôtres*
3ème pers.	masc.	**dyāl-hum**, *le leur*	**dyāwl-hum**, *les leurs*
	fém.	**dyāl-hum**, *la leur*	**dyāwl-hum**, *les leurs*

hād et-triku dyāl-k
ce le-tricot de-toi
Ce tricot est le tien.

el-luġa dyāl-kum sahla
la-langue de-vous facile
Votre langue est facile.

el-luġa es-sahla hiyya dyāl-kum
la-langue la-facile elle de-vous
La langue facile, c'est la vôtre.

hād es-swāret dyāl-k wella dyāl-u ?
ces les-clés de-toi ou-bien de-lui
Ces clés sont les tiennes ou bien les siennes.

LES CONJONCTIONS ET LES LOCUTIONS CONJONCTIVES

w	*et*
wa-lakine, walyenni	*mais*
wella	*ou (bien)*
qbel	*avant*
qbel ma	*avant que*
beʿd	*après*
beʿd ma	*plus tard, ensuite*
fāsh	*lorsque*
bāsh	*pour*
ila	*si*
ḥetta	*jusqu'à*
mʿa hada	*cependant*
ʿla ḫāṭr, laḥeqqāsh, ḥīt	*car*
qedd ma	*autant que*
li-hada, b dāk esh-shi	*c'est pour cela*

qbel ma temshi, ʿeyyeṭ l-i
avant ne-pas tu-pars appelle-moi
Avant que tu ne partes, appelle-moi.

fāsh yewṣel qūl-ha l-i bāsh nji
quand il-arrive dis-la à-moi pour que je-viens
Quand il arrive, dis-le moi pour que je vienne.

qedd ma terbeḥ dyāl el-flūs qedd ma teḫser
autant tu-gagnes de l'-argent autant que tu-perds
Tu dépenses autant d'argent que tu en gagnes.

LES PRÉPOSITIONS ET LOCUTIONS PRÉPOSITIVES

f, fi (f devant l'article)	*dans, en*
mʿa (accompagnement)	*avec, en compagnie de*
b, (bi, avec certains pronoms)	*avec, au moyen de*
ʿla (ʿel devant article)	*sur, contre*
men	*de, par*
l	*à, pour*
ʿend	*chez*
dyāl, d, ntaʿ, mtāʿ	*de*
bīn	*entre*
mur, wra	*derrière*
quddām	*devant*

fūq	*au-dessus de*
teḥt	*au-dessous de*
f weṣṭ	*au milieu de*
ḥda	*près de*
b jenb, ḥda	*à côté de*
ᶜla ṭerf	*sur le côte de*
qbālt	*en face de*
f ᶜewḍ	*au lieu de*
bla, bdūn	*sans*

gles ᶜend-i
il-est-resté chez-moi
Il est resté chez-moi

dār-u f esh-shkāra
il-a-mis-lui dans le sac
Il l'a mis dans le sac.

qās-u b rejl-u
il-a-touché lui avec pied-son
Il l'a touché avec le pied.

tnervez bdūn sabab
il-s'-est-énervé sans raison
Il s'est énervé sans raison.

LES ADVERBES ET LES LOCUTIONS ADVERBIALES

de lieu :

f blasa uḫra	*ailleurs*
el-dāḫel	*dedans, à l'intérieur*
berra	*dehors, à l'extérieur*
hna	*ici*
hna-k, temma	*là*
lhīh	*là-bas*
fīn mma	*n'importe où*
f kull muḍaᶜ/blaṣa	*partout*
wīn, fīn	*où*
fīn ġādi ?	*Où vas-tu?*

ki berra ki l-dāḫel kull shi ᶜāmer
comme dehors comme dedans toute chose pleine
A l'extérieur comme à l'intérieur, tout est plein.

De quantité :

ṣāfi! baraka!	*assez !*	**shwiyya**	*peu*
bezzāf	*beaucoup, trop*	**kull shi**	*tout*
kter	*plus*	**teqriban**	*à peu près*
shḥāl	*combien*	**b el-merra**	*du tout*
qell	*moins*	**b el-kull,**	*du tout*

kāyen en-nās bezzāf f es-sūq
étant les gens beaucoup dans le-marché
Il y a beaucoup de gens au marché.

kull shi ʿend-u l-ḫbār
toute chose chez-lui la-nouvelle
Tout le monde est au courant.

De manière et de comparaison :

kif(āsh)	*comment*
hakka, hakda	*comme ceci, ainsi*
hakkak, hakdak	*comme cela,*
ki, kīf, bḥāl	*comme*
kull-na, jmīʿ	*ensemble*
b el-ʿāni	*exprès*
b shwiyya	*doucement*
b ez-zerba	*vite, rapidement*
b en-niyya	*sérieusement*
b el-ḥeqq	*en vérité*
b el-meqlūb	*à l'envers*
shwiyya shwiyya	*peu à peu*
b el-ḫuṣūṣ	*surtout*
b es-sif	*de force, forcément*

ana bḥāl-u nehḍer b en-niyya
moi comme-lui je-parle avec l'-intention
Je suis comme lui, je parle sérieusement.

kull-na hakka tʿellem-na
tous-nous comme ceci nous-avons-appris
C'est comme cela que nous avons tous appris.

Nota : la plupart des adverbes français en *-ment* comme *forcément* se rendent en arabe marocain par la préposition **b**, *avec*, suivie d'un nom précédé de l'article :

b el-adab
avec la-politesse
Poliment.

b el-faraḥ
avec la-joie
Joyeusement, avec plaisir.

b eḍ-ḍebṭ
avec l'exactitude
Exactement.

b el-qānūn
avec la-loi
Légalement.

LES DÉMONSTRATIFS.

On distingue en arabe les démonstratifs de proximité et les démonstratifs d'éloignement. Ceux-ci ont un **-k** que l'on rajoute à la fin de ceux-là :

Proximité	Éloignement
hada (m. s.) *celui-ci/ceci*	**hadā-k** (m./s.) *celui-là/cela*
hadi (f. s.) *celle-ci*	**hadī-k** (f./s.) *celle-là*
hadu(pl.) *ceux-ci/celles-ci*	**hadū-k**(pl.)*ceux-là, celles-là*

hada weld	*celui-ci [est] un garçon*
hada-k rajel	*celui-là [est] un homme*
hada ġāli	*ceci [est] cher*
hada-k rḫīṣ	*cela [est] bon marché*

Pour la proximité, **hada** peut devenir **had** et signifie alors *ce, cette, ces* sans distinction du gente ni de nombre :

hād el-weld	*Ce garçon*
hād el-bent	*Cette fille*
hād er-rjāl	*Ces hommes*
hād en-nsa	*Ces femmes*

Pour l'éloignement, on emploie souvent la forme abrégée **dāk** (m), **dīk** (f), **dūk** (plur. m et f) :

dāk el-ktāb	*Ce livre-là.*
dīk el-merra	*Cette fois-là.*
dūk el-limunāt	*Ces oranges-là.*
dūk eṭ-ṭyūr	*Ces oiseaux-là.*

Nota : les démonstratifs qui ne sont pas suivis d'un nom avec article sont des pronoms, d'où le verbe être en français :

comparer :

hadīk bent	*Celle-là [est] une fille.*
hadūk nsa	*Celles-là [sont] des femmes.*

et

hadīk el-bent	*Cette fille-là.*
hadūk en-nsa	*Ces femmes-là.*

L'INTERROGATION.

Les questions ouvertes :

shkūn /men ?	*qui*
kifāsh/kīf ?	*comment*
(a)shmen ?	*lequel de*
(a)shnu/āsh	*quoi*
fayen/fīn ?	*où*
lāyen	*vers où*
ʿlāsh/ ʿlāh ?	*pourquoi*
l-fayen/l-fīn /lāyen	*vers où*
(b) shḥāl ?	*combien*
mnīn	*par où*
fuqāsh	*quand, à quelle heure*
men ash	*de qui, à cause de quoi*
fāsh	*dans quoi*
qeddāsh	*de quelle taille*
Wāsh	*est-ce que*
bāsh	*avec quoi*
nʿām ?	*comment ? présent !*
ashmen saʿa ?	*à quelle heure ?*
shkūn	*qui*
shkūn huwwa ?	*lequel/qui est-ce ?*
shkūn hiyya ?	*laquelle/qui est-ce ?*
shkūn huma ?	*lesquels/lesquelles*
wāsh ?	*est-ce que ?*
yemken ?	*est-ce possible ?*
mā-l-k ?	*qu'est-ce que tu as ?*
māl-kum ?	*qu'est-ce que vous*
(a)shmen weqt ?	*à quel moment ?*
kayen shi...?	*y a-t-il...?*
yāk ?	*n'est-il pas que ? n'est-ce pas*

Par "questions ouvertes", nous entendons les questions dont la réponse doit être une phrase complète. Ces questions commencent par un mot interrogatif qui se place généralement au début de la phrase, comme en français.

fīn kunt-u l-yūm ?
où étiez-vous le-aujourd'hui
Où étiez-vous aujourd'hui ?

mal-k ḥayer ?
état-ton perplexe
qu'est-ce que tu as à être perplexe ?

(a)shnu hada ?
quoi ceci
C'est quoi cela ?

b shḥāl hād el-triku ?
avec combien le-pull
Combien coûte ce pull ?

(a)shkun hada ?
qui celui-ci
Qui est-ce ?

lāyen ġādi ?
où tu-vas
Où vas-tu ?

Les questions fermées :

Ce sont des phrases sans mot interrogatif, auxquelles on ne peut répondre que par "oui", "non" ou "peut-être". La structure de ces phrases interrogatives est la même que celle de la phrase affirmative, seule l'intonation de la voix change.

ᶜend-k eṣ-ṣerf
chez-toi la-monnaie
Vous avez la monnaie ?

meḥlūla ġedda l-busṭa?
ouverte demain la poste
La poste est ouverte demain ?

mᶜa-kum shi wāḥed ?
avec-vous quelque un
Quelqu'un est avec vous ?

kān shi berd temma-k ?
il-était quelquefroid là-bas
Il a fait froid là-bas ?

Remarque : comme en français, l'intonation peut à elle seule exprimer la valeur interrogative d'un mot ou d'une phrase.

jābt eṣ-ṣuḫra ?
elle a amené les courses
Elle a amené les courses ?

LA NÉGATION

Comme en français (ne...pas), la négation en arabe est composée normalement de deux éléments **ma...sh(i)**. Le premier élément se met devant le verbe et le second après :

ma kteb shi
ne il-a-écrit pas
Il n'a pas écrit.

ma yeḫdem shi
ne il-travaille pas
Il ne travaille pas.

Le deuxième élément **shi** qui est déjà une réduction du mot **shay**, *chose*, peut se réduire encore, à la suite d'un verbe, à **sh** :

ma dār-sh et-temrīn
ne il-a-fait-pas l'-exercice
Il n'a pas fait l'exercice.

ma qrā-sh el-briyya
ne il-a-lu-pas la-lettre
Il n'a pas lu la lettre.

Il peut même disparaître complètement :

ma skut men el-bārḥ
ne-pas il-s'est-tu depuis hier
Il ne s'est pas tu depuis hier.

ma ʿend-u wlād
ne-pas chez-lui enfants
Il n'a pas d'enfants.

ma et **shi** peuvent être reliés : **ma-shi**, c'est notamment le cas avec le verbe être non exprimé au présent :

Malika mezrūba
Malika pressée
Malika est pressée.

Malika ma-shi mezrūba
Malika ne-pas pressée
Malika n'est pas pressée.

L'impératif négatif (à l'inaccompli seulement) peut se construire aussi avec **la** au lieu de **ma**. L'emploi de **shi** reste le même qu'avec **ma** :

la tejri-sh !
ne tu-cours-pas
Ne cours pas !

la tshūf sh !
ne tu-regardes pas
Ne regarde pas !

la tqūl-ha l-u sh
ne tu-dis elle-à-lui-pas
Ne le lui dis pas !

la tehḍer sh
ne tu-parles pas
Ne parle pas !

Expressions et locutions négatives :

* Ne...rien

ma ʿend-i ḥetta ḥaja
ne-pas chez-moi même chose
Je n'ai rien.

ma klīt wālu
ne-pas j'-ai-mangé rien
Je n'ai rien mangé.

* Ne...aucun

ma shrīt ḥetta ktāb
ne-pas j'ai acheté même livre
Je n'ai acheté aucun livre.

ma sheft ḥetta-wāḥed
ne-pas j'ai vu même un
Je n'ai vu personne.

* Ni...ni

ma kla ma shreb
ne-pas il-a-mangé ne-pas il-a-bu
Il n'a ni mangé ni bu.

ma ʿend-u la bba-h la umm-u
ne-pas chez-lui non papa-son non maman-son
Il n'a ni père ni mère.

* Ne...plus jamais (verbe à l'inaccompli)

ma ʿemmer-kum tjiw
ne-pas jamais-vous vous-venez
Ne venez plus jamais.

ma ʿemmer-u yesreq
ne-pas jamais-lui il-vole
Il ne volera plus jamais.

* Ne...jamais (verbe à l'accompli)

ma ʿemmer-ni jīt
ne pas jamais je-suis-venu
Je ne suis jamais venu.

ma ʿemmeru msha
ne pas jamais il est allé
Il n'est jamais allé.

* Ne...plus : pour rendre "ne...plus", l'arabe marocain fait appel au verbe **bqa**, *rester* et l'emploie à la forme négative au moyen de **ma...sh(i)**.

ma bqa sh yekdeb
ne il-est-resté il-ment
Il ne ment plus.

ma bqa sh kdeb
ne il-est-resté pas il a-menti
Il n'a plus menti.

Nota : la négation isolée se dit **la**, *non* ; souvent répétée **la la**, volontiers élargi en **lawāh**, *quand même pas*. l'affirmation, elle, se dit **āh**, **wāh**, **yīh**, **nʿām** (ce dernier mot peut signifier, selon les contextes, *présent !*)

SALUTATIONS ET FORMULES DE POLITESSE.

Après la phase de grammaire, nous vous proposons un passage agréable à la pratique de la langue. Quoi de mieux en effet que de savoir dire des gentillesses aux autres. Nous commencerons donc par les salutations.

Comme dans toutes les cultures du monde, les règles de politesse sont codifiées.

Il existe au Maroc plusieurs façons de se saluer. Beaucoup de paramètres entrent en jeu : le niveau social, l'âge, le sexe, la parenté, le lieu, etc. De manière générale, on salue les inconnus avec la main, les amis de même sexe avec un baiser sur la joue, les parents (père et mère) avec un baiser sur la tête ou au dos de la main (parfois sur la paume) selon la charge affective que l'on voudrait y mettre. Parfois, on accompagne le retour de la main vers soi par un attouchement soit de sa poitrine (cœur) soit de ses lèvres.

Il est préférable par ailleurs de ne pas embrasser de prime abord une personne du sexe opposé quand bien même il s'agirait de relations amicales ou parentales. En revanche, entre personnes de même sexe, c'est un signe fort, d'amitié et de cordialité.

A chaque type de salutation correspond généralement une réponse particulière. Retenez tout de même le mot **shukran**, *merci* qui peut vous sauver la face si vous n'arrivez pas à trouver la réponse adéquate. Mais sachez aussi que ce mot appartient à l'arabe littéraire et que vous ne risquez de l'entendre que dans la bouche des personnes ayant été scolarisées. Les autres le comprendront, mais ne l'emploieront presque jamais. Ils lui préféreront une tournure de l'arabe dialectal.

Voici ce qu'il convient de dire ordinairement :

Salutation	Réponse
es-salāmu ʿlay-kum	**wa ʿalay-kum es-salām**
la-paix sur-vous	et sur-vous la-paix
Bonjour, salut.	*Bonjour à vous aussi, salut.*

L'expression ci-dessus peut s'employer à tout moment de la journée et peut se réduire à **es-salām**.

Formule-réponse
ṣbāḥ el-ḫīr
matinée le-bien
Bonjour. (le matin)

Salutation-réponse
msa l-ḫīr
soirée le-bien
Bon soir.

Formule-réponse
lila saᶜīda
nuit heureuse
Bonne nuit.

Formule
hniyya ᶜlī-k
félicitations sur-toi
Félicitations !

Réponse
el-ᶜeqba li-k
la-suite à-toi
J'espère la même chose pour toi. (= Merci)

Formule
mebrūk
béni !
Félicitations.

Réponse
el-Lāh ibārk fi-k/kum
al-Lah il-bénit-toi/vous
Qu'Allah te bénisse. (= Merci)

Formule
shukran
Merci.

Réponse
bla jmīl
Sans obligeance, de rien.

Formule
b eṣ-ṣeḥḥa
avec la-santé
A ta santé.

Réponse
el-Lāh yeᶜṭī-k eṣ-ṣeḥḥa
al-Lah Il-donne-te la-santé
Qu'Allah te donne la santé.

Formule
shahiyya ṭayyiba
appétit bon!
Bon appétit !

Réponse
w nta kadālik
et toi comme cela
Toi aussi, de même

Formule
b es-slāma
avec la paix
Au revoir.

Réponse
el-Lāh yesselm-k!
al-Lah Il-préserve-te
Au revoir, partez en paix !

Si on vous dit :

ra-ni mrīḍ suis-je malade *Je suis malade.*	**Réponse**	**la bās ʿlī-k** pas malheur sur-toi *Ce ne sera rien.*
ra-ni msāfer suis-je voyageant *Je pars en voyage.*	**Réponse**	**ṭrīq es-slāma** route la-paix *Bonne route.*

Nota : En arabe marocain, *merci* et *s'il te plaît* peuvent avoir les équivalents suivants :

S'il te plaît	*Merci*
ʿafā-k Qu'Il te préserve !	**shukran**
men feḍl-k Ayyez la bonté !	**iṭuwwel ʿemr-k** Qu'Il te rallonge la vie !
el-Lāh iḫellī-k Allah te garde en vie !	**el-Lāh yeʿṭī-k eṣ-ṣeḥḥa** Allah te donne la santé !
ila smeḥti Si tu permets.	**el-Lāh yerḥem el-walidīn** Allah fasse miséricorde à tes parents.
el-Lāh yerḍi ʿlī-k Allah soit satisfait de toi !	**barak el-Lāh fī-k** Allah te bénisse !
- el-Lāh iḥefḍ-k/kum Allah te/vous préserve !	**Rebb-i iḫelli-k** Allah te garde !

Autres formules de politesse :

tfeḍḍel	*je vous en prie.*
metsherfīn	*très honoré.*
bla takalluf	*sans cérémonie*
ma tṣeḍḍeʿ sh ras-k	*ne te dérange pas*

L'ACCEPTATION.

Parmi les nombreuses façons d'accepter quelque chose de quelqu'un, on peut retenir :

waḫḫa	*d'accord.*
b el-faraḥ	*avec plaisir*
ʿel er-rās w el-ʿīn	*très volontiers*
ma kayen mushkil	*aucun problème.*
ʿlāsh la	*pourquoi pas.*
ma ʿli-h-sh	*ce n'est rien.*
wa la ʿali-k	*ne t'en fais pas.*
ʿewwel ʿli-yya	*compte sur moi.*
ma teḍreb ḥsāb	*ne te fais pas de soucis*
ana mujūd	*je suis prêt.*
ma ʿend-i ma nqūl	*je n'ai rien à dire.*
ana baba-k fī-h	*je m'en charge.*

L'EXCUSE

Formule	Réponse
smaḥ l-i *Excuse-moi.*	**musamaḥa** *Pardon.*
el-ʿafw *Pardon.*	**ma kayen mushkil** *Il n'y a pas de problème.*
smaḥ l-i ana mūl lafūt *Pardon, je suis fautif.*	**el-Lāh isāmeḥ** *Pardon.*
smaḥ l-i ma sheft k sh *Pardon, je ne t'ai pas vu.*	**ma kayen bās** *Il n'y a pas de mal.*
smaḥ l-i ana ḥeshmān *Pardon, je suis confus.*	**wa la ʿalī-k** *Ne vous en faites pas.*

LE REFUS.

la	*non.*
ma yemken sh	*ce n'est pas possible.*
ma nḍen sh	*je ne crois pas.*
muḥāl	*peut-être pas.*
ma neqbel sh	*je n'accepte pas.*

ma neqder sh	*je ne peux pas.*
maʿa l-asaf	*je suis désolé.*
ma ʿend-i ma ndīr	*je ne peux rien faire.*
ma ʿemmer ha tkūn	*cela ne se fera jamais.*
b en-nḍu / b el-merra	*c'est catégorique.*
lawah	*quand même pas !*
ma teḥtāj sh tṣeḍḍeʿ ras-k	*ne te fatigue pas !*
bla ma tʿawed el-hedra	*ce n'est pas la peine d'insister.*

LA PROTESTATION

ma shi maʿqūl
ne-pas chose raisonnable
Ce n'est pas raisonnable.

hada munkar
ceci injustice
C'est injuste.

ma ʿend k sh el-ḥeqq

ne chez toi pas le-droit
Tu n'a pas le droit.

ma ʿemmer ha tkūn

ne jamais elle sera
Cela ne se fera jamais.

ḫelli-ni trankil, ʿafā-k
laisse-moi tranquille, qu'Il te préserve !
Laissez-moi tranquille, s'il vous plaît !

ma shi ḥshūma ʿlī-k tdīr hād esh-shi
ne-pas honteux sur-toi tu-fais cette la-chose
Vous ne trouvez pas que c'est honteux de vous comporter comme cela !

tfārq mʿa-ya wella nʿeyyeṭ l el-būlīs
sépare-toi avec-moi ou j'-appelle à la-police
Eloignez-vous de moi ou j'appelle la police !

L'INTERPELLATION

Pour interpeller quelqu'un, on peut utiliser plusieurs formules et plusieurs titres : les plus honorifiques sont :

* **Esh-shrīf/esh-shrīfa** : *le saint/la sainte*

ʿend-k el-werqa ā esh-shrīfa ?
chez-toi le-billet ô la-sainte
Vous avez votre billet madame ?

* **Sidi/lala** *: monseigneur (monsieur) / maîtresse (madame)*

hād eṭ-ṭriq teddi l es-sūq ā lalla ?
cette la-route elle-mène à le-marché ô madame
Cette route mène-t-elle au marché, madame ?

smeḥ-l-i ndūz ā sīdi !
excuse-à-moi je-passe ô monsieur
Permettez-moi de passer, monsieur !
Pour les personnes âgées, la formule consacrée est :

* **El-ḥājj/el-ḥājja** : *le pèlerin/la pèlerine*

ā l-ḥājj wāsh jāt et-trān ?
ô le-pèlerin est-ce-que il-est-arrivé le-train
Monsieur, est-ce que le train est arrivé ?

* **El-walīd/el-walīda** : *le père/la mère*

tfeḍli ā l-walida!
aies la-bonté ô la-mère
Je vous en prie madame.

Nota : Les formules **sidi/lala** et **esh-shrīf/esh-shrīfa** sont de rigueur chaque fois que la situation impose une certaine distance : dans les administrations, face à un agent de l'autorité, etc.

Sidi peut se réduire à **si**, mais suivi d'un nom ou d'un prénom, **Muḥamed** si l'on ne connaît pas la personne sinon par le nom qu'il convient :

ā si Dris, *ô monsieur Driss !*

Il faut savoir, d'autre part, que le vouvoiement n'existe pas en arabe (comme d'ailleurs dans certaines langues comme l'anglais), mais ce n'est pas parce que l'on vous tutoie que l'on vous manque de respect ! Le vouvoiement étant compensé par des expressions et des formules comme celles que l'on vient de voir.

La formule **mulāy/mulāti** : *mon maître / ma maîtresse,* madame est utilisée dans un contexte de familiarité un peu comme on utiliserait oralement mon cher ami / ma chère amie.

On peut aussi s'adresser à quelqu'un sans formule spéciale.

ā l-bent !	*ô fille !*
ā l-weld!	*ô garçon !*
ā er-rājel !	*ô homme !*
ā l-mra !	*ô femme !*

Au café, pour vous rafraîchir, ne vous dépaysez pas trop, dites tout simplement **garsūn** (emprunt au français : *garçon*)

garsun, wāḥed el-ʿaṣīr d el-limūne, ʿafā-k !
garçon un le-jus de l'-orange qu'Il te préserve
Garçon, un jus d'orange, s'il vous plaît !

L'HÉBERGEMENT.

Bien qu'il puisse y avoir une certaine capacité hôtelière insuffisante en saison, l'hébergement ne pose pas en général de problème particulier au Maroc. On peut se rendre dans des campings, des auberges de jeunesse ou dans des hôtels.

Les campings sont disponibles dans toutes les grandes villes du pays. Ils sont souvent situés à l'extérieur, aussi sont-ils plus commodes pour les personnes disposant d'un véhicule. Le prix dépasse rarement quarante francs par personne (voiture en sus).

Il faut signaler aussi la possibilité de camper sur des terrains de particuliers. Pour cela, il suffit de déballer ses bagages. L'autorisation du propriétaire ne s'impose que si vous jouxtez des habitations.

Les auberges de jeunesse existent. On répertorie une dizaine d'auberges de jeunesse à travers le pays. Celles de Marrakech, de Meknès et de Casablanca semblent les mieux entretenues. Il faut compter une cinquantaine de francs pour les adhérents.

Quant aux hôtels, leurs prix varient en fonction des saisons et des étoiles. Dans les grandes villes, toutes les catégories d'hôtels sont disponibles. Faire le tour des établissements avant de faire son choix vaut toujours mieux.

Pour ce qui est enfin du logement chez l'habitant, des chambres d'hôte ou de la location d'appartements privés, il faut dire que ce type de service n'est pas très développé au Maroc. On peut toujours trouver à la sortie des gares routières de jeunes rabatteurs qui vous proposent des chambres ou des appartements à louer, mais inutile de dire que c'est à vos risques et périls d'autant plus que cette activité est généralement totalement illégale.

Cela dit, cette formule tend tout de même à se développer dans des villes comme Marrakech où on peut se surprendre en louant un **riyad**, véritable petit palais au cœur même de la Médina, et ce, à un prix très attrayant surtout quand on est plusieurs.

msa el-ẖīr, bāqi ʿend-k shi bīt ẖāwi ?
soir le-bien restant chez-toi quelque chambre vide
Bonsoir, vous reste-il une chambre disponible ?

la, kull shi ʿāmer/kumpli, shūf hadak el-uṭīl lhīh
non toute chose remplissant/complet regarde cet hôtel là-bas
Non, tout est plein/complet, allez voir cet hôtel là-bas.

kayen shi kumpin f hād el-mdīna ā sīdi ?
étant quelque camping dans cette la-ville ô monsieur
Y a-t-il un camping dans cette ville, monsieur ?

smeḥ l-i ā lalla, fīn kayen shi uṭīl hna ?
excuse à-moi ô madame, où étant quelque hôtel ici
Excusez-moi, madame, y a-t-il un hôtel par ici ?

shḥāl teḥseb l-el-bīt ?
combien tu-comptes à la-chambre
Combien comptez-vous pour une chambre ?

myat derhem l-el-līla.
cent dirhams à-la-nuit
Cent dirhams par nuit.

fī-ha d-dūsh wella la
dans-elle la-douche ou non
A-t-elle une douche ?

b ed-dūsh ẖeṣṣe-k tzīd ẖemsa d ed-drāhem l-el-līla
avec la-douche il-faut-te tu ajoutes cinq dirhams à la-nuit
Avec la douche, il faut cinq dirhams de plus par nuit.

el-frāsh	*la literie*	**el-wsāda**	*l'oreiller*
ẖāwi	*vide*	**el-yzār**	*le drap*
ʿāmer	*plein*	**en-nʿas**	*le sommeil*
ʿerben	*réserver*	**eḍ-ḍu**	*la lumière*
el-ma sẖūn	*l'eau chaude*	**el-līl**	*la nuit*
el-ġda	*le déjeuner*	**ṣġīr/a**	*petit/e*

el-ʿsha	*le dîner*	**ej-jirān**	*les voisins*
nqi	*propre*	**el-ma bāred**	*l'eau froide*
el-fṭūr	*le petit déjeuner*	**mweseḫ/a**	*sale*

MOYENS DE LOCOMOTION ET VOYAGES.

C'est pour demander son chemin et se diriger en ville et à la campagne que la connaissance de la langue du pays est la plus nécessaire. Fort heureusement, il suffit généralement de quelques phrases pour se faire comprendre.

Les mots-clés les plus indispensables sont les suivants :

el-līmen	*la droite*	**el-janūb**	*le sud*
esh-shmāl	*la gauche*	**esh-shamāl**	*le nord*
nishān	*tout droit*	**esh-sherq**	*l'est*
el-fūq	*en haut*	**el-ġerb**	*l'ouest*
el-teḥt	*en bas*	**temma**	*là*
guddām	*devant*	**hna**	*ici*
mūr	*derrière*	**men hna**	*d'ici*
ej-jiha	*le côté*	**men temma**	*de là*
men hna	*par ici*	**lhīh / hnāk**	*la-bas*
kemmel	*continue !*	**fīn / wīn**	*où*

men-īn ndūz l el-mārshi, el-Lāh Iḫellī-k ?
de-où je passe à le-marché al-Lah Il-garde-toi
Par où je passe pour aller au marché, s'il vous plaît ?

werrīni ʿafā-k eṭ-ṭrīq dyāl lagār
montre-moi Il-préserve-toi la-route de la-gare
Montrez-moi, s'il vous plaît la route qui mène à la gare !

sīr nishān w ḍūr ʿel esh-shmāl
va droit et tourne sur la-gauche
Allez tout droit, puis tournez à gauche.

ma neʿref, sewwel f es-sṭasyūn iwerriw-k!
ne-pas je-sais demande dans la-station ils-montrent-te
Je ne sais pas, demandez à la station, on vous indiquera.

ra-k tālef rjeʿ w sewwel mūl el-ḥanūt
es-tu perdant retourne et demande l'-épicier
Vous vous êtes perdu, retournez et demandez à l'épicier.

PRENDRE LE TAXI

Un taxi de France et un taxi du Maroc n'ont de commun que le nom. D'abord, il faut distinguer deux types de taxis : le taxi intra-urbain dit "petit taxi" (**pti taksi**) et le taxi inter-urbain dit "grand taxi" (**taksi kbīr** ou **korsa**). Tous les deux sont collectifs. Le nombre maximum de passagers est de quatre (chauffeur compris) pour le premier et de sept personnes pour le second. Celui-ci part toujours à plein. Le taxi intra-urbain marche au compteur alors que l'autre marche au prix de place fixé par les autorités. Un passager du "petit taxi" est en droit d'exiger d'être transporté tout seul. Cela n'arrive que très rarement dans un pays où il y a beaucoup de difficultés pour se déplacer. En revanche, vous ne pouvez pas exiger la même chose d'un "grand taxi" à moins que vous ne vouliez régler la note tout seul.

Les mots-clés les plus indispensables sont les suivants :

ṭāksi	*taxi*
shifūr	*chauffeur*
blasa	*place*
stasyūn/el-maḥeṭṭa	*station*
bāṭu	*bateau*
el-mersa	*le port*
maṭār	*l'aéroport*
eṭ-ṭeyyāra	*l'avion*
et-trān/el-mashina	*le train*
el-gishi	*le guichet*
el-biyyi/el-werqa	*le billet*

b shḥāl teddi-ni l el-maṭār ?
avec combien tu-emmènes-moi à l'-aéroport
Combien ça coûte pour aller à l'aéroport ?

kayen shi tāksi l-Fās ā esh-shrīf ?
existant quelque taxi pour Fès, ô le-saint
Y a-t-il un taxi pour Fès, monsieur ?

rā-ni mezrūb ʿafa-k zreb shwiyya !
suis-je pressé Il garde-toi dépêche-toi peu
Je suis pressé, pourriez-vous rouler un peu plus vite!

yemken msha ʿli-yya l-ḥāl !
il-est-possible il-est-parti sur-moi le-temps
Peut-être que je suis en retard !

tʿeṭṭelt bezzāf w ḥetta tāksi ma bān
j'ai-tardé beaucoup et même taxi ne-pas il-est-apparu
J'ai beaucoup de retard et aucun taxi n'arrive !

PRENDRE LE BUS.

Comme pour les taxis, pour se déplacer en bus au Maroc, on a le choix entre les transports intra-urbains assurés par les autobus (**ṭubīs/ṭubīsāt**, *autobus*, sing/plur.) et les transports inter-urbains assurés par ce que l'on appelle au Maroc les cars (**el-kār/el-kirān**, *le/s car/s*).

Ces autocars ont l'avantage de vous emmener dans les coins les plus reculés du Royaume. Ils comblent d'ailleurs parfaitement l'insuffisance du réseau ferroviaire.

Pour les bus en ville, il suffit de quelques dirhams (2 francs en moyenne). Pour faire de longs trajets, la *CTM* (*la Compagnie des Transports Marocains*) est de loin la compagnie qui offre le meilleur service sur le marché avec 27 agences principales et quelque 75 bureaux. Les Marocains l'appellent **es-satyām**.

D'autres compagnies privées desservent d'autres destinations, régionales notamment. Si vous vous rendez dans une région montagneuse en saison froide, munissez-vous de vêtements chauds. Ces bus ne sont que très rarement chauffés.

Pour parcourir les routes du sud dans d'excellentes conditions, retenez la *Supratours*. C'est une agence privée correspondant de l'*ONCF* dans le sud marocain.

Les mots-clés les plus indispensables sont les suivants :

el-bagaj	*les bagages*	**nzel**	*descendre*
el-ḥwāyej	*les affaires*	**ḥeṭṭ**	*poser*
el-baliza	*la valise*	**ṭleʿ**	*monter*
es-sāk	*le sac*	**wqef, ḥbes**	*s'arrêter*
en-nemra	*le numéro*	**ʿerben**	*réserver*
eṣ-ṣfer	*les voyages*	**ḥḍa**	*surveiller*
el-wṣūl	*l'arrivée*	**qelleʿ**	*démarrer*
et-taman	*le prix*	**shiyyer**	*faire signe de la main*

wāsh hād el-kār ġādi l-Agadir ?
est-ce-que ce le-car partant à-Agadir
Est-ce que ce car part pour Agadir ?

shḥāl dyāl el-weqt bāqi nweṣlu
combien de le-temps restant nous-arrivons
Combien de temps reste-il pour arriver ?

fugāsh iqelleᶜ el-kār ?
quand il-démarre le-car
Quand le car va-t-il démarrer ?

fīn el-gishi el-Lāh yerḥem el-walidīn ?
où le-guichet al-Lah fasse miséricorde les-parents
Où se trouve le guichet, s'il vous plaît ?

ḥḍi mᶜā-k hād el-baliza ḥetta nerjeᶜ ᶜafā-k!
surveille avec-toi la-valise jusque je-reviens Il te préserve
Pourriez-vous surveillez cette valise jusqu'à ce que je revienne, s'il vous plaît !

PRENDRE LE TRAIN.

Le réseau ferroviaire est peu développé au Maroc ; à peine 1700 km. Bien que l'*ONCF* (*Office National des Chemins de Fer*) qui gère le réseau ferroviaire marocain ait amélioré ses services ces dernières années, il reste beaucoup à faire pour satisfaire ses clients. Des problèmes de ponctualité et de sécurité (vols : la nuit) subsistent encore.

Il existe deux types de trains : normal et rapide (**el-ᶜādi w es-sarīᶜ**). Malgré le nom, ce n'est pas une question de vitesse, mais de confort. Chacun des trains est doté de deux classes (1ère et 2ème classe). Actuellement, la voie ferrée en direction du sud ne dépasse pas Marrakech. Vers le nord, elle va jusqu'à Tanger et Oujda.
Les cartes de réduction *SNCF* sont valables dans les mêmes conditions qu'en France.

Les mots-clés les plus indispensables sont les suivants :

et-trān/el-mashīna	*le train*
el-maḥeṭṭa/lagar	*la gare*
es-sekka	*la voie ferrée*

el-blaṣa	*la place*
blaṣa ʿāmra/ḫāwya	*place occupée/vide*
el-biyyi/el-werqa	*le billet*
el-fagu	*le wagon*
el-kuntrulūr	*le contrôleur*
ʿerben el-blasa	*réserver la place*
qeṭṭeʿ el-werqa/el-biyyi	*acheter son billet (couper la feuille)*

hād el-blaṣa ʿāmra wella ḫāwya ā lālla ?
cette la-place pleine ou vide ô madame
Y a-t-il quelqu'un à cette place, madame ?

el-mashina ma waṣlāt-sh wa qīla ʿend-ha er-ruṭār !
le-train ne il-arrive-pas et on-a-dit chez-elle le-retard
Le train n'arrive pas, il a peut-être du retard !

wāsh yemken nekmiw f hād el-fāgu ?
est-ce-que il-est-possible nous-fumons dans ce le-wagon
Est-il possible de fumer dans ce wagon ?

PRENDRE LA VOITURE.

Il y a beaucoup d'avantages à rouler en voiture au Maroc. Les routes reliant les centres urbains sont en général en bon état et la plupart des sites touristiques sont accessibles par voiture. Celle-ci vous offre par ailleurs une meilleure pénétration du pays. Le carburant n'est pas trop cher en comparaison avec les prix pratiqués en France. Attention le "super" et le "sans plomb" ne sont disponibles que dans certaines stations.

Sur les ronds-points circulaires, la priorité est aux véhicules venant de droite. La vitesse en ville varie entre 40 et 60 km/h. Sur les routes, elle est limitée partout à 100 km/h. Sur autoroute, elle est de 120 km/h.

Une autoroute relie désormais Casablanca d'une part à Fès et d'autre part à Larache en direction de Tanger. Le premier trajet qui est de 340 km environ vous coûtera une trentaine de francs et le second (même distance à peu près) ne dépassera guère la même somme.

On peut aussi louer une voiture, mais attention aux conditions des contrats d'assurance. La ceinture de sécurité est obligatoire sur route, mais en milieu urbain, il est toléré de ne pas l'attacher.

Pour ce qui est de la conduite sur route, la plus grande vigilance est de rigueur. Le code de la route est tout simplement inexistant au Maroc, et ce, qu'il s'agisse des conducteurs, des piétons, des cyclistes ou des motocyclistes. Toutes les frayeurs sont possibles. Les routes du Maroc sont parmi les plus meurtrières au monde.

Les mots-clés les plus indispensables sont les suivants :

eṭ-ṭrīq	*la route*	**ez-zit**	*l'huile*
es-surᶜa	*la vitesse*	**lisāns**	*l'essence*
el-frān	*le/s frein*	**el-maẓuṭ**	*le mazout*
el-mutūr	*le moteur*	**el-ma**	*l'eau*
eṭ-ṭunubīl	*l'automobile*	**el-bumba**	*la pompe*
esh-shifūr	*le chauffeur*	**ḫelleṣ**	*payer*
el-kufer	*le coffre*	**iṭru**	*un litre*
er-rwiḍa	*la roue*	**bidu**	*un bidon*
es-swāret	*les clefs*	**qerᶜa**	*bouteille*
el-guḍrūn	*la chaussée*	**mikanisyān**	*mécanicien*

wāsh hād eṭ-ṭrīq teddi l Fās ?
est-ce-que cette la-route elle-mène à Fès
Cette route mène-t-elle à Fès ?

ᶜend-i wāḫed el-mushkil f el-mutūr
chez-moi un le-problème dans le-moteur
J'ai un problème au moteur.

kayen shi mikanisyān hna ?
étant quelque mécanicien ici
Y a-t-il un mécanicien par ici ?

bġīt shi wāḫed iṣawb li-yya eṭ-ṭunubīl
j'ai-voulu quelque un il-répare à-moi l'-automobile
Je voudrais que quelqu'un répare ma voiture.

wāsh ma zāl shi bumba l-guddām ?
est-ce-que ne-pas il-reste quelque pompe à essence le-devant
Est-ce qu'il reste encore une station service devant ?

lazem ndūz men hād eṭ-ṭrīq
il-faut-que je-passe de cette la-route
Il faut que je passe par cette route.

ma ᶜendi-sh er-rwiḍa dyāl es-sukūr
ne chez-moi-pas la-roue de le-secours
Je n'ai pas de roue de secours.

LA POSTE, LA BANQUE ET L'ADMINISTRATION.

Quelle que soit l'administration où vous vous rendez, il est recommandé de soigner votre apparence vestimentaire. Les représentants de la loi, les employés administratifs, etc. attachent beaucoup d'importance à l'habillement et à la politesse de leurs interlocuteurs. Sachez aussi que l'on peut vous interpeller à n'importe quel moment, les contrôles d'identité font partie intégrante de la vie quotidienne.

Pour la poste, il est généralement plus simple et tout aussi efficace de confier ses lettres ou paquets à la réception de son hôtel. Si vous devez vous rendre dans un bureau de poste, sachez qu'il faut être armé de beaucoup de patience. Ici, les files d'attente sont longues et elles ne sont qu'exceptionnellement respectées. Souvent, on vous passe devant et avec le sourire ! Profitez-en, si vous avez le cœur à ça, pour engager la conversation et nouer quelques relations. Vous ne risquez pas de vous faire remarquer car souvent, c'est la cohue.

Les bureaux de poste sont signalés par les lettres *PTT*. Il y en a dans toutes les villes. Le service de la poste restante fonctionne bien. Quant aux timbres, on peut les acheter à la poste, mais aussi dans les bureaux de tabac ou encore dans certaines réceptions d'hôtels. Notons enfin que la poste est fermée le samedi comme d'ailleurs toutes les administrations qui ne relèvent pas de la santé, la sécurité, la douane, etc.

Les banques marocaines assurent toutes les opérations classiques que l'on connaît. L'importation des chèques de voyages et des devises est libre, en revanche, il est important de conserver les bordereaux de change afin de pouvoir reconvertir les sommes non utilisées à concurrence de 50% de la valeur des bordereaux.

Pour les questions des soins, il n'y a aucune difficulté à se faire soigner, notamment dans les grandes villes. A la campagne et plus particulièrement dans les régions reculées, les soins médicaux sont confiés à des stations mobiles, ce qui est parfois problématique. Les pharmacies fonctionnent bien et proposent des services de garde nocturnes. On y trouve également tous les articles d'hygiène. Quoi qu'il en soit, quand on voyage au Maroc, il est toujours utile d'emporter -par simple prudence- quelques médicaments contre la diarrhée et les troubles digestifs.

Les mots-clés les plus indispensables sont les suivants :

et-tenber	*le timbre*	**el-banka**	*la banque*
el-buṣṭa	*la poste*	**el-bakiyya**	*le paquet*
el-manḍa	*le mandat*	**es-stilu**	*le stylo*
el-bra	*la lettre*	**el-faktur**	*le facteur*
ṣber	*patienter*	**el-gishi**	*le guichet*
rsel	*envoyer*	**esh-shīk**	*le chèque*

el-ḥsāb	*le compte, le calcul*	**ej-ʿunwān**	*l'adresse*
er-risibu	*le reçu*	**eṣ-ṣeff**	*le rang*
ej-jwa	*l'enveloppe*	**el-istiqbāl**	*l'accueil*
el-irshadāt	*les renseignements*	**en-nuba**	*le tour*
el-ʿīn	*l'œil, la source*	**er-rās**	*la tête*
el-kersh	*le ventre*	**el-wden**	*l'oreille*
el-qelb	*le cœur*	**el-ḥenjūra**	*la gorge*
eḍ-ḍher	*le dos*	**el-maʿida**	*l'estomac*

mrīḍ	*malade*	**es-sḫāna**	*la fièvre*
el-ḥarara	*la température*	**ʿeyyān**	*fatigué*
el-mikrūb	*le microbe*	**eṭ-ṭānsyu**	*la tension*
esh-shuka	*la piqûre*	**el-kulīk**	*la colique*
el-kīna	*le comprimé*	**el-ḥrīq**	*la douleur*

es-sbiṭār	*l'hôpital*	**el-barasyūn**	*l'opération*
el-klinīk	*la clinique*	**er-rādyu**	*la radio*
el-faṣma	*le pansement*	**el-ḫaṭar**	*le danger*

el-fremli	*l'infirmier*	**el-ḥasāsiyya**	*l'allergie*
eṭ-ṭbīb	*le médecin*	**esh-shfa**	*la guérison*
er-rwāḥ	*le rhume*	**merḍ es-sukkār**	*le diabète*
el-ḥlāqem	*les angines*	**esh-shqīqa**	*la migraine*
el-benj	*l'anesthésie*	**el-kulira**	*le choléra*

bġīt nṣerreḍ hād el-bakiyya l Fransa
j'ai-voulu j'envoie ce le-paquet en France.
Je voudrais envoyer ce paquet en France.

ʿṭī-ni wāḥed et-tenber, ila smeḥti
donne-moi un le-timbre si tu-permets
Donnez-moi un timbre, si vous permettez.

hād eṣ-ṣeff l hād el-gishi ā sīd-i, ʿafā-k
cette la-file à ce le-guichet ô monsieur qu'Il te préserve ?
Cette file est pour ce guichet, monsieur, s'il vous plaît ?

wāsh tṣerfu l-flūs hna ā sīd-i ?
est-ce que vous changez l'-argent ici ô monsieur
Vous faites le change de devises ici, monsieur ?

ashnu ʿend-k el-frank wella el-mark ?
qu'est-ce chez-toi le-franc ou le-mark
Qu'est-ce que vous avez le franc ou le mark ?

shḥāl yeswa l-frank ?
combien coûte le-franc
Combien coûte le franc ?

fīn kāyen l-pusṭ d el-bulīs el-Lāh iḫelli-k ?
où étant le-poste de la-police al-Lah Il garde-te
Où se trouve le poste de police, s'il vous plaît ?

shkūn elli mkellef b esh-shikayāt ʿafā-k ?
qui celui-qui chargé avec les-plaintes Il-préserve-te
Qui est-ce qui est chargé des plaintes, s'il vous plaît ?

nḥebb nzīd f el-paspūr dyāl-i.
je-veux je-rajoute dans le-passeport de-moi
Je voudrais proroger mon passeport.

fīn kayna l-iḍāra dyāl el-paspurāt ?
où étant l'administration de les-passeports
Où se trouve l'administration chargée des passeports ?

ana mrīḍ/a
moi malade (m/f)
Je suis malade.

ḫeṣ-ni nemshi nshūf eṭ-ṭbīb
il-faut-que-me je-vais je-vois le-médecin
Il faut que j'aille voir un médecin.

shnou iḍerr-k ?
quoi il-fait mal-te
Qu'est-ce qui vous fait mal ?

ʿend-i l-ḥrīq f el-kersh
chez-moi la-douleur dans le-ventre
J'ai mal au ventre.

la bās ma ʿend-k wālou shri d-dwa w ġādi tebra.
pas mal ne-pas chez-toi rien achète le-médicament et tu vas guérir.
Ça va, vous n'avez rien, achetez ce médicament et ça va aller.

LE TÉLÉPHONE.

Le réseau téléphonique s'est bien développé ces dernières années au Maroc et la couverture continue de s'élargir et de s'automatiser.

Les appels téléphoniques à l'étranger fonctionnent bien, mais il faut parfois s'armer de patience. Pour les téléphones portables, les opérateurs marocains de la téléphonie mobile sont en train de couvrir petit à petit l'ensemble du territoire. Actuellement, toutes les grandes villes sont couvertes notamment avec l'opérateur *Ittissalat al-Maghrib*. Les axes routiers et autoroutiers le sont en revanche beaucoup moins. Dans les petites villes et les villages, beaucoup de progrès restent à faire, mais cela va très vite.

Pour les personnes non munies de téléphones portables, des téléphones fixes sont mis à leur disposition dans les hôtels, mais les communications sont trop chers. Elles sont plus chères qu'en France et en Europe en général.

Les cabines téléphoniques et les cartes à puces existent aussi, mais il est plus sûr de téléphoner des fameuses téléboutiques qui poussent comme des champignons un peu partout et qui mettent à la disposition des clients, des postes d'où l'on peut téléphoner avec des pièces. Un gérant, toujours présent, vous procure de la monnaie et veille au bon fonctionnement des machines jusqu'à tard le soir.

Le Maroc est divisé en quatre zones de numérotation. Pour appeler un numéro de téléphone fixe, il faut composer huit chiffres dont les deux premiers, les indicatifs, changent en fonction de la zone où l'on se trouve : pour Casablanca par exemple, c'est le 22 ; pour Fès et meknès, c'est le 55 ; pour Marrakech et Agadir, c'est le 44 ; pour Rabat, c'est le 77, etc. Pour les portables, il faut composer aussi huit chiffres.

Pour appeler la France à partir du Maroc, composez le 00 (étranger) + 33 (la France) puis les neufs chiffres (sans le zéro) du correspondant. Il faut compter 12F environ la minute en plein tarif.

Pour appeler le Maroc à partir de la France, composez le 00 (étranger) + 212 (le Maroc) + l'indicatif de la zone (ex. 55 pour Fès) puis les six chiffres du correspondant. Il faut compter 3,50F environ la minute en plein tarif.

Retenez enfin, pour les communications encore non automatisées, les numéros 12 pour l'international, 16 pour les renseignements et 10 pour se joindre à un opérateur.

Les mots-clés les plus indispensables sont les suivants :

el-mukālama	*la communication*
et-tilifūn	*le téléphone*
laparay	*l'appareil*
eṣ-ṣennata	*l'écouteur*
landikatif	*l'indicatif*
en-nemra	*le numéro*
eṣ-ṣerf	*la monnaie*
mashġūl	*occupé*
qṭeᶜ	*couper*
ṣerref	*changer*
qeyyed	*noter*
hḍer	*parler*
dewwez	*faire passer*
dewwez en-nemra	*composer le numéro*

el-Lāh iḫelli-k bġīt netkellem mᶜa Fransa.
al-Lah Il-garde-te j'-ai-voulu je-parle avec (la) France
S'il vous plaît, je voudrais passer un coup de fil en France.

alu, shkūn mᶜaya
allo, qui avec moi
Allo, qui est à l'appareil ?

mnīn katᶜeyyeṭ/katkellem ?
d'où tu appelles / tu parles
D'où parlez-vous ?

dewwez li-yya bba-k ila smeḥti ?
fais-passer à-moi papa-ton si tu permets
Passez-moi votre père, s'il vous plaît ?

ma kanesmeᶜ sh hḍer b ej-jehd
ne j'entends pas parle avec la-force
Je n'entends pas, parle à haute voix.

LE MARCHÉ.

Il existe deux types de marchés au Maroc : le marché à ciel ouvert, **es-sūq** et le marché couvert, dit **el-marshī**. Le marché hebdomadaire oriental à ciel ouvert constitue une composante importante de la vie sociale. Ici la conversation a presque la même importance que les affaires. On échange des nouvelles, on demande ce que deviennent les parents et les amis, on règle d'interminables affaires de famille. A chaque village et à chaque ville, son marché hebdomadaire. Le marché est un lieu idéal pour observer les coutumes et les costumes des ethnies locales venues vendre leurs productions et acheter ce qu'elles ne peuvent produire elles-mêmes.

Dans l'Atlas et dans le Rif, vous qui êtes une femme, ne manquez, sous aucun prétexte, de visiter les marchés tenus exclusivement par les femmes amazighes. Ils témoignent de l'autonomie de ces femmes. La marchandise, produite par celles-ci, est vendue exclusivement à d'autres femmes. Occasionnellement, ces marchés servent, à côté de l'échange de marchandises et de "recettes de guérisseurs", à l'arrangement de mariages et à la réconciliation des clans ennemis.

Par ailleurs, dans les pays orientaux, il est tout à fait normal d'être sollicité par des marchands ambulants, et ce n'est pas du tout considéré comme gênant. La notion d'espace intime, de la promiscuité est tout simplement différente ici. De même, le marchandage fait partie des vieilles habitudes des peuples orientaux, il est partie intégrante du déroulement des affaires. Le prix indiqué en premier par le marchand n'a qu'une valeur indicative, qui ouvre l'espace destiné à l'art du marchandage. Il est vrai que même chez les Marocains, nombreux sont ceux qui n'y sont pas à l'aise. Les femmes semblent exceller dans cet art et souvent dans le couple qui veut acquérir une marchandise, c'est la femme qui déploie ses virtuosités pour fléchir le plus coriace des vendeurs.

Il n'y a pas de règle de l'art de marchander ; cependant ramener le prix demandé dans un premier temps à 50% notamment dans les médinas est considéré par les Marocains comme une bonne affaire. Si le vendeur semble résister, ayez l'air désintéressé et faites semblant de repartir. Généralement, le vendeur vous rappelle en vous disant ***aji** !, **aji** !(viens !, viens!)*. Si ce n'est pas le cas, remontez un peu le prix en fonction de l'intérêt que vous portez à la chose.

Cependant, ne croyez pas que vous pourrez réussir à baisser le prix partout. Il existe des marchandises vendues au prix indiqué. Dans les boutiques chics des villes nouvelles (opposées à médinas), les prix sont affichés et il est difficile voire impossible de débattre du prix.

Pour ramener des souvenirs du Maroc, les marchés marocains vous offrent le plaisir des sens. Des articles de maroquinerie aux tapis amazighes colorés en passant par les objets de cuivre, de laiton ou d'argent et autres épices, le choix est difficile.

Ne faites pas vos achats dans le premier marché ou magasin venu, renseignez-vous sur les prix auprès d'amis marocains. N'hésitez pas à regarder longuement, à réfléchir et à marchander. L'important est de parler la langue. Votre effort dénote un intérêt pour les gens du pays et vous permet de vous distinguer du touriste ordinaire en créant avec vos interlocuteurs un espace chaleureux à travers la langue.

Les mots-clés les plus indispensables sont les suivants :

el-dwa	*le médicament*	**el-ḥanūt**	*la boutique*
el-flūs	*l'argent*	**el-fista**	*la veste*
el-magaza	le *magasin*	**es-serwāl**	*le pantalon*
es-selʿa	*la marchandise*	**el-qamija**	*la chemise*
eṣ-ṣebbāt	*les chaussures*	**et-taman**	*le prix*
el-ktūb	*les livres*	**eṣ-ṣūf**	*la laine*
ġāli	*cher*	**ez-zerbiyya**	*le tapis*
rḫīṣ	*bon marché*	**ej-jeld**	*le cuir*
ṣḥīḥ	*solide*	**eṭ-ṭerbūsh**	*le chapeau*
el-belġa	*la babouche*	**qdīm**	*ancien*
esh-shṭāra	*le marchandage*	**eṣ-ṣerf**	*la monnaie*
el-ḥzām	*la ceinture*	**el-berrād**	*la théière*

Nous vous donnons ici les phrases courantes pour effectuer vos achats. N'oubliez pas que le marchandage est un des plaisirs de l'Orient et que le vendeur sera enchanté de discuter en marocain avec vous des mérites ou des vertus de sa marchandise.

ṣbāḥ el-ḫīr, shḥāl hād es-serwāl ?
matin le-bien combien ce le-pantalon
Bonjour, combien vaut ce pantalon ?

shḥāl telbes ā lālla ?
combien tu-t'habilles ô madame
Quelle est votre taille, madame ?

rebʿīn ā sīdi.
Quarante ô monsieur.
Quarante, monsieur.

wāh, hadā-k rebʿīn, yeswa myāt derhem.
oui celui-là quarante il-vaut cent dirhams
Oui, celui-là est du quarante ; il vaut cent dirhams.

Wāsh teqder tḫellī-h b ḫemsīn derhem ?
est-ce que tu-peux tu-laisses-le avec cinquante dirhams
Vous pouvez me le céder à cinquante dirhams ?

la, hada taman mezyān hadi selʿa ṣḥīḥa
non, ceci prix bon celle-ci marchandise solide
Non, c'est un bon prix que je vous ai fait ! C'est de la bonne marchandise!

iwa ila ma bġit-sh ana ra-h ġāli ʿli-yya.
alors si ne tu-as-voulu-pas moi est-il cher sur-moi
Si vous ne voulez pas, sachez que c'est trop cher pour moi.

b es-slāma ʿli-k nemshi nshūf f jiha uḫra
avec la-paix sur-toi je-vais je-regarde dans côté autre
Au revoir, je vais regarder ailleurs.

aji, aji, bellati zīd shwiyya w ḫud serwāl-k !
viens, viens, doucement rajoute peu et prends pantalon-ton
Revenez, revenez n'allez pas trop vite, rajouter un peu et prenez-le !

la, la ma nzid-k ḥetta frank ʿend-i ġīr ḫemsīn derhem
non, non ne-pas je rajoute-te même franc chez-moi que cinquante dirhams
Non, non je ne vous rajoute aucun sou, je n'ai que cinquante dirhams.

wāḫḫa ara tshūf dāk el-ḫemsīn, nāri shḥāl ṣʿība !
d'-accord donne tu-vois ces les-cinquante, "Bon-Dieu" combien dure
D'accord, donnez-moi voir ces cinquante ; mon Dieu qu'est-ce que vous êtes dure !

L'EXPRESSION DU TEMPS

Les notions de temps les plus indispensables sont :

wel el-bārḥ	*avant-hier*
f el-līl	*dans la nuit, de nuit*
el-bārḥ, yāms	*hier*
el-yūm, hād en-nhār	*aujourd'hui*
el-ḥaṣīl	*enfin, en somme*
ġedda, ġedwa	*demain*
men be^{c}d	*ensuite, plus tard*
be^{c}d ġedda	*après demain*
^{c}emmer	*jamais*
el-laġedda	*le lendemain*
merra merra	*quelquefois*
qbīla, bḥīn	*tantôt*
sa^{c}a sa^{c}a	*par moments*
daymen	*toujours*
bekri, zmān	*tôt, jadis*
men daba	*dorénavant*
men daba shwiyya	*tout à l'heure*
f eṣ-ṣbāḥ	*le matin, au matin*
el-^{c}shiyya	*le soir, l'après-midi*
daba, druk	*maintenant*

^{c}emmer ma shāft fi-yya
jamais ne-pas elle-a-regardé dans-moi
Elle ne m'a jamais regardé.

ġedwa yemshi l er-Rbāṭ
demain il-part à le-Rabat
Il part demain pour Rabat.

zmān kān iji daymen, daba la
autrefois il-était il-vient toujours, maintenant non
Autrefois, il venait toujours; maintenant, il ne vient plus.

L'heure

sa^{c}a/swaye^{c}; magana/mwagen	*heure/s, montre/s*
dqīqa/dqāyeq	*minute/s*
sigūn	*seconde*
teqriben	*à peu près*
qedd qedd/swa swa	*exactement*
qell, ġīr	*moins*

w	*et*
qsem	*cinq minutes*
qesmīn	*dix minutes*
rbe^{c}	*quart*
tulūt	*vingt minutes*
es-setta w qsem	*six heures et cinq minutes*
es-setta ġīr qsem	*six heures moins cinq minutes*
el-weḥda w qesmīn	*une heure dix minutes*

shḥāl (f) es-sa^{c}a ā sīdi ?
combien (dans) la-montre ô monsieur
Quelle heure est-il, monsieur ?

Pour répondre à la question concernant l'heure, on dit :

hādi, *celle-ci > c'est, il est,* suivi d'un nombre avec article, mais sans les heures (contrairement au français). Le nombre exprimant les minutes ou les fractions d'heure n'a pas l'article :

hādi el-ḫemsa w nuṣṣ
celle-ci la-cinq et demie
Il est cinq heures et demie.

hādi ej-jūj w rbe^{c}
celle-ci la-deux et quart
Il est deux heures et quart.

es-sa^{c}a et-tmenya ġīr/qell ^{c}eshra
l'heure la-huit moins dix
Il est huit heures moins dix minutes.

hādi el-weḥda w tulūt
celle-ci la-une et tiers
Il est une heure et vingt minutes.

hādi et-tlata b eḍ-ḍebṭ
celle-ci la-trois avec l'exactitude
Il est trois heures exactement.

Les jours :

el-ḥedd, *dimanche*
el-tnīn, *lundi*
et-tlata, *mardi*
l-arbe^{c}, *mercredi*
el-ḫmīs, *jeudi*
ej-jem^{c}a, *vendredi*
es-sebt, *samedi*

Les mois :

yennayer, *janvier*	**yūlyūz**, *juillet*
febrāyer, *février*	**ġusht**, *août*
mārs, *mars*	**sibtāmber**, *septembre*
abrīl, *avril*	**ukṭuber**, *octobre*
māy, *mai*	**nuvamber**, *novembre*
yūnyu, *juin*	**diṣamber**, *décembre*

yūm/ayyām	*jour/s*
simana/simanāt	*semaine/s.*
shher/shhūr	*mois (sing/plur.).*
ʿām/ʿwām	*année/s.*
el-ʿām elli fāt l'année qui elle-est-passée	*l'année passée.*
el-ʿām ej-jāy l'année le-venant.	*l'année prochaine.*

abrīl dyāl el-ʿām el-fāyt kānt esh-shta tṭīḥ ma zal
avril de l'-an le-passé elle-était la pluie elle-tombe encore
En avril de l'année dernière, la pluie tombait encore.

Les saisons :

er-rbīʿ	*le printemps*
el-ḫrīf	*l'automne*
eṣ-ṣīf	*l'été*
esh-shta	*l'hiver / la pluie*
el-ḥāl mezyān	*Il fait bon*
el-ḥāl sḫūn	*Il fait chaud*
el-ḥāl bārd	*Il fait froid*
es-sma ṣāfya/mġeyma	*Le ciel est clair/nuageux*

L'EXPRESSION DU NOMBRE

- Les nombres cardinaux

0	**ziru/ṣifr/sfer**	6	**setta**
1	**wāḥed/a** (m, f)	7	**sebʿa**
2	**jūj/tnayen**	8	**tmenya**
3	**tlata**	9	**tesʿūd/tesʿa**
4	**rebʿa**	10	**ʿeshra**
5	**ḫemsa**		

de 11 à 19, terminez par **-āsh** :

11	**ḥḍāsh**	16	**seṭṭāsh**
12	**tnāsh**	17	**sbeʿṭāsh**
13	**tleṭṭāsh**	18	**tmenṭāṭ**
14	**rbeʿṭāsh**	19	**tseʿṭāsh**
15	**ḫmesṭāsh**		

de 20 à 90, terminez par **-īn** (20 étant le duel de 10) :

20	**ʿeshrīn**	60	**settīn**
30	**tlatīn**	70	**sebʿīn**
40	**rebʿīn**	80	**tmanīn**
50	**ḫemsīn**	90	**tesʿīn**

Pour exprimer un nombre composé à partir de 21, on énoncera d'abord le chiffre des unités, puis celui des dizaines précédé de **w**, *et* :

21 **wāḥed w ʿeshrīn**
22 **tnayen w ʿeshrīn** (ne pas dire **jūj w ʿeshrīn**)
23 **tlata w ʿeshrīn**
etc.

de 100 à 900 (à partit de 300, terminez par **-mya**; **mitīn** étant le duel de **mya**) :

100	**mya**	600	**settemya**
200	**mitīn**	700	**sebʿemya**
300	**teltemya**	800	**temnemya**
400	**rebʿemya**	900	**tesʿemya**
500	**ḫemsemya**		

de 1000 à 10 000 (à partir de 3000, terminez par **-lāf**; **alfayen** étant le duel de **alf**) :

1000	**alf**	6000	**settalāf**
2000	**alfīn**	7000	**sebʿalāf**
3000	**teltalāf**	8000	**temnalāf**
4000	**rebʿalāf**	9000	**tesʿalāf**
5000	**ḫemsalāf**	10000	**ʿeshralāf**

de 11 000 à 19 000 terminez par **-ralf**

11 000 **ḥdāshralf**
12 000 **tnāshralf**
19 000 **tseʿṭāshralf**

A partir de 20000, terminez par **-alf**

20 000 **ʿeshrīn alf**
21 000 **wāḥed w ʿeshrīn alf**
32 000 **tnāyen w tlatīn alf**
etc.

Le nom qui suit le nom de nombre se met au pluriel de 2 à 10 et au singulier au-dessus de 10.

jūj mdāres
deux écoles (plur.)
Deux écoles.

ʿeshrīn begra
vingt vache (sing.)
Vingt vaches.

L'expression "**wāḥed el-**" est invariable et le nom qui suit, bien qu'ayant l'article **el-**, est indéterminé par le sens. Elle a pour équivalent l'article indéfini français *un/une* :

wāḥed el-mra
un la-femme
Une femme.

wāḥed el-weld
un l'enfant
Un enfant.

Pour énoncer un nombre composé supérieur à 100, il faut respecter le même ordre qu'en français, sauf que les unités précèdent toujours les dizaines. La liaison étant assurée par la conjonction de coordination **w**, *et* :

alf w tesʿemya w tesʿūd w tesʿīn
mille et neuf cent et neuf et quatre-vingt-dix
Mille neuf cents quatre-vingt dix-neuf => 1999.

Les nombres ordinaux :

el-luwwel *le premier*
el-luwla *la première*
et-tāni/ya *le/la deuxième*
et-tālt/a *le/la troisième*
er-rābʿ/a *le/la quatrième*
el-ḫāms/a *le/la cinquième*

es-sāds/a	*le/la sixième*
es-sabʿ/a	*le/la septième*
et-tāmen/a	*le/la huitième*
et-tāsʿ/a	*le/la neuvième*
el-ʿāshr/a	*le la dixième*
et-tāli	*le dernier*
et-tālya	*la dernière*

et-telmīd el-zʿer mujtahid
l'-élève le-blond studieux
L'élève blond est studieux.

el-bent el-luwla
la fille la-première
La première fille.

elli ʿend-u rqem jūj iji
qui chez-lui numéro deux il-vient
Qui a le numéro deux vient.

et-tānya jāt
la-deuxième elle est venue
La deuxième est arrivée.

CALCUL ET FRACTIONS.

Calcul		**ḥsāb**
Addition	+	**ez-zyada**
zaʾid, w		*plus, et*
Soustraction	-	**en-neqṣān**
nqeṣ, gleʿ		*moins, ôte.*
Multiplication	X	**eḍ-ḍerb**
ḍreb f		*muliplier par*
Division		**el-qesma**
qsem ʿla	÷	diviser *par*
isāwi / yeʿṭi		*égaler, donner.*
Pourcentage	%	**f el-mya**, "*dans la cent*".

12 ÷ 3 = 4
tnāsh ʿla tlata tsāwi rebʿa
douze sur trois égale quatre
Douze sur trois égale quatre

10 x 2 = 20
ʿeshra f juj teʿṭi ʿeshrīn
dix dans deux donne vingt.
Dix fois deux donne vingt.

ḫemsa w ʿeshrīn f juj
cinq et vingt fois deux
vingt-cinq fois deux.

yerbeḥ setta f el-mya
il gagne six dans la-cent
Il gagne six pour cent.

en-nuṣṣ	1/2	**es-sabʿa**	1/7
et-tulut	1/3	**et-tumun**	1/8
er-rbeʿ	1/4	**et-tasʿa**	1/9
el-ḫums	1/5	**el-ʿshūr**	1/10
es-sudus	1/6		

end-i el-ḫums f er-rbeḥ
chez-moi le-cinquième dans le-profit
J'ai le 1/5 du profit.

ᶜend-na mawᶜid mᶜa-h mᶜa et-tmenya w tulūt
chez-nous rendez-vous avec-lui avec la-huit et tiers
Nous avons avec lui un rendez-vous à huit heures 20 mn.

ma iḫelleṣ ġi rbeᶜ blaṣa f et-tran
ne-pas il-paie que quart place dans le-train.
Il ne paie que le quart du tarif en train.

EXPRESSION DE POIDS ET DE MESURES.

Les notions les plus indispensables sont les suivantes :

grām	*gramme*
wqiyya	*once*
rābᶜa	*250 grammes*
kīlu/kīluwwāt	*kilogramme/s*
qenṭār/qnāṭer	*quintal/quintaux*
mitru	*mètre*
kulumīṭ	*kilomètre*
ḫelfa	*pas*
drāᶜ	*coudée*
iṭru	*litre*

shḥāl iṭru dyāl ez-zīt ?
combien litre de l'-huile
Combien coûte un litre d'huile ?

ᶜber l-i kīlu d ed-dqīq
mesure à-moi kilogramme de la-farine
Pèse-moi un kilogramme de farine!

shḥāl men kulumīṭ men hna l Fās ?
combien de kilomètre (sing) de ici à Fès
Combien de kilomètres y a-t-il d'ici à Fès?

shḥāl idīr el-banān l el-kilu ?
combien il-fait les-bananes à le-kilogramme
Combien vaut le kilo de bananes ?

ᶜṭi-ni draᶜīn men hād el-kettān !
donne-moi deux coudées de ce le-tissu
Donne-moi deux coudées de ce tissu !

PROVERBES ET LOCUTIONS PROVERBIALES.

La culture marocaine est une culture marquée par l'oralité. Aussi les proverbes revêtent-ils un intérêt capital. Ces formules pleines de justesse et de bon sens, transmises de génération en génération, ont encore cours, et heureusement, parmi les Marocains. C'est là un trésor légué par le passé et que la société marocaine a su conserver précieusement. C'est aussi la science empirique de l'homme du terroir, du paysan, de l'artisan, du berger contemplant les étoiles...du philosophe résumant ses vérités, etc.

Voici donc une série de proverbes et d'expressions idiomatiques que l'on pourrait employer dans diverses circonstances. Cela agrémentera votre discours ou votre réflexion et vous fera en outre apprécier des Marocains. La littérature gnomique est en effet un excellent moyen de pénétrer l'univers symbolique et cultuel des peuples.

Fels tjāra wa lā ᶜeshra ijāra	*Mieux vaut un sou gagné dans le commerce que dix par salaire.* (Hommage à la liberté et à l'indépendance).
ᶜErs līla tedbīr-u ᶜām	*Les noces d'une nuit se préparent pendant une année.* **Français** : Qui se marie à la hâte se repent à loisir.
Ilā māt el-bu wessed er-rekba, ila mātet el-umm wessed el-ᶜetba	*Si ton père vient à mourir, tu as les genoux de ta mère (pour mettre la tête); si ta mère vient à mourir, tu as le seuil de la porte.* **Français** : L'asile le plus sûr est le sein de sa mère.
Ḍār en-nejjār bla bāb	*La maison du menuisier n'a pas de porte.* **Français** : Les cordonniers sont les plus mal chaussés.

Elli ḍerq-ek b ḫīṭ ḍerq-u b ḥīṭ	*Qui se protège de toi par un fil, protège-toi de lui par un mur.* (Qui te traite avec condescendance, traite-le de même et plus).
Ḫenfūsa w twennes w-la ġzāla w thewwes	*Un laideron de bonne compagnie vaut mieux qu'une vénus (gazelle) qui harcèle.*
Et-tājer ila sreq iqūlu nsa, el-meskīn ila nsa iqūlu sreq	*Le riche quand il vole, on prétend qu'il a oublié ; le pauvre quand il oublie, on affirme qu'il a volé.*
Ila fāt-ek el-ṭ-ṭʿām qūl shbeʿt, ila fāt-ek el-klām qūl smeʿt	*Si tu manques un repas, dis "je suis repu"; si tu manques un discours dis "je suis au courant".* (Il faut se montrer circonspect quand on arrive en retard).
El-ʿām fāsh nebġi neshri l-qṭīfa nbīʿ el-ḥṣīr	*L'année où je pense pouvoir acheter un tapis, je me vois obligé de vendre la natte.*
El-flūs ijīb-u el-ʿrūṣ	*Argent en poche, mariée dans la poche.* **Français** : Clef d'or ouvre toutes les portes.
El-kāmūn ila ma ḥekkīt-u ma yeʿṭī-k rīḥt-u	*A ne pas égruger le cumin, il ne dégagera pas son parfum.* (Se dit de ceux qui ne sont sensibles qu'à la manière forte).

Elli qāl-l-i shnu f qebb-ī neᶜṭī-h menn-u ᶜenqūd

Qui me dit ce que j'ai dans ma capuche, je lui en donnerai une grappe
(Se dit de celui qui pose des questions très évidentes).

El-qeḥba f eṣ-ṣenḍūq w er-rāᶜya f es-sūq

La femme vertueuse, au marché se fait respecter ; la femme sans vertu, même au cœur d'un coffre, se débrouille pour se prostituer.
(Il ne sert à rien de surveiller une femme, car seule sa vertu peut la retenir).

Fīn tenwi ruḫṣ-u temma tḫelli nuṣṣ-u

Qui vise à acheter bon marché, perd la moitié.
(Il faut se méfier des marchandises trop bon marché, car souvent la qualité n'y est pas. Se dit des faux calculs).

Ila ma jberti ma teᶜmel shri ḥmār w ḫdem ḥemmāl

Si tu ne trouves rien à faire, achète un âne et travaille comme porteur de bagages.
Français : Il n'y a point de sots métiers, il n'y a que de sottes gens.

Elli ma lḥeq el-ᶜneb iqūl ḥāmeḍ

Qui ne peut atteindre le raisin le dit amer.
Français : Les raisins sont trop verts.

El-meḥlūba ḥlīb w el-meᶜṣūra demm

Ce qui est trait est du lait, ce qui est pressé est du sang.
Français : Mieux fait douceur que violence.

Mshāt tjīb el-qeẓbūr jāt ḥāmla b sebᶜ shhūr

Elle est allé chercher la coriandre, elle est revenue enceinte de sept mois.
(Se dit de celui que l'on envoie pour faire une course et qui met si longtemps qu'à son retour, l'on n'a plus besoin de ses services).

El-lben qlīl w ṭāḥet fī-h debbana

Le lait, si peu nous avons et la mouche est venue tomber dedans.
(Se dit d'un destin cruel).
Français : Aux chevaux maigres vont les mouches.

Gezzār w yetᶜeshsha b el-left

Boucher de son état et il dîne toujours avec des navets.
Français : Les cordonniers sont les plus mal chaussés.

Ḫṣārt el-māl wa-la ḫṣārt er-rjāl

Mieux vaut perdre de l'argent que de perdre des hommes (des amis).
Français : Mieux vaut ami en place qu'argent en bourse.

Et-tijāra ila ma ġnāt tester

Le commerce, au mieux, il enrichit; au pire, il fait vivre.
(Hommage à l'activité commerciale)

Elli ḫālṭ el-ᶜeṭṭār fāḥ b ṭīb-u

Qui fréquente le marchand de parfum, sent le parfum.
Français : Dis-moi qui tu hantes, je te dirai qui tu es.

El-ḫedma ᶜel el-wlād ḫīr men el-ᶜibāda w el-jihād	*Le travail pour les enfants vaut mieux que la dévotion et la guerre sainte.*
Bīᶜ el-biṣār la tebqa f eḍ-ḍār	*Vends la purée de fève plutôt que de rester chez toi.* **Français** : Qui ne peut galoper, qu'il trotte.
Elli ᶜend-u el-flūs klām-u ṣāfi neqra w el-meskīn meṭlī b el-ḫra	*Celui qui a l'argent, son discours est de l'argent pur, celui du pauvre est enduit d'excréments.* **Français** : Les sottises du riche sont des sentences.
El-ᶜilm mrāyt el-hend w ej-jhel ṣenḍūq rāshi, elli ma qra bāsh ᶜref el-Lāh, ma huwwa mebni ᶜla shi	*La science est comme des jumelles, l'ignorance est comme un coffre vermoulu; qui n'a pas fait d'études, comment reconnaît-il Dieu ? Il ne dispose d'aucune base.* (Hommage à la science)
Ṭelb-u l-ᶜilm ḥetta f eṣ-Ṣīn	*Soyez en quête de la science, soit-elle en Chine.*
Elli ᶜelm-ek ḥsen men elli ᶜṭā-k	*Celui qui t'apprend vaut mieux que celui qui te donne.*
Et-trābi sebqet ej-jāmᶜ	*L'éducation devance l'école (coranique)* **Français** : Poussin chante comme le coq lui apprend.

Shi qra ḥetta ġenna, shi ma lqa bāsh iṣelli — *Tel est savant jusqu'à mettre en musique sa science, tel autre ne sait même pas un verset pour faire sa prière.* (Le contraste est flagrant).

Sellem ᶜel el-ᶜerbi teẖser ẖebza — *Salue un Arabe, tu perds un pain.* (Il se met, semble-t-il aussitôt à quémander). **Français** : Qui veut un cheval sans défaut doit aller à pied.

Ḥetta zīn ma ẖṭātu lūla — *Aucune beauté n'est exempte de taie.*

Kūn ṣmūt w sken el-qnūt — *Sois discret et habite en retrait.* **Français** : Pour vivre heureux, vivons cachés.

Eḍ-ḍeḥk ġīr et-tebsima ma tḥenḥen ġīr el-bhīma — *Le sourire plutôt que le rire, car ne hennit que la bête.*

Esh-shūf ma iberred ej-jūf — *Le regard n'apaise pas la passion amoureuse.*

El-ġīra treḍ el-ᶜgūza ṣġīra — *La jalousie rajeunit la vieille.*

Eṭ-ṭmeᶜ ṭāᶜūn w eṭ-ṭāᶜūn yeqtel — *La cupidité est une peste et la peste tue.* **Français** : Qui trop convoite tout perd.

Trek el-mzāḥ tertāḥ — *Éviter la plaisanterie, c'est éviter les ennuis.* (Allusion à certaines plaisanteries qui tournent mal).

Qḍi b el-herkūs ḥetta ijīb el-Lāh eṣ-ṣebbāt	*Traîne tes savates et garde l'espoir en Dieu pour te trouver des souliers.* **Français** : Faute de grives, on mange des merles.
El-Lāh inejjī-k men el-meshwāq ila fāq w men el-bāyra ila ḍerbāt eṣ-ṣḍāq	*Que Dieu te garde du parvenu qui découvre la vie et de la vieille fille qui découvre un mari.*
Elli ʿṭā-ha el-yedd yetbeʿ-ha er-rjel	*Ce qui se prête par la main se récupère par la course à pied.* **Français** : Prêter de l'argent fait perdre la mémoire (au débiteur).
Dīr rāṣ-ek bīn er-rūṣ w ʿeyyeṭ l qeṭṭāʿ er-rūṣ	*Mets ta tête parmi les têtes et appelle le coupeur de tête.* (Un malheur collectif allège la douleur de tous).
El femm elli ma iqūl ḫīr yesket ḫīr	*La bouche qui ne s'ouvre que pour dire du mal, ferait mieux de rester close.*
Eṣ-ṣemt ed-dheb el-mshejjer w el-klām ifesed el-msāla, ila shettī la tḫebber w ila sālū-k qūl la la	*Le silence est de l'or affiné et la parole gâte la question ; si tu vois, ne rapporte point et si l'on t'interroge, réponds non et encore non.*
Myat ʿīn tebkī wa la ʿīn-ī tedmeʿ	*Que pleurent cent yeux plutôt que les miens versent une larme.* **Français** : Amour de soi nous déçoit.

Elli idīr el-ḫīr idīr-u f rkāb-u	*A faire du bien, mieux vaut le faire pour ses genoux* (pour soi-même). (Se dit après une déception).
Yeᶜṭī Rebbī l-fūl l elli ma ᶜend-u snān	*Le bon Dieu donne des fèves à celui qui n'a pas de dents.* **Français** : Le bon Dieu envoie des culottes à ceux qui n'ont pas de derrière.
Elli ᶜend-u seᶜd-u f ed-dlu yeṭleᶜ l-u	*Le chanceux puise sa fortune dans un seau d'eau.*
Fāsh imūt el-meyyet iṭwālu rejlā-h	*Au défunt les pieds s'allongent.* **Français** : Quand un chien se noie, tout le monde lui offre à boire.
Ed-da iḥemmel ed-dwa	*La douleur de la maladie fait supporter l'aigreur des médicaments.*
Jerḥ le-klām qbeḥ men jerḥ le-ḥsām	*La blessure du verbe est pire que la blessure de l'épée.* **Français** : Coup de langue est pire que coup de lance.
Ej-jerḥa tebra w klwām el-ᶜār ma yebra	*A blessure charnelle vient la guérison, à blessure verbale, point de rémission. (Une parole malheureuse est difficile à oublier)*

El-Lāh mma ḍeba b dem-ha wa la ḍerba b sem-ha	*Mieux vaut un coup sanglant qu'une parole venimeuse.* **Français** : Mieux vaut glisser du pied que de la langue.
Elli ḫellā-h ej-jedrī keml-u bu ḥemrūn	*Ce qu'a épargné la variole se fait attaquer par la rougeole.* **Français** : Une pierre ne tombe jamais seule.
El-mᶜātba f el-wjeh ṣābūn w f eḍ-ḍher ṭāᶜūn	*Le blâme reçu en face est du savon, dans le dos, c'est une peste.* **Français** : Sans la liberté de blâmer, il n'est point d'éloge flatteur.
Ed-denya jīfa w ṭellāb-ha klāb	*La vie (d'ici-bas) est une charogne, ses aspirants sont des chiens.*
Ana nᶜāwn-u f qber bbā-h w huwwa yehreb l-ī b el-fās	*Je suis venu l'aider à creuser la tombe de son père, le voilà qui se sauve avec ma pioche.* **Français** : Élever les méchants, c'est couver son malheur.
F rāṣ el-ytāma yetᶜelmu l-ḥejjāma	*Les apprentis coiffeurs apprennent à manier les ciseaux sur la tête des orphelins.* **Français** : A barbe de fol, on apprend à raire (à raser).
El-ᶜḍem eṣ-ṣḥīḥ ḫīr men ej-jīb el-ᶜāmer	*Une bonne santé vaut mieux qu'une poche pleine.*

EXPRESSIONS ET LOCUTIONS IDIOMATIQUES.

Reḍḍ eṣ-ṣerf	*Renvoyer la balle.*
Ğmeᶜ ḥwāyj-u	*Plier bagages.*
Dḫel sūq rāṣ-ek	*Mêlez-vous de ce qui vous regarde.*
Baᶜ b el-gerja	*Vendre à forfait.*
Werrā-h shḥāl yeswa	*Faire voir de quel bois l'on se chauffe.*
Ḥeṭṭ et-taman	*Mettre le prix.*
Bīn bīn	*Mi-figue, mi-raisin, entre les deux.*
Iḫāf men ḫyāl-u	*Avoir peur de son ombre.*
fqa/ḫwa qelb-u	*Crever l'abcès, dire ce qu'on a sur le cœur.*
Dar shi wāḥed fūq er-rāṣ	*Accepter quelqu'un avec grand plaisir.*
Rīgl le-ḥsāb l shi wāḥed	*Régler ses comptes avec quelqu'un.*
Ma ᶜend-ī ma yetsāl l-ek	*Tirer son chapeau à quelqu'un.*
Rā-h ᶜel ej-jmer	*Être sur des charbons ardents.*
Hād es-sūq ḫāwi	*Cette affaire ne vaut pas le coup.*
Rā-h iḫerref	*Il prêche dans le désert, il dit n'importe quoi.*
Herres ej-jūᶜ	*Couper la faim.*

Zād el-ᶜsha	*Pendre la crémaillère.*
Ġīr ḫeḍra fūq eṭ-ṭᶜām	*C'est secondaire, superflu.*
Yejmeᶜ ḍār-u/rāṣ-u	*Fonder un foyer.*
Men eṭ-ṭāq eṭ-ṭāq ḥetta l es-salāmu ᶜlī-kum	*De A jusqu'à Z, de fond en comble.*
Elli ᶜend-u ġīr bāb weḥda l-Lāh ised-ha ᶜlī-h	*Avoir plusieurs cordes à son arc.*
Hḍer mᶜa el-ḥīṭ	*Parler à un mur.*
Hḍer f en-nās	*dire du mal des gens.*
Zerda wella ġerda	*Le festin ou le gourdin.* (De deux choses l'une : soit tu as la chance et tu as un festin, soit tu ne l'as pas et tu as des coups de bâton)
herres ej-jūᶜ	*Couper la faim.*
Shrek el-melḥa/eṭ-ṭᶜām (litt.: partager le sel/le met)	*Se donner mutuellement l'engagement de l'amitié.*
Klā-h b el-ᶜīnīn	*Dévorer des yeux.*
Kla l-ḫubz ḥāfi	*Manger du pain sec.*
B sheḥm-u w leḥm-u	*En chair et en os.*
Hezz-u l-ma	*Il s'est fait avoir.*
Ẓṭem f el-flūs	*Jeter l'argent par la fenêtre.*
Reḍ en-nhār	*Rentabiliser la journée.*

ʿEnd-u el-yeddīn men ed-dheb	*Avoir des mains en or / Il a des doigts de fée.*
ʿEnd-u el-ẖedma f ed-dem	*Avoir le travail dans le sang.*
Yeḍreb ʿel en-nīf	*Il pratique des prix exorbitants.*
Ma ʿend-u la ẖedma la redma	*Inspecter les pavés.*
Tlef l-u rāṣ el-ẖīṭ	*Perdre le fil des choses.*
F qelb-u	*Dans son for intérieur.*
Ḍʿīf bḥāl el-meṣmār	*Maigre comme un clou.*
Ma hez-sh ʿīn-u men shi wāḥed/shi ḥāja	*Ne pas quitter des yeux quelqu'un/quelque chose.*
Yeẖdem men qelb-u	*Avoir le cœur à l'ouvrage.*
Iqelleb ʿla jwa menjel	*Il cherche des ennuis.*
Ẓeyyer el-lwāleb l shi wāḥed	*"Serrer la vis à quelqu'un".*
Ma iḍūr-sh b-el-wted	*Ne pas aller par quatre chemins, aller droit au but.*
Ma yeʿref el-līf men eẓ-ẓerwāṭa	*Ne savoir ni lire ni écrire.*
Ma yeʿref el-līf men el-ba (Allusion aux deux premières lettres de l'alphabet arabe.	*Être un ignorant.* (Ne distinguant pas le A du B).
Ḥmār b ljām-u	*C'est un âne bâté.*
Qūl amīn	*Dire amen, approuver.*

Yeᶜref ej-jnūn fīn sāknīn (litt. : il sait où habitent les djinns)	*Tout savoir.*
Ma yeddi ma ijīb	*Il ne se rendra compte de rien, il n'y verra que du feu.*
Ma teᶜref !	*Qui sait ? Ce n'est pas impossible.*
Ma ᶜref fīn idīr rāṣ-u	*Ne pas savoir où se mettre.*
Weqf-u ᶜend ḥedd-u	*Tenir quelqu'un en respect.*
Ma ᶜlī-k-sh	*Ne t'inquiète pas.*
Shāf b nuṣṣ ᶜīn	*Regarder du coin de l'œil.*
Shedd et-tiqār tāᶜ-ek	*Prendre ses distances, tenir en respect.*
Yeᶜṭī-k ḥwāyj-u	*Avoir le cœur sur la main.*
Msha l-ḥāl	*Il est trop tard.*
Yedd-u ṭwīla	*Avoir le bras long, être influent.*
ᶜEl er-rāṣ w el-ᶜīn	*Avec un grand plaisir, de grand cœur.*
Ma dār la b rejl-u la b yedd-u	*N'avoir absolument rien fait.*
Ḫrej qelb-u	*Être essoufflé.*
Ṭleᶜ l-u d-dem	*S'énerver.*
Yeḍḥek men qelb-u	*Il rit de bon cœur.*
Sedd el-gemgūm l shi wāḥed	*Clouer le bec à quelqu'un.*
F rāṣ el-ᶜda	*Toucher du bois.*

Shellel yedd-u men shi wāḥed	*Ne plus rien espérer de quelqu'un.*
B es-sīf	*De force.*
B el-ḫāṭer	*De gré.*
Ḍerb-u l kersh-u	*Bien nourrir quelqu'un pour le soudoyer.*
Lsān-u ṭwīl	*Avoir la langue bien pendue.*
Ṭwālu rejlā-h	*Aller là où il ne faudrait pas.*
Rejl-u qṣīra	*Ne pas aller là où il faudrait.*
Sedd ʿla shi wāḥed	*Ne plus adresser la parole à quelqu'un.*
tshewwek leḥm-u	*Avoir la chair de poule.*
Herres er-rāṣ	*Importuner, agacer.*
La rāṣ la rejlīn	*Ni queue ni tête.*
Yejri f eṣ-ṣḍāʿ	*Courir après les ennuis.*
Reḍḍ ʿlī-h el-ġdāyed	*Il a versé sa colère sur lui.*
Qerqeb ʿlī-ha sarūt er-rbeḥ	*Applaudir, approuver.*
Bġa yākul jnāb-u	*Se mordre les doigts de colère.*
Qāl-l-u llī ʿla qelb-u	*Il lui a dit ce qu'il a sur le cœur.*
Ǧbed men-u el-heḍra	*Lui tirer les vers du nez.*

Rājel w nuṣṣ	*Un brave homme.*
Ma nᶜes ma shāf-u	*Ne point fermer les yeux.*
Ḍerb-u l-berd, er-rwāḥ	*Attraper froid, un rhume.*
Ṭār en-nᶜās	*Perdre le sommeil.*
Sheddū-h ᶜḍām-u	*Il a eu une crise d'épilepsie.*
Mātet l-u rejl-u	*Il a des fourmis dans les jambes.*
Qsem eṣ-ṣber	*Couper la poire en deux.*
Ḥeshsh l-u er-rejlīn	*Il lui a coupé l'herbe sous les pieds.*
Shuf es-sūq shnu fī-h	*Tâter le terrain.*
Yelᶜeb b el-ᶜafya	*Il joue avec le feu.*
Elli li-ha li-ha	*Risquer le tout pour le tout.*
Msha mᶜa l-wād	*Tomber à l'eau.*
Dār yedd el-Lāh	*Mettre la main à la pâte.*
rjeᶜ f ᶜeql-u	*Reprendre ses esprits.*
Jāb l-u t-tmām	*Donner le coup de grâce.*

LA CULTURE MAROCAINE

LA CUISINE

On n'a pas besoin d'insister sur la qualité et la variété de la cuisine marocaine. Elle vous réserve des goûts exquis. Les ingrédients de base sont les féculents et la viande, les plats aux poissons étant plutôt la spécialité des villes côtières.

Les plats phares de la cuisine marocaine sont :

- le couscous[22], **kseksu** : sorte de pot-au-feu accompagné d'un plat de semoule de blé cuite à la vapeur. Les légumes changent d'une région à l'autre, mais souvent, on y retrouve des tomates, des oignons, des carottes, des navets, des courgettes, etc. La viande est souvent celle de l'agneau ou du poulet. Il existe plusieurs variétés de couscous : une dizaine environ. Toutes les ménagères vous diront que ce qui fait la qualité d'un couscous, c'est d'abord la sauce et les ingrédients qu'il contient. Inutile de dire aussi que les couscous que l'on vous servira dans les restaurants et les hôtels ne peuvent rivaliser avec ceux que l'on vous servira éventuellement à la maison. Aussi serait-il dommage de ne pas vous laisser inviter. Une cuisine authentique vous est réservée dans les familles !

- le tajine, **eṭ-ṭajīn** : c'est un ragoût de viande et de légumes. Un plat spécial en terre cuite lui est réservé pour la cuisson, celle-ci se faisant sur la braise. Comme le couscous, le tajine varie beaucoup quant à ses constituants : au poulet, à l'agneau, au bœuf, au lapin, aux raisins secs, à la pêche, aux amandes, aux figues, aux pruneaux, etc.

- la *pastilla,* **basṭila** : c'est un plat prestigieux peu courant car très cher. Elle est souvent à base de viande de pigeon, d'amandes, de sucre, de cannelle et d'épices diverses. Elle est cuite au four. On en trouve des portions à emporter dans les médinas de Fès, Meknès ou encore Marrakech.

---

[22]Le couscous est un plat maghrébin. A l'origine, c'est un plat typiquement amazighe appelé **aseksu**. Il existe dans une dizaine de variétés. Il a été introduit en France par les Pieds-noirs au lendemain des indépendances.

kefta	*la viande hachée*
el-mfewwer	*la viande cuite à la vapeur*
el-mḥemmer	*le rôti*
el-qeṭbāne	*les brochettes*
el-meshwi	*le mechoui*
hregma	*pieds de veau aux pois chiches et aux raisins secs*
el-ḫlīᶜ	*viande salée et passée à l'huile bouillante puis conservée*

el-lḥem, *la viande*
ed-djāj, *le poulet*
el-ḥūt, *le poisson*
el-fdāwesh, *les abats*
el-qniyya, *le lapin*
el-ḥmām, *les pigeons*
bibi, *la dinde*
el-ḥjel, *les cailles*
el-ġelmi, *la viande ovine*
el-begri, *la viande bovine*
el-ᶜenzi, *la viande caprine*

er-rūz, *le riz*
maṭisha, *les tomates*
baṭaṭa, *les patates*
ḫizzu, *les carottes*
el-beṣla, *les oignons*
el-ḫeṣṣ, *la laitue*
el-left, *les navets*
el-gerᶜa, *les courge/ette*
ez-zitūn, *les olives*
ḫuḍra, *les légumes*
el-fawakih, *les fruits*

Les boissons, el-mashrubāt.

Pour faire face à la chaleur surtout en été, les Marocains consomment beaucoup de thé. En fait, le thé est plus qu'une boisson. Le thé est le *Whisky* ou le *Muscat* des Marocains. Il se boit bien chaud. La menthe (**en-neᶜnāᶜ**) lui donne son caractère typiquement marocain. Pour préparer un "vrai Thé", c'est tout un cérémonial et tout le monde ne peut pas prétendre à cette tâche. Dans les familles, le "Monsieur thé" est bien connu par tout le monde. Dans les hôtels et les restaurants, vous vous contenterez sûrement d'une liqueur que l'on appellera par extension : thé, encore une bonne raison pour se faire inviter!

Vous pouvez vous rafraîchir aussi avec d'autres boissons. C'est ainsi que vous disposez, comme partout ailleurs dans le monde, du fameux Coca Cola, du Pepsi et autres sodas, mais aussi d'eau minérale locale plate comme *Sidi hrazen, Sidi Ali* ou gazeuse comme *Oulmas*.

Le café, il y en a trois sortes. Vous aurez le choix entre un café noir (**qehwa keḥla**), un café au lait (**qehwa b el-ḥlīb**) et un café "cassé" (**qehwa mhersa**). Ce dernier étant un café avec une goutte de lait, l'équivalent du "café noisette" en France.

Pour ce qui est des boissons alcoolisées, vous pouvez boire de la bière. La Flag Spécial et la Heineken sont brassées sous licence à Casablanca. Vous pouvez aussi trouver d'autre bières importées dans les centres touristiques. Vous pouvez accompagner vos repas par des produits marocains. Le pays produit en effet des vins tout à fait appréciables. Dans les rouges, retenez Guerouane, Cardinal, Ksar, Thaleb Cabernet, Chaud-Soleil, Vieux-Papes, Oustalet, Père-Antoine, Amasir ; dans les rosés : l'Oustalet, le Guerouane et Boulaouane ; dans les blancs : Chaud-Soleil, Valpierre et le Muscat de Beni Suassen. Les Celliers de Meknès proposent par ailleurs le Beni Mtir, Amazir, Le Clairet de Meknès et le Guerouane.

En ce qui concerne les alcools, il y en a de toutes sortes, mais ils sont loin d'être bon marché.

Il faut noter enfin que beaucoup de restaurants ne disposent pas de la licence d'alcool. Si vous y tenez absolument et si vous vous trouvez dans une grande ville, vous pouvez acheter votre bouteille chez le marchand du coin et la porter sur la table en ayant pris soin de la dissimuler au cours de route !

Boire de l'alcool est interdit par l'Islam, mais cela n'empêchera pas certains Marocains de trinquer et de boire à votre santé au comptoir d'un grand hôtel ou tout simplement dans les nombreux bars du centre ville.

atay	*le thé*
atay el-kẖel	*le thé noir*
atay el-ẖḍer	*le thé vert*
en-neʿnāʿ/liqama	*la menthe*
esh-shība	*l'absinthe commune*
el-lwiza	*la verveine*
el-qehwa	*le café*
el-sheklāṭ	*le chocolat*
el-ḥlīb	*le lait*
el-ʿaṣīr	*le jus*
esh-shrāb	*l'alcool, le vin*
el-bīrra	*la bière*

Les légumes, el-ẖuḍra.

eẓ-ẓerrūḍiyya, ẖizzu	*les carottes*
el-gerʿa	*les courgettes*
el-gerʿa s-slāwiyya	*la citrouille*
maṭisha	*les tomates*
el-felfel(a)	*les poivrons*
el-bṣel(a)	*les oignons*

b(a)ṭaṭa	*les patates*
el-left	*les navets*
le-ḫyār	*le concombre*
el-fjel	*les radis*
ed-denjāl	*les aubergines*
el-qennāriyya	*les cardons*
el-ḫershef	*l'artichaut*
esh-shīflūr	*le chou-fleur*
el-krūmb	*le chou*
el-mellūḫiyya	*le gombo*
el-feggāʿ	*les champignons*
et-terfās	*la truffe*
el-ḫuṣṣ	*la laitue*

Les fruits, el-fawakih :

et-teffāḥ	*les pommes*
el-līmūn, el-letshīn	*les oranges*
el-ḥāmeḍ	*le citron*
el-ʿīneb	*le raisin*
ed-dālya	*la vigne*
el-bettīḫ	*les melons*
ed-dellāḥ	*les pastèques*
el-kermūs	*les figues*
er-remmān	*les grenades*
el-bākūr	*les figues précoces*
esh-shrīḥa	*les figues sèches*
el-berqūq	*les prunes*
el-banān	*les bananes*
el-lḫūḫ	*les pêches*
el-meshmāsh	*les abricots*
el-ʿḍem	*le noyau*
ḥebb el-mlūk	*les cerises*
en-ngāṣ, būʿwid	*les poires*
eṣ-ṣferjel	*les coings*
tūt el-arḍ, el-frīẓ	*les fraises*
et-tūt el-beldi	*les mûres*
sāsnu	*l'arbouse*
el-mzāḥ	*les nèfles*
esh-shehdiyya	*les brugnons*
el-gergāʿ	*les noix*
el-lūz	*les amandes*
et-tmer, el-blūḥ	*les dattes*
el-belluṭ	*le gland*
en-nbeg	*les jujubes*

LES ÉPICES, LES PLANTES AROMATIQUES ET LES PARFUMS, el-ʾeṭriyya w le-ʾṭer

ez-zʿefrān	*le safran*
skīnjbīr	*le gingembre*
el-qerfa	*la cannelle*
el-kamūn	*le cumin*
libzār, el-ḥebba l-keḥla	*le poivre noir*
es-sūdāniyya	*le piment fort*
el-felfel le-ḥlu	*le piment doux*
et-tūm(a)	*l'ail*
el-ḥelba	*l'astragale*
el-ḫerqūm	*le curcuma*
ej-jeljlān	*le sésame*
el-kebbār	*la câpre*
es-sānūj	*la nigelle*
esh-shebba	*l'alun*
en-nāfeʿ, ḥebba ḥlawa	*l'anis*
ḥebb qrīsh, el-bendeq	*les pignons*
el-hrīsa	*la harissa*
el-mʿednūs	*le persil*
el-lwīza	*la verveine*
fliyyu	*la menthe sauvage*
en-neʿnāʿ, liqāma	*la menthe*
fliyu	*le pouliot*
esh-shība	*l'absinthe commune*
esh-shīḥ	*l'absinthe pontique*
el-ḫzāma	*la lavande*
eẓ-ẓeʿter	*le thym*
newwār esh-shemsh	*le tournesol*
ḥebb er-rshāḍ	*le cresson*
el-qeẓbūr	*la coriandre*
el-krāfes	*le céleri*
es-sekkūm	*les asperges*
el-besbās	*le fenouil*
el-meska, el-ʿelk	*la gomme, la glu*
ḫeddūj el-ḫānza, el-ʿṭersha	*le géranium*
ḥerriga	*l'ortie*
el-qrenfel	*le clou de girofle*
el-ḥbeq	*le basilic*
en-newwār	*les fleurs*
benneʿmān	*le coquelicot, l'anémone*
el-yāsmīn	*le jasmin*
es-susān	*le lys*

er-rīḥa	*le parfum, l'odeur, l'arôme*
el-ʿṭer	*le parfum*
en-narjis	*le narcisse*
ez-ẓher	*la fleur d'oranger*
ma ẓher	*l'eau de fleur d'oranger*
el-werd	*les roses*
el-kāfūr	*le camphre*
el-bḫūr	*l'encens*
ʿūd el-qmāri	*le bâton d'encens*
el-jāwi	*le benjoin*
el-mesk	*le musc*
er-rīḥān	*le myrte*
el-ʿenber	*l'ambre*
el-ḥermel	*le paganum harmala*

LE RESTAURANT.

Les restaurants marocains proposent à leurs clients de la cuisine locale et de la cuisine étrangère notamment française. L'influence française est ici très importante. D'ailleurs, dans les grandes villes, les menus vous sont proposés en arabe et en français. Dans les grands hôtels, ils peuvent être en anglais.

Un repas correct dans un restaurant moyen vous coûtera entre 70 et 100 dh soit 45 et 60 francs. La restauration étrangère, italienne, indienne, etc. vous coûtera un tiers plus cher.

Si vous désirez joindre le plaisir du palais à celui des yeux, rendez vous dans les nombreux restaurants qui offrent des spectacles de musique traditionnelle ou de danse du ventre à l'égyptienne, mais il faut alors débourser 200 Dh (soit 140 F) voire plus. Si vous ne regardez pas à la dépense, vous pouvez aussi voir du côté des restaurants des grands hôtels.

es-salām ʿli-kum, bāqyīn tserbiw el-mākla, ā sīdi
le salut sur-vous restant vous-servez la-nourriture ô monsieur
Bonjour, vous servez encore, monsieur ?

shnu tebġi tākul ā sīdi ?
qu'est-ce-que tu-veux tu-manges, ô monsieur
Qu'est-ce que vous voulez manger, monsieur ?

bġīt wāḥed shlāḍa, kseksu b ed-djāj w qerʿa ma
j'ai-voulu une salade couscous avec le-poulet et bouteille eau
Je voudrais une salade, un couscous au poulet et une bouteille d'eau.

hād kseksu ḥārr/māleḥ bezzāf !
ce couscous piquant/salé beaucoup
Ce couscous est trop piquant/salé !

tefeḍlu ā syādi, geʿdu hna, mreḥba bi-kum !
ayez la-bonté, ô messieurs asseyez-vous bienvenue avec-vous
Je vous en prie, messieurs, asseyez-vous, soyez les bienvenus!

jīb l-na wāḥed ez-zlāfa d el-ḥrīra l el-wāḥed w el-ḫubz
apporte-à-nous un le-bol de la-soupe à l'-un et le-pain
Apportez-nous à chacun de la soupe marocaine et du pain.

ṣewweb ʿafā-k berrād atāy w wāḥed el-qehwa mhersa
prépare Il-préserve-te théière thé et un le-café cassé
Faites, s'il vous plaît, un thé et un café noisette.

shḥāl ḥsebt ʿli-na ā ḫu-ya ?
combien tu-as-compté sur-nous ô frère-mon
Vous avez compté combien, s'il vous plaît ?

ḫemsa w tlātīn derhem w sebʿīn frank.
cinq et trente dirhams et soixante-dix francs
Trente-cinq dirhams et soixante-dix centimes.

hāk ā sīdi, hāk !
tiens ô monsieur, tiens!
Tenez, monsieur, tenez !

ṣber nred l-k eṣ-ṣerf, ṣber !
patiente je rends à-toi la monnaie, patiente
Patientez, je vous rends la monnaie !

ṣāfi ṣāfi, ḫelli ʿend-k el-bāqi/eṣ-ṣerf !
clair, clair, laisse chez-toi le-reste/la monnaie
C'est bon, c'est bon, gardez la monnaie !

er-ristura/el-meṭʿem	*le restaurant*
ej-jūʿ	*la faim*
jāʿ	*il a faim*
shbeʿ	*il est rassasié*
el-mākla	*la nourriture*
eṭ-ṭebla/eṭ-ṭbāli	*la/les table/s*

el-kursi/el-krāsa	*la/les chaise/s*
el-kās/el-kisān	*le/s verre/s*
el-qerʿa/el-qrāʿi	*la/les bouteille/s*
ḫelleṣ	*payer*
el-garsun	*le garçon*
es-serbāy	*le serveur*
et-taman	*le prix*
ḥārr/a	*piquant/e*
ḥlu/wa	*doux/ce*
bnīn	*délicieux/se*
murr/a	*amer/e*
māleḥ/a	*salé/e*
ḥāmeḍ/a	*aigre*
sḫūn/a	*chaud/e*
bāred/a	*froid/e*
ṭri/yya	*frais/îche*
mʿeṭṭer/a	*parfumé/e*

Lorsqu'on parle du Maroc, une distinction importante s'impose d'elle-même : le Maroc des villes et le Maroc des campagnes. Cette distinction est d'autant plus vraie quand il s'agit de l'hospitalité des Marocains. La cherté de la ville, l'exiguïté de ses logements et la cadence de la vie font que l'on est peu enclin à inviter du monde chez soi bien que cela arrive et que la nature des choses finit par prendre le dessus. A la campagne, l'on est plus en contact avec la générosité de la nature et le rythme de la vie se prête mieux aux latitudes des comportements. Le voyageur se rendra vite compte que l'abord n'est pas du tout le même selon que l'on est en ville (surtout les grandes villes) ou ailleurs.

Il est vrai aussi que les populations amazighes installés généralement à la campagne sont particulièrement hospitalières. Peut-être parce que justement, ils ont été et sont encore dans une certaine mesure à l'abri des méfaits des centres urbains peuplés en majorité d'arabophones. A la campagne, ne vous étonnez pas (mais, même les citadins marocains s'en étonnent) si vous voyez que votre hôte égorge un mouton en votre honneur alors que quelques heures plutôt il vous était pratiquement inconnu. C'est l'occasion à ne pas manquer pour tisser des liens et pénétrer un univers culturel riche et original. Un monde musulman arabo-amazighe où l'on vit parfois à plusieurs générations sous le même toit, un monde où la famille passe avant l'individu. Un univers tout simplement différent.

Voici une simulation de visite conçue pour vous aider à trouver les mots et les expressions consacrés dans de pareilles circonstances.

ahlan wa sahlan
parents et plaine (= *de façon familière et aisée)*
Sois/soyez le/s bienvenu/s.

mreḥba bi-k/kum, ash ḫbār-k/kum ?
bienvenue avec-toi/vous, quelles nouvelles-tes/vos
Sois/soyez le/s bienvenu/s, comment vas-tu/allez-vous ?

kif dayrīn ed-drāri, la bās ?
comment sont les enfants, pas mal
Comment vont les enfants, bien ?

eṣ-ṣeḥḥa la bās ?
la-santé pas mal
La santé est bonne ?

tfeḍlu, zīdu, geᶜdu, shnu tsherbu ?
ayez la bonté, avancez, asseyez-vous, quoi vous buvez ?
Je vous en prie, avancez, installez-vous, que désirez-vous boire ?

hād en-nhār kbīr, zārt-na baraka !
ce le-jour grand, elle-a-visité-nous la-bénédiction
Aujourd'hui est un grand jour, nous sommes heureux !

kayen atay, kayen el-qehwa, el-munaḍa, el-ᶜaṣīr, elli bġītu mujūd !
existant (le)thé, existant le-café, la-limonade, le-jus, ce-que vous-voulez prêt
Nous avons du thé, du café, de la limonade, du jus, nous avons tout ce que vous désirez !

ana bġīt kās dyāl atay b en-neᶜnāᶜ ikūn msheḥḥer.
moi j'ai-voulu verre de thé avec le-menthe il-sera infusé
Moi, je voudrais un verre de thé à la menthe bien infusé.

ana ma nshreb la atay la qehwa bġīt munaḍa bārda.
moi ne-pas je-bois ni thé ni café j'ai-voulu limonade fraîche
Moi, je ne bois ni thé ni café, par contre je voudrais bien une limonade bien fraîche.

ā lālla ʿal-er-rās w el-ʿīn[23] **!**
ô maîtresse sur-la-tête et sur l'-oeil
Madame, c'est avec un immense plaisir !

hā-ku, ha atay, ha l-qehwa, el-ḥelwa, ha kull shi !
voici-vous voici thé voici le-café la-pâtisserie, voici toute chose
Tenez, voici du thé, du café, de la pâtisserie et tout ce que vous voulez !

iwa el-Lāh iketter ḫīr-kum, wa qīla ġādi nemshīw.
alors al-Lah Il rend nombreux bien-votre, et on-dit allant nous-partons
Donc, mesdames et messieurs, nous vous remercions, peut-être allons-nous partir.

merra uḫra ḫeṣṣ-kum ntuma tjīw ʿend-na.
fois autre il-faut-que vous-venez chez-nous
La prochaine fois, il faut que vous aussi, vous veniez nous voir.

Waḫa, ma kāyen mushkil, njīw b es-slāma
d'-accord ne pas étant problème nous venons, avec la-paix
D'accord, aucun problème, nous viendrons, au revoir.

LA RELIGION.

Après l'invasion arabe (VIIe et VIIIe siècle) puis l'islamisation en profondeur (qui a duré près d'un siècle) de toute l'Afrique du Nord, l'islam est aujourd'hui, la religion de 99 % des Marocains. C'est aussi la religion officielle de l'État. Mahomet (en arabe : **Muḥammad**, *le loué* est le fondateur de la religion islamique. Il serait né en 570 à la Mecque (**Mekka**) en Arabie (Saoudite actuelle) dans le clan des Banû Hâchim de la tribu des Quraychites. Il se maria à 25 ans avec sa patronne, une riche commerçante de 15 ans son aînée. A l'âge de quarante ans, en 610, l'archange Gabriel lui apparut en songe et lui annonça qu'il était le Messager du Dieu, ce fut la Révélation. Son enseignement et ses prédications suscitèrent la colère de beaucoup de monde jusqu'aux membres de sa propre tribu. Mais, c'est des familles aisées et des notables qui sont des païens et des polythéistes, que vint la plus grande résistance. Peut-être

---

[23] C'est une expression figée très fréquente au Maroc. Elle signifie que l'on est tellement heureux qu'on est prêt à vous porter sur la tête c'est-à-dire là où c'est le plus dur.

que cette nouvelle secte menaçait-elle leurs intérêts économiques. Obligés de fuir, lui et ses fidèles, ils se réfugièrent à Médine (2ème ville sainte de l'islam après la Mecque) en 622, c'est l'hégire (1ère année de l'ère musulmane). En 630, les événements ayant tourné en sa faveur, il rentra en vainqueur à la Mecque. Il s'éteignit deux ans plus tard, le 8 juin 632 correspondant à l'an 11 de l'hégire, sans avoir le temps de régler la **fitna**, *la grande discorde* à savoir le problème de sa succession, ce qui a posé des conflits énormes qui ne sont toujours pas résolus à notre époque (voir ci-dessous: chiites et sunnites)

L'Islam signifie littéralement : *soumission*, du verbe arabe **aslama**, *se soumettre à Dieu*. Celui qui se soumet à Dieu est un **muslim**, *soumis*. Le pluriel étant **muslimūn** d'où le mot français : *musulman*.

Le dogme religieux de l'islam consiste essentiellement dans la croyance en **al-Lah**, *Allah*, Dieu unique, créateur et incrée, et dans son prophète **Moḥammad**.

La **sunna**, *tradition*. Elle est contenue dans les **ḥadīṯs**, récits de la vie de Mahomet, précise certains points obscurs du Coran, complète les préceptes contenus dans celui-ci, et traite des questions de la vie courante.

Les "cinq piliers" de l'islam :

- 1- La **shahāda** ou *la profession de foi* (**ashhadu anna lā ilāha illā l-Lāh wa ashhadu anna Muḥammad rasūlu l-Lāh**/J'atteste qu'il n'y a de divinité qu'Allah et que Mahomet est son Prophète). Elle est l'acte de conversion à l'islam par excellence ;
- 2- **al-ṣalāt**, la prière, 5 fois par jour. Pour se purifier, le fidèle doit d'abord procéder à des ablutions ;
- 3- **al-zakāt**, *l'aumône légale,* contribution en nature ou en espèce destinée à financer des œuvres de bienfaisance ;
- 4- **al-ṣawm**, *le jeûne pendant le mois du Ramadan.* Ce mois correspond au 9e mois de l'année lunaire. C'est à cette date que la 1ère sourate du Coran fut révélée à Mahomet ;
- 5- **al-ḥajj**, *pèlerinage à la Mecque pour celui qui en a les moyens.* Par cet acte, le fidèle assure la rémission de tous ses péchés.

L'islam rejette la Trinité qu'il considère comme falsification des textes saints. Il admet cependant la vénération de Jésus en tant que prophète et de sa mère la Vierge Marie, tous deux mentionnés dans le Coran, en arabe **al-qur'ān**, *récitation*. Le Coran est un ouvrage divinement inspiré, il est la source de toutes les connaissances divines et humaines et le seul livre auquel le fidèle doit se référer. C'est un livre de spiritualité autant que code moral ou législatif. Il se présente sous forme de versets que les fidèles ont rassemblés en 114 chapitres ou sourates sans souci de la chronologie. Ces chapitres sont elles-mêmes composés de versets, **āyāt**, d'une longueur allant de quelques mots à plusieurs lignes.

Enfin, l'islam stipule un certain nombre d'interdits : la consommation d'alcool, de porc, de sang, de viandes non saignées. Il est interdit aussi de jouer aux jeux de hasard, de pratiquer l'usure, etc.

Parmi les musulmans, il faut distinguer deux tendances : les chiites et les sunnites (du mot **sunna**, *tradition*). Ceux-ci représentent la grande majorité des musulmans et incarnent l'orthodoxie musulmane. La distinction remonte au conflit de succession au lendemain de la mort du prophète Mahomet. Pour les sunnites (*les traditionistes*), le calife doit appartenir à la tribu des Quraychites, celle de Mahomet. Pour les chiites (de l'arabe **shīʿa**, *parti, partisan*), seule la descendance directe du prophète, issue de sa fille Fatima et de son gendre Ali est digne de prendre le pouvoir.

Les sunnites eux-mêmes se partagent en quatre courants de pensée : les chafiites, les hanbalites, les hanafites et les malékites. Ces deux dernières écoles professent particulièrement un islam tolérant appliquant la **sharīʿa**, *loi coranique*, selon les coutumes locales et les impératifs du moment plutôt qu'à la lettre, le Maroc se réclamant justement du rite malékite.

Il ne faut pas oublier à cet égard une hérésie qui a beaucoup fait parler d'elle au sein du monde musulman, l'hérésie kharidjite (de l'arabe **al-ḫawārij**, *les sortants*). Elle repose sur une revendication égalitariste : c'est au plus méritoire d'entre les fidèles, quelles que soient sa race et sa candition, de présider au destin des musulmans.

Les notions religieuses les plus indispensables sont :

el-Lāh	*Allah*
ed-dīn	*la religion*
el-imān	*la foi*
el-mūmen	*le croyant*
er-rasūl/en-nbi	*le prophète*
er-rūḥ	*l'âme*

el-mesjid/ej-jameᶜ	*la mosquée*
el-qur'an	*le Coran*
el-ādān	*l'appel à la prière*
el-ḥāj	*le pèlerin*
el-ḥejj	*le pèlerinage*
el-ḥejjāj	*pèlerins*
el-mqebra	*le cimetière*
en-nṣāra	*les chrétiens*
el-yhūd	*les juifs*
el-mselmīn	*les musulmans*
ḥrām	*illicite*
ḥlāl	*licite*
Mekka	*la Mecque*
el-umma	*la nation*
el-wuḍuᶜ	*les ablutions*
eṣ-ṣadaqa	*la charité*
ed-denb	*le péché*
el-ḥasana	*la bonne œuvre*

En principe, l'entrée des mosquées et des autres lieux saints est réservée aux seuls musulmans. Il peut y avoir des exceptions comme c'est le cas de :

- la grande mosquée Hassan II de Casablanca,
- Mausolée Mohamed V à Rabat,
- Mausolée Moulay Ismaïl à Meknès,
- Mausolée Moulay Ali Chérif à Rissani.

L'esprit qui a inspiré la prise de décision concernant ces quatre lieux devrait inspirer les responsables de tous les autres. Cette attitude en effet, notamment vis-à-vis "des gens du Livre[24], **ahl al-Kitāb**", méritent un réexamen de la part des autorités religieuses compétentes. Actuellement, il semblerait, selon notre propre expérience, que l'autorisation verbale d'entrée à la mosquée au Maroc est basée uniquement sur un critère inadmissible qui est le critère linguistique. Beaucoup de couples mixtes, musulmans de surcroît, mariés en France ou ailleurs éprouvent un sentiment d'intolérance et de rejet inacceptable une fois refoulés aux portes des mosquées et de certains lieux saints.

[24]Dans le Coran, le "peuple du Livre" sont les croyants des trois religions monothéistes : les juifs, les chrétiens et les musulmans.

el-Lāh iḫellī-k smiyyet hād ej-jāmeᶜ ?
al-Lah Il-garde-te nom cette la-mosquée
S'il vous plaît, comment s'appelle cette mosquée ?

wāsh en-nṣāra ideḫlu l-hād el-mesjid ?
est-ce que les-chrétiens ils-rentrent à-cette la-mosquée
Est-ce que les chrétiens peuvent rentrer dans cette mosquée ?

wāsh teᶜref tshehhed ?
est-ce que tu-sais tu professes la foi
Professez-vous la foi musulmane ?

shkūn mkellef b hād el-blaṣa ?
qui responsable avec cet l'-endroit
Qui est-ce qui est responsable ici ?

LES FÊTES.

- Les fêtes religieuses :

Les fêtes religieuses islamiques varient en fonction du calendrier lunaire. Celui-ci étant plus court (décalage à rebours de 10 ou 11 jours d'une année à l'autre) que le calendrier solaire. L'hégire, comme nous l'avons déjà expliqué, fait référence à l'émigration du Prophète ou plutôt à la fuite de celui-ci de la Mecque à Médine. Cela remonte au 16 juillet 622 de l'ère chrétienne qui correspond donc à l'an 1 de l'ère musulmane appelée l'hégire. C'est à cause de ce calendrier lunaire calculé astronomiquement que les fêtes religieuses dans le monde islamique ne figurent jamais à date fixe. Par conséquent, on ne peut pas en prévoir la date avec précision.

Les fêtes religieuses les plus importantes sont les suivantes :

al-ᶜīd eṣ-ṣġīr, *la petite fête* ou **ᶜīd al-fiṭr**, *la fête de rupture du jeûne* :
Elle a lieu le lendemain de la fin du ramadan. Le jeûne se dit **eṣ-ṣyām** en arabe. Le ramadan correspond au mois où le prophète Mahomet a reçu la Révélation. On ne sait pas exactement la nuit de cet événement, mais les théologiens musulmans l'ont fixée à la 27e nuit du ramadan. Elle s'appelle **laylat al-qadr**, *la nuit de la destinée.*
al-ᶜīd el-kbīr, *la grande fête* ou **ᶜīd al-aḍḥā**, *la fête du sacrifice rituel du mouton* :

Cette fête commémore le sacrifice de Abraham (**Ibrāhīm**) qui, sur l'ordre du Dieu, s'apprêtait à sacrifier son fils et qui vit tout d'un coup un mouton se substituer à ce dernier.

ʿīd al-mulūd, *la fête de la naissance* :
commémoration de la naissance du prophète. Elle a lieu le 12 **rabīʿ al-ʾawwal**.

rās al-ʿām al-ʿarabī : premier jour du premier mois du calendrier hégirien.

ʿashura *la fête des morts* :
Elle commémore l'assassinat de Hussein, le petit fils du prophète. Son père Ali, est gendre et cousin du prophète.
Au Maroc, elle s'apparente à la fête des enfants qui reçoivent ce jour-là, jouets, bonbons et nouveaux habits.

al-ḥejj, *le pèlerinage* :
Aler à la Mecque est aussi une fête chez les musulmans. Le pèlerinage est un devoir sacré pour tout musulman qui en a les moeyens. Il a lieu au 12e mois lunaire de **ḏū l-ḥijja.**

- Les fêtes nationales :

Au Maroc seule la vie religieuse est régie par le calendrier lunaire ; la vie civile autrement dit la vie administrative, les horaires, le congé, etc. suivent le calendrier grégorien.

A la différence d'autres pays musulmans, le congé de fin de semaine, se compose du samedi et du dimanche. Le vendredi n'est pas férié, mais administrations et services publics allongent leur pause-déjeuner afin que les fidèles se rendent à la mosquée.

1er janvier	Jour de l'an. (calendrier grégorien)
11 janvier	Manifeste de l'Indépendance.
9 avril	Fête du roi et de la jeunesse.
1 mai	Fête du travail.
9 juillet	Fête de la jeunesse.
27 juillet	Fête du trône.
14 août	Commémoration de l'allégeance de l'Oued ed-Dahab.
20 août	anniversaire de la révolution du Roi et du Peuple.
6 novembre	Anniversaire de la Marche Verte.
18 novembre	Fête de l'Indépendance (retour de Mohammed V de l'exil)

LES MUSIQUES DU MAROC

La musique[25] se décline au Maroc en plusieurs formes d'expression selon les villes et les régions. "Poser la question de la musique marocaine, c'est compter sans les difficultés de l'analyse, car la réalité musicale complexe du pays résiste à l'exposé facile et se prête peu à la typologie. C'est pourquoi, pour éluder le problème de la synthèse, on parle plus facilement des "musiques du Maroc [...] Dans tous les grands genres de cette musique, nous pouvons assister à une double préoccupation de divertissement et de raffinement. Deux phases se dessinent : l'une sérieuse, élaborée, sereine, au rythme lent et modéré et parfois complexe ; l'autre enjouée, vigoureuse, divertissante au rythme énergique invitant à la danse et à l'extériorisation[26]".

Pour ce qui est de la danse, on peut dire qu'au Maroc, il existe autant de danses collectives qu'il y a de tribus. "La danse n'est pas seulement une gestuelle associée à la poésie, au rythme et à la musique. C'est aussi un espace symbolique. Souvent une histoire, une légende explique la genèse de la danse et fonde sa symbolique propre. Il en est ainsi notamment des danses à caractère guerrier et des danses à dialogue[27]".

En faisant abstraction des nombreuses variantes, on peut citer par exemple: **aḥidus**, **aḥwāsh**, **el-ʿlawi**, **nhari**, **mengoushi**, **reggada**, **taskiwine**, **hit**, **ḥassada**, **guedra**, **aṣṣaf**, **aqallal**, les danses de Hmad u Moussa, celles d'Imi n Tanout, de qalâat Mgouna, Tissint, de Ḥaḥa, de Houwwara, etc.

L'*Ahidous* : la danse typique des Amazighes du Moyen-Atlas. Un demi cercle formé d'hommes et de femmes (qui peuvent être de plusieurs dizaines) se croisant ou se tenant les mains ; au milieu, un ou plusieurs **shīḫ**, *chef de la troupe*, le **bendir**, *tambourin* (**allun**, en amazighe) à la main, mène(nt) la partie jouée par des hommes et des femmes entrecroisés.

L'*aḥwach* : la danse la plus réputée chez les Amazighes du sud, les chleuhs. Un demi cercle de femmes en face ou autour des hommes qui donnent le rythme.

---

[25]Musique doit être entendue ici au sens le plus large, englobant la musique instrumentale et vocale, la rythmique et la danse.

[26]Cf. Ahmed Aydoun, *Musiques du Maroc*, Éds Eddif, Casablanca, 1994, p. 9.

[27]Idem, p. 82.

Ces deux danses sont des plus importantes du Maroc. Elles ne sont pas de simples danses de divertissement ; elles constituaient le moyen de résoudre les conflits parfois meurtriers au sein de la tribu. Des signes manifestes sont là pour le rappeler : sabres, fusils, bâtons, bandoulières de cartouches, kumiya, poudre, etc. Les joutes poétiques appelées **abraz** auxquelles se soumettent les parties en conflit participent à la dissolution et à l'amenuisement des tensions.

La *tissint* de Ṭaṭa : les femmes et les hommes habillés en bleu indigo exécutent la danse du poignard.

L'*aqellal* (*tête*, en amazighe) : originaire de Tafilalt, cette danse, exclusivement masculine, est pratiquée du côté de la vallée de Drâa et du côté de Zagora au sud du Maroc. Dans sa forme minimale, elle comprend 7 danseurs : 4 percussionnistes, 2 hommes munis de sabres et un joueur de *nay* (voir infra).

Taskiwine : c'est la danse guerrière par excellence. Une corne à poudre qui lui a donné son nom est là pour lancer la couleur. On trouve aussi des bandoulières et la *taârija* qui simule les coups de feu. Les pas cadencés, ponctués de cris des danseurs guerriers rappellent l'ambiance d'un combat où il est important de s'encourager mutuellement.

La *guedra* : Une femme accroupie, voilée de noir et laissant paraître deux mains ornées de henné, s'adonne à des gesticulations animées dont elle connaît le secret. Elle est le pesonnage principal de la danse de la *guedra*. Autour d'elle, les tambourins battent leur plein. A mesure que le rythme s'accélère, la danseuse, les bras en mouvement et les yeux fermés, se défait de ses habits (raisonnablement) avant de se faire emporter dans un état d'épuisement extatique (réel ou simulé) un peu plus à l'écart.

Houwwara : un îlot d'arabophones installés en plein milieu des Amazighes chleuh, ont développé à 40 km au sud d'Agadir une danse qui porte leur nom : une ligne de danseurs encadrés par un danseur et une danseuse appelés à effectuer un pas de deux sous forme de duel et d'approche de séduction.

La particularité de cette danse est sa richesse rythmique. C'est une suite de rythmes binaires, ternaires et alternatifs à sept et à cinq temps.

Alors que la danse engage le corps, le chant, lui, engage la voix. Dans ce registre, les Marocains disposent d'un répertoire assez fourni. On peut citer le chant de la *'ayṭa*, de *eṭ-ṭaqtūqa l-jabaliyya*, d'*izlan*, de la chanson *ḥassani*, etc.

ʿAyṭa (*appel*) : elle est pratiquée en bordure de l'Atlantique notamment vers les régions de Chawya, Abda, Doukkala, c'est-à-dire dans l'axe Safi-Casablanca. Elle est connue aussi à Beni Mellal, au Hawz du côté de Marrakech, etc. La *ʿayta* se décline en plusieurs formes selon les régions : elle est dite *marsawiyya*, *zaâriyya*, *mellaliyya*, *jabliyya*, *hasba*...

Les chanteurs de la *ʿayṭa* sont mixtes, mais si l'élément féminin vient à manquer, un homme se charge de s'habiller en femme et imite sa voix. Ce chant a connu ses heures de gloire à la 2e moitié du XIXe siècle, mais aussi au XXe siècle. Au début des années cinquante, Bouchaïb el-Bidawi, un chantre de la musique marocaine, donna ses titres de noblesse à ce genre musical en lui donnant un souffle moderne, en le dotant de structures et de modes connus et reconnus dans le milieu musicalle et en le mettant au service de la lutte pour l'indépendance[28].

La *taqtouqa l-jabaliyya* : ce genre de musique est à l'honneur au nord-ouest du Maroc. Au départ, il était principalement masculin. Il faisait appel à des garçons efféminés habillés en femmes pour exécuter des danses féminines. L'introduction de la femme n'était possible que tardivement.

La chanson hassani : on assiste dans le désert marocain à cette danse à cheval sur la chanson amazighe et la chanson mauritanienne. Au cours des veillées où l'on danse, chante et récite les poèmes, le spectateur est mis à contribution en accompagnant les uns et les autres par des battements des mains, **er-resh**.

Dans la catégorie des chants religieux et mystiques, une place non négligeable est réservée à tout un ensemble qui va du **ḏikr**, *invocation d'Allah*, du **madḥ**, *chants panégyriques* et du différents modes de psalmodie des textes sacrés aux différentes confréries religieuses qui ont développé un genre de musique mystico-religieux assez originale : Gnawa, Ḥmadcha et autres ʿIssawa.

---

[28]Cf. M. Quitout, "Bouchaïb el-Bidaoui : de la *ʿayṭa* à la chanson engagée", *Horizons Maghrébins-le Droit à la Mémoire*, n° 43, 2001.

Les Gnawa : des descendants d'anciens esclaves originaires d'Afrique noire (Mali, Soudan, etc.). Leur instrument principal est le *gounbri* (ou *hajhouj*). Les danseurs, sur des rythmes et des sonorités africaines obsédants, se mettent en transe et rivalisent tour à tour d'acrobaties. Leur cérémonie, se développant dans l'espace d'une nuit, **el-Līla**, est un rite à fonction essentiellement thérapeutique.

Les Ḥmadcha : chaque année, des fêtes rituelles sont organisées dans plusieurs régions du Maroc. Les plus grandioses ont lieu à Meknès autour du mausolée de Sidi Ben ʿIssa et à Essaouira où l'on sacrifie un taureau après avoir parcouru les artères de la ville. Plus tard, pendant que la musique bat son plein, certains accomplissent un rituel qui comporte notamment une séquence où l'on se frappe la tête. On achète aussi du pain béni ou encore les tripes du taureau pour un peu de baraka.

Les ʿIssawa : la commémoration de la naissance du prophète **Moḥamad** donne lieu, chaque année à un **mūsem**, *fête religieuse*. Cette fête a lieu à Meknès près du sanctuaire de Sidi Mohammed Ben ʿIssa appelé **esh-shīḫ el-Kamel**, *le maître parfait* que ʿIssawa vénèrent depuis cinq siècles. La fête ponctuée par les chants et la **ḥaḍra**, *pratique collective de la transe*, se caractérise par deux pratiques qui remontent à la mort de ce saint en 1526. A cette occasion, un disciple, bouleversé par la mort de son maître, se mit en transe, lacéra ses vêtements et son corps et dans la foulée, il se jeta sur un mouton qu'il dévora vivant. Depuis cette légende, les ʿIssawa disposent de deux temps forts dans leur pratique cérémonielle : la **ḥaḍra** et la **frīsa** consistant justement à dévorer un animal vivant.

La musique sacrée du soufisme : cette confrérie religieuse a développé l'art de l'incantation. Des hommes répètent jusqu'à l'extase des formules d'une grande charge spirituelle. La **nūba** (littér. *tour*, ensemble organisé de pièces vocales et instrumentales) et le **ḏikr** en font partie.

Dans un tout autre registre, on peut citer d'autres musiques :

La musique andalouse (**al-musīqa l-andalusiyya** ou **eṭ-ṭarab al-andalusi** ou encore **al-āla**) : c'est une musique classique originaire d'Arabie ; elle a connu un grand essor au Maroc après la chute de Cordoue et au moment où plusieurs familles musulmanes et juives sont venues se réfugier dans des villes comme Rabat, Tétouan, Fès, etc. Ce répertoire lyrique et instrumental, dit en arabe classique ou en dialectal andalou, n'est chanté généralement que par des hommes.

Le-*malhoun* (**al-malḫūn**): c'est l'une des formes les plus élaborées de versification en arabe dialectal marocain. Le *malhoun* est un vaste corpus de poèmes caractérisé par ses célèbres prouesses métriques et poétiques.

La musique populaire enfin est très variée et très riche. Il s'agit de chansons courtes dites en arabe dialectal. Ce sont des groupes de chanteurs comme Jil Jilala, Nass el-Ghiwane, el-Mchaheb ou encore Tagadda. On peut noter aussi d'autres orchestres nationaux ou régionaux ainsi que le raï qui se pratiquait au Maroc oriental au même titre qu'en Algérie.

el-musīqa, *la musique*
er-renna, *l'air de musique*
en-neġma, *la mélodie*
el-muġenni, *le chanteur*
el-āla, *l'instrument*
el-ġna, *le chant*
el-uġniyya, *la chanson*
eṣ-ṣawt, *la voix*
esh-shiḫa, *cantatrice populaire*
el-mulaḥḥin, *le compositeur*
el-īqāᶜ, *le rythme*
el-qṣīḍa, *le poème*
ed-dīsk, *le disque*
el-kaṣīṭa, *la cassette*
eṭ-ṭbel, *le tambour*
el-ᶜūd, *le luth*
el-bānju, *le banjo*
el-giṭār, *la guitare*
el-kalimāt, *les paroles*
el-jawq, el-ferqa, er-rbā'a, *l'orchestre*

el-musīqa sh-sheᶜbiyya	*la musique populaire*
el-musīqa l-klāsīkiyya	*la musique classique*
el-kamanja, el-kamān	*le violon*
el-geṣba, el-līra	*la flûte*
en-nāy	*la flûte de roseau caractéristique du folklore arabe bédouin d'abord, urbain ensuite.*
er-rbāb	*le rebec* (mandoline allongée à 3 cordes et archet)
el-qānūn	le *kanoun* (instrument de musique à 72 cordes s'apparentant à la harpe, mais disposé horizontalement)
el-wtār	instrument amazighe à plectre. Il a trois cordes accordées en quintes)

el-gunbri	le *gounbri* (instrument des Gnawas au Maroc à trois cordes)
es-snitra	*harpe à forme de trapèze.*
el-ġīṭa	la *ghita* (instrument à vent à sept trous s'apparentant à la trompette).

Dans la classe des idiophones, on peut rajouter d'autres instruments comme **el-mqes**, *les ciseaux*; **en-naqūs**, *la sonnette*; **eṭ-ṭaṣa** (fonte en fer que le percussionniste bat à l'aide de deux baguettes métaliques) ou encore **el-qrāqeb**, les *castagnettes.*

Dans celle des membranophones, rajoutons **el-bendīr**, **ed-deff**, *le tambourin,* **eṭ-ṭbel**, *le grand tambourin,* la darbouka, le *tar* ou la *tara*, la *taârija*, la *tbila*, etc.

Ajoutons également les instruments plus ou moins modernes empruntés grâce aux contacts avec les autres musiques du monde comme la guitare (électrique), la clarinette, le saxophone, les orgues électroniques, la flûte traversière, les batteries de jazz, le piano, le banjo, le mandole, la mandoline, l'accordéon, etc.

Notons enfin que malgré l'extrême richesse des musiques du Maroc, celles-ci souffrent d'un certain nombre d'handicaps : pour le musicologue d'abord, on assiste à une grande indigence quant aux sources écrites. La tradition orale, encore vivace au Maroc, permet de pallier fort heureusement plus ou moins à ce manque.

Par ailleurs, il ne serait pas faux de dire que la musique et les musiciens de façon générale pâtissent, hélas ! du dédain de la société et de la mentalité encore archaïque de certains de ses membres. Les femmes chanteuses, danseuses, artistes en tout genre souffrent particulièrement de cet état d'esprit. Jusqu'à nos jours, la femme chantant en public est pour beaucoup de Marocains une femme aux mœurs légères.

LA TOPONYMIE (Les noms de lieu).

Les études de toponymie au Maroc et au Maghreb en général n'ont que très peu intéressé les chercheurs aussi ne disposons-nous que de quelques informations éparses sur la question. La situation est encore plus désespérante dans le cas des toponymes amazighes. La langue amazighe n'a jamais atteint au cours de toute son histoire le statut de langue écrite reconnue. Les documents écrits[29] dont on dispose se limitent aux textes en graphie arabe produits par les Amazighes chleuhs du sud marocain au Haut Moyen Age. Par conséquent, les formes anciennes de la langue demeurent inconnues et on en est réduit à se baser sur des formulations hypothétiques que le comparatisme inter-dialectal permet de dégager. Il n'en demeure pas moins possible que l'on peut déterminer l'origine d'un certain nombre de toponymes.

Avant de voir ce qui est advenu des toponymes marocains d'origine amazighe, considérons d'abord le toponyme **Maġrib**, *Maroc*. C'est une désignation de géographes arabes du Moyen Age. **Maġrib** i. e Maghreb est l'endroit où se couche le soleil et correspond ainsi au mot latin *occidens* qui veut dire "soleil couchant" et qui a donné le mot "Occident" en français. Le Maghreb, pour le monde arabe, est donc l'Occident ; l'Occident du monde arabe naturellement.

Pour ces mêmes géographes et suivant le même raisonnement, le Maroc sera appelé "al-Maġrib al-aqṣā", *le Maghreb extrême*, autrement dit l'*Extrême Occident*. **Al-Maġrib**, *le Maroc* est donc, pour le Monde arabe, le pays le plus occidental des pays occidentaux maghrébins[30].

La toponymie d'un espace donné se construit, c'est un lieu commun de le dire, en relation avec les langues des populations qui s'y sont succédé. L'Afrique du Nord en général et le Maroc en particulier, n'ont pas échappé à cette règle.

Pour le Maroc, il s'agit donc de l'amazighe ancien et moderne, du phénicien, du punique, du latin, de l'arabe, du français, du portugais et de l'espagnol.

---

[29]Nous ne parlons pas ici des inscriptions libyco-amazighes attestées, elles, depuis très longtemps. Ces inscriptions peuvent d'ailleurs nous fournir, une fois déchiffrées, des informations précieuses sur l'état de la langue à l'époque ancienne.

[30]D'aucuns ont avancé plus tard que le nom "Maroc" serait le résultat de la contraction du nom de la ville de Marrakech et ce, à l'époque des Saadiens, une dynastie ayant régné de 1554 à 1659. Marrakech fut, en effet, une de ses principales capitales

Parmi les dénominations antiques (carthaginoises et latines), on peut citer :
- Rusaddir => Melilla
- Septem Fratres => Ceuta
- Arambys => Salé
- Zilis => Asila
- Akra => El-Jadida
- Volubilis => Volubilis / Walili
- Thymiaterion => Kenitra
- Lixus => Larach
- Tingi => Tanger (Ce toponyme rappelle Tinja en Tunisie)
- Tamouda => Tittawin : Tétouan (voir infra)
- Tamusiga => Essaouira. Plus tard, elle s'appellera Mogador.

À l'époque coloniale, l'administration française a décidé de rebaptiser des villes :
- Sidi Kasem => Petit Jean
- Kénitra => Port Lyautey
- Benslimane => Camp-Boulhaut
- Sidi Allal Bahraoui => Camp-Monod
- Youssoufia => Louis-Gentil
- Béchar => Colomb-Béchar, etc.

les administrations coloniales espagnole et portugaise, elles, rebaptisèrent d'autres :
- Mdiq => Rincon
- Fnideq => Castillejo
- Tarfaya => Cap Juby
- Boujdour => Cap Bojador
- Ad-Dakhla => Villa Cisneros
- Lagwira => Cap Blanc, etc.
- Mazagan => M'Azegen
- Santa Cruz de Aguer => Agadir

De nos jours, certains toponymes d'origine amazighe sont déformés et perdent ainsi leur sens d'origine :
- Oued Izem, *rivière du lion* => Oued Zem.
- Anfa, *colline* => Casablanca
- Tlat n Yaâqoub, *Mardi de Yaäqoub* => Tulāṯā' Yaâqoub[31] (**n** étant une préposition assurant l'annexion en amazighe)

[31] Dans la région de Marrakech.

- Tiṭṭawin, *sources* => Tétouan en français, Tiṭwān en arabe (en Tunisie, on connaît la ville de Tatawine)
- Ishshawen, *cornes, pics* => Chefchawen.
- Ifran, *grottes* => Yefren[32].
- Jar isaffen, *interfluvial* => Jersīf en arabe, Guersif en français.
- Asif, *rivière, déversoir* => Asafi en arabe, Safi en français.
- Aglmim/aglmam, *lac* => Guelmim, Goulimine, Gulmima.
- Tazeṭṭat[33] => Settat.
- Tin el-ḫir, *lieu où règne l'abondance* => Tinghir.
- Bu l-man, *lieu qui procure la paix* => Boulmane.
- Tizi, *le col, le sommet* => Taza. Ce mot entre en composition dans des dizaines de toponymes comme Tizi n Tichka, *le col de l'alpage* ou encore Tizi n tserfin, *le col des silos.*
- Azagur, *chevelure* => Zagora
- Azalaġ, *bouc* => Zalagh (Mont près de la ville de Fès en face duquel se trouve le mont Tġat, *mont de la chèvre*).
- Aberkane, abershane, *le noir* => Berkan.

D'autres sont modifiés :
- M'Azegen (M= *celle qui a* + azagen = *chevelure abondante*) => Al-Jadida, *la nouvelle.*
- Aġenḍur, *le fier* => el-Youssoufia
- Iġrem n es-suq, *Village fortifié (*n = *de le) du Marché* => Errachidia
- Ahermemmu, ~ *causerie* => Ribāṭ al-Ḫayr[34] (litt. : Couvent Militaire du bien).

D'autres toponymes résistent plus ou moins bien :
- Agadir => *le mur, la muraille.*
- Agdal => *le pâturage*
- Azilal => *le passage, le belvédère.*
- Ifni => *étendue dénudée, désertique.*
- Tawrirt => *la colline.*
- Imi n Tanout => *La bouche du petit puits.*

---

[32]Cf. Panneaux de signalisation en arabe indiquant Ifran en partance de Fès.

[33]La toponymie a retenu ce mot en référence au "droit de péage" dont devait s'acquitter le voyageur avant de s'aventurer dans un territoire sensible.

[34]Cette rebaptisation a eu lieu au lendemain du coup d'État militaire avorté de 1972. Les instigateurs de ce coup d'État seraient venus de cette bourgade amazighe montagneuse à quelque soixante kilomètres au nord de Fès. Pour effacer quelques sinistres souvenirs, le politique aurait-il eu raison du toponymique ?

- Tadla => *la gerbe.*
- Azrou => *la pierre, le rocher*[35].
- Imouzzar => *les cascades*
- Tawnant => *la côte d'une colline.*
- Azemmour => *oléacée (olive)*
- Tata (prononcé improprement Ṭaṭa) => *caméléon.*
- Agouray => *amas de pierres.*
- Ulmas, *poche/point d'eau.*
- Tahala, *source, fontaine.*
- Tafrawt, *bassin.*
- Tunfit, *col, voie d'accès.*
- Tmara, *peine physique.*
- Warzazat => ce toponyme vient de **war**, *sans, dépourvu de* et de **azaza** ou **azazi**, *bruit, écho.*
- Ajdir => c'est le même toponyme qu'Agadir ; celui-ci est dit dans le dialecte chleuh et celui-là dans le dialecte rifain.

Les toponymes constituent des repères géographiques, et des références topographiques et historiques d'une grande valeur. Ils répondent aux besoins de la perception et de la représentation de l'espace par ceux-là même qui l'occupent.

La conquête arabe a constitué une rupture lente, progressive et permanente dans les usages toponymiques de l'Afrique du Nord en général. Très vite, une masse de toponymes arabes font leur apparition et renouvellent peu à peu le stock toponymique ancien.

D'un autre côté et suite au choix qu'a fait le Maroc, depuis l'indépendance, de suivre une politique linguistique axée sur l'arabisation, certains Marocains sont arabophones unilingue. Ne se reconnaissant pas dans les toponymes amazighes, ils éprouvent naturellement le besoin de les déformer, de les modifier pour mieux les adapter au phonétisme de leur langue maternelle. Il est donc souhaitable pour palier aux difficultés de cette méconnaissance, d'initier et de réconcilier ces locuteurs avec l'intégralité de leur patrimoine linguistique. Ceci passe d'abord et avant tout par une planification linguistique intégrant la langue amazighe au système éducatif.

[35]Ce Toponyme désigne un village dominé par un rocher ou établi au pied, sur le flanc ou le sommet d'un rocher.

L'ANTHROPONYMIE (Les noms de personnes).

Dans les sociétés arabes traditionnelles, l'individu est identifié par un ensemble de qualificatifs dont le prénom reçu à la naissance n'est que le premier constituant. Ces qualificatifs constituent une véritable fiche d'identité de l'individu. Dans la grande majorité des cas, ces noms et ces prénoms ont un sens.

On peut donner à titre d'exemple le prophète Mohammed[36], *le très loué* dont le nom complet est : **Abū l-Qāsim Muḥammad ibn ʿAbd al-Lāh ibn ʿAbd al-Muṭṭalib al-Hāshimī**, soit le père d'Alqassim Mohamed fils de Abdallah fils Abd al-Mouttalib le Hachimite.

Un nom arabe peut comprendre :

- le prénom (**ism**): expression intime et personnelle de l'identité ; ex. : **Aḥmad, Ḥamīd**, **ʿAli**, etc.

- le nom de paternité (**kunya**) : on y trouve **abū**, *père* ou **umm**, *mère* suivi du prénom du fils aîné ; ex. : **Abū l-Ḥasan**, *père de Hassan*, **umm Kalthūm**, *mère de Kalthum.*

- le nom de filiation (**nasab**) : il est composé de **ibn**, *fils* ou **bint**, *fille* et du prénom du père ; ex. : **Ibn ʿIsa**, *père de* **ʿIsā**, **bint Ibrahīm**, *fille de Brahim*[37].

- le nom d'origine (**nisba**) : il fait référence à l'origine tribale, dynastique ou au lieu de séjour ; ex. : **al-Andalusī**, *originaire d'Andalousie* ; **al-Hāshimī**, *de la tribu de Hachim* = le Hachémite) ; **al-ʿAlawi**, *de la dynastie des Alaouites* ; **al-Fāsī**, de Fès, etc.

- le nom du métier : **Mohamed al-Najjār**, Mohamed le menuisier);

- Le nom du rite religieux : **al-Mālikī**, qui est du rite malékite.

---

[36]C'est de cette racine *ḤMD* que dérive des prénoms de type Ahmed, *le plus loué*; Hamid, *qui loue Dieu* ; Mahmoud, *celui vers qui vont les louanges* ; Hammad, *qui ne cesse de louer Dieu* ; Hammadi, *très fervent dans ses louanges* ; Hamdane et Hamdoune, *qui adresse beaucoup de louanges à Dieu*, etc.

[37]Notons que le prénom de la mère est rarement cité. Cependant, dans le Coran, le prophète **ʿIssā**, *Jésus*, lui, est mentionné sous le nom de **ʿIssā Ibn Maryam**, *Jésus, fils de Marie.*

le surnom (**laqab**) : il est de deux sortes, honorifique comme **Jamāl ed-Dīn**, *la beauté de la religion* ; ou désavantageux comme **al-Jāḥiẓ**, *qui a la cornée de l'œil saillante.*

L'identité chez les Arabes et notamment les Arabes de l'époque archaïque était d'une importance capitale. C'est à travers elle que l'individu se repère par rapport à son entourage. Il était intégré dans un tissu tribal et communautaire où l'idée de l'individualité n'existe pas.

De nos jours, c'est de moins en moins vrai que ce soit au Maghreb ou ailleurs dans le monde arabe. L'expression de l'autonomie individuelle passe d'abord par un prénom généralisé un peu partout sous l'influence des administrations coloniales. C'est ainsi que le nom de paternité et le nom de filiation sont de moins en moins fréquents. On a fixé arbitrairement des noms de famille souvent tirés d'un surnom, péjoratif dans bon nombre de cas. On a même fait apprendre à la femme l'habitude de prendre le nom de son époux alors qu'en islam elle pouvait garder son identité de naissance toute la vie.

Actuellement, au Moyen Orient et dans les pays du Golfe, le nom de famille n'existe pas systématiquement. La personne est identifiée par une chaîne de trois prénoms : celui de l'intéressée, ceux de son père et de son grand-père sans aucun mot de liaison, ex. : **Muḥamad ʿAbd el-Lah Nāṣir.** Pour l'usage courant, on retient uniquement les deux premiers prénoms.

Au Maghreb en revanche, le nom de famille s'est quasiment généralisé à l'ensemble de la population. Il subsiste quelques rares exceptions chez les Amazighes par exemple où le nom de famille fait défaut[38].

Notons enfin que dans tout le monde arabe, s'interpeller par le prénom n'est pas une familiarité ; le tutoiement non plus. Le nom de famille, quand il existe, n'occupe pas la première place dans les relations entre les gens.

---

[38]Dans les régions amazighophones, les administrations successives, coloniale et marocaine par la suite, se sont ingéniées la plupart des cas à arabiser les toponymes, les ethnonymes et les anthroponymes au lieu de les enregistrer simplement dans leur forme locale. C'est ainsi que les **asif**, les **ayt-**, les **u-** se sont vus naturaliser en arabe les **oued**, les **beni**, les **ben**, les **ouled**, *rivières, fils de*, etc. Les causes de ce processus est que l'administrateur français avait une formation arabisante et ses collaborateurs indigènes étaient soit des arabophones soit des Amazighes lettrés, mais de formation coranique et sans conscience de l'enjeu de l'opération. Le but pratique est privilégié au détriment de toutes autres considérations.

Voici comment on s'interpelle au Maroc :

essi ben ʿAbd el-Lah
monsieur fils adorateur al-Lah
Monsieur, le fils de Abdellah.

Fatna bent el-Ḥusīn
Fatna fille-de l-Houssin
Fatna, fille de l'Houcine.[39]

Chez les Amazighes, **ben (ou ibn) / bent (ou bint)** en arabe se disent, **u / ult**, *fils de / fille de*:

Muḥa u Ḥmmu ez-Zayānī
Moha fils-de Hammu ez-Zayani
Moha, le fils de Hammu ez-Zayani[40].

De même qu'il existe des prénoms introduits par **ben**, *fils de* ou **bent**, *fille de* comme ci-dessus, il existe des noms introduits par **bu**, *père de, propriétaire de, celui qui a* :

Bu ʿezza
celui-qui-a fierté
Celui qui est fier.

Bu tefliqa
qui-a une-blessure-à-la-tête
L'homme à la bosse.

Les Marocains et les musulmans en général, ont conservé le principe des prénoms de la période anté-islamique composés de **Abd**, *esclave, adorateur* suivi du nom d'une divinité païenne ou d'un astre. Ils l'ont transposé depuis, en le réservant exclusivement à Dieu désigné par son nom comme **Abd-el-Lah** ou par ses attributs comme :

Abd-el-Krīm
adorateur le-généreux
L'esclave du Généreux.
(= d'Allah)

Abd-el-Latīf
adorateur-le-grâcieux
L'adorateur du Gracieux.
(= d'Allah)

ʿAbd al-Ḥamīd
serviteur le-Très loué
Le serviteur du Très loué.
(= d'Allah)

ʿAbd al-Ḥaqq
serviteur la-Vérité
Le serviteur de la vérité.
(= d'Allah)

Beaucoup de prénoms enfin se terminent par **-dīn**, *religion* :

Zīn ed-dīn
beauté-la-religion
La beauté de la religion.

Salaḥ ed-dīn (= Saladin)
pureté-la-religion
La pureté de la religion.

---

[39]Une des toutes premières chanteuses populaires au Maroc.
[40]Une des grandes figures de la résistance amazighe au Moyen-Atlas.

LES PRÉNOMS ARABES.

Voici enfin, une liste de prénoms[41] marocains, mais aussi arabes en général. Nous avons sélectionné les plus "beaux" et les les plus faciles à prononcer pour un francophone :

Prénoms masculins :

Prononciation arabe	Prononciation pour francophones	Signification
Anwar	Anwar	*éblouissant*
Asad	Assad	*lion*
Badr	Badr	*pleine lune*
Bashīr	Bachir	*porteur de bonne nouvelle*
Bilāl	Bilal	*rafraîchissement*
Fahd	Fahd	*guépard*
Fu'ād	Fouad	*cœur spirituel*
Ḥakīm	Hakime	*sage*
Ḥasan	Hassane	*bon et beau*
Ḥusām	Houssam	*sabre tranchant*
Ilyās	Ilias, Elias	*divin*
Imām	Imame	*chef religieux*
Jābir	Jabir, Jaber	*consolant*
Kafīl	Kafil	*garant*
Karīm	Karime	*généreux*
Mahdī	Mahdi, Mehdi	*bien guidé*
Makīn	Makine	*puissant*
Marwān	Marwane	*silex, quartz*
Mubīn	Mounib	*explicite*
Mujāb	Moujab	*exaucé*
Munīb	Mounib	*qui se repent*
Munīr	Mounir	*qui illumine*
Murād	Mourad	*désiré de Dieu*
Murīd	Mourid	*qui désire Dieu*
Musṭafa	Moustapha	*élu pour sa pureté*
Nawfal	Nawfal	*océan, beau et généreux*
Nāṣir	Nasser	*vainqueur*
Rabīʿ	Rabi	*printemps*
Ra'ūf	Raouf	*clément*

---

[41] Aux dires du prophète Mahomet, "les plus beaux noms sont ceux qui contiennent les notions de louange et d'adoration".

Rashīd	Rachid	*bon guide*
Riyyāḍ	Riyad	*jardin luxuriant*
Rāfid	Rafid	*affluent*
Sājī	Saji	*calme comme la nuit*
Tāmir	Tamir	*qui offre de bons fruits*
Ṭalāl	Talal	*ondée*
Ṭayyib	Tayeb	*bon*
Ṭāhir	Tahir, Taher	*pur*
Wadīᶜ	Wadi	*paisible, calme*
Wajīh	Wajih	*distingué*
Wāṣil	Wassil	*qui unit*
Yāsīn	Yassine	*36ᵉ sourate du Coran*
ᶜAli	Ali	*élevé, noble*
ᶜĀshiq	Achik	*amoureux*

Les prénoms féminins

Āmāl	Amal	*espoirs*
Anīqa	Aniqa	*gracieuse*
Arīj	Arij	*parfum qui exhale*
Asmāʾ	Asma	*sublime*
Asrār	Asrar	*secrets*
Bāriza	Bariza	*éminente*
Fayrūz	Fayrouze	*turquoise*
Fāṭima	Fatima	*jeune chamelle sevrée*
Fātin	Fatine	*séduisante*
Hind	Hind	*groupe de chameaux*
Hudā	Houda	*la Voie*
Ḥanān	Hanane	*tendresse*
Ḥasana	Hassana	*bonne action*
Ḥasnāʾ	Hasna	*très belle*
Ḥayāt	Hayat	*vie*
Iklīl	Iklil	*diadème*
Ilhām	Ilham	*inspiration*
Imān	Imane	*la foi*
Jalwāʾ	Jalwa	*même sens*
Jalāʾ	Jala	*lumière éclatante*
Jinān	Jinane	*jardin luxuriant*
Kaltūm	Kalssoum	*qui a un visage rond et jouflu*
Kinān	Kinane	*qui garde le secret*
Kunūz	Kounouze	*trésors, merveilles*
Lamyāʾ	Lamya	*qui a les lèvres de couleur foncée*

Lubnā	Lubna	*benjoin*
Lāmiʿa	Lamia	*étincelante*
Līna	Lina	*douceur et souplesse*
Malak	Malak	*créature angélique*
Maldāʾ	Malda	*tendre et délicate*
Malika	Malika	*reine*
Manār	Manar	*source de lumière*
Marjān(a)	Marjan/a	*corail*
Maryam	Myriam	*la pieuse*
Marām	Maram	*désirs*
Maysam	Maysam	*beauté*
Nadā	Nada	*rosée*
Najlāʾ	Najla	*qui a de grands et jolis yeux*
Nisrīn	Nisrine	*églantier*
Nāhid	Nahide	*qui a la poitrine bien formée*
Rajāʾ	Raja	*espérance*
Ranā	Rana	*dont on admire la beauté*
Rashida	Rachida	*bonne guide*
Rashīqa	Rachiqa	*svelte*
Rīm(a)	Rime, Rima	*gazelle blanche*
Saniyya	Saniya	*d'une beauté éclatante*
Sanāʾ	Sana	*grandeur*
Sawsan	Sawsane	*iris*
Sundus	Soundousse	*soie légère*
Suʿād	Souad	*bonheur*
Ṣabāḥ	Sabah	*matinée*
Shabība	Chabiba	*jeunesse*
Shirīn	Chirine	*aimante et vertueuse*
Ulfa	Olfa	*affinité*
Wafāʾ	Wafa	*fidélité*
Warda	Warda	*rose*
Wasmāʾ	Wasma	*qui a de beaux traits*
Wasīma	Wasima	*même sens*
Yamāma	Yamama	*pigeon sauvage*
Yasmīn(a)	Yasmine	*jasmain*
Yāqūt	Yaqout	*hyacinthe*
Zahra	Zahra	*fleur*
Zuhra	Zohra	*la planète Vénus* (beauté)
Zulāl	Zoulal	*eau limpide*
Ṯurayyā	Touria	*constellation des Pléiades*
ʿAʾisha	Aïcha	*pleine de vitalité*

Prénoms mixtes

Adīb/a	Adib/a	*lettré/e*
Amān	Amane	*confiance*
Amīn/a	Amin/a	*digne de confiance*
Amīr/a	Amir/a	*prince/sse*
Anīs/anisa	Anis/anissa	*cordial/e*
Bashīr/a	Bachir/a	*avenant/e*
Bāsim/a	Basim/a	*souriant/e*
Dalīl/a	Dalil/a	*preuve*
Faṭīn/a	Fatine/a	*perspicace*
Farīd/a	Farid/a	*sans pareil*
Ḥabīb/a	Habib/a	chéri/e
Ḥalīm/a	Halim/a	*magnanime*
Ḫālid/a	Khali/a	*éternel/le*
Īmdād/a	Imdad/a	*aide, assistance*
Jamīl/a	Jamil/a	*beau/belle*
Karīm/a	Karim/a	*généreux*
Labīb/a	Labib/a	*persévérant*
Laṭīf/a	Latif/a	*délicat/e*
Madīḥ/a	Madih/a	*digne d'éloges*
Majīd/a	Majid/a	*glorieux/se*
Mufīd/a	Moufid/a	*bienfaisant/e et utile*
Nabīh/a	Nabih/a	*éveillé/e*
Nabīl/a	Nabil/a	*noble*
Nafīs/a	Nafisse/a	*précieux/se*
Nasīm/a	Nasim/a	*brise légère*
Nashīṭ/a	Nachit/a	*agile*
Nādir/a	Nadir/a	*rare*
Rakīn/a	Rakin/a	*posé/e*
Ṣāliḥ/a	Salih/a	*pieux/se*
Salīm/a	Salim/a	*pur/e et intacte*
Samīr/a	Samir/a	*compagnon de veillée*
Saʿīd/a	Saïd/a	*heureux/se*
Tamīm/a	Tamim/a	*parfait*
ʿAzīz/a	Aziz/a	*aimé, précieux*
ʿĀdil/a	Adil/a	*juste*
ʿĀqil/a	Akil/a	*sensé/e*
ʿĀshiq/a	Achiq	*amoureux/se*

L'ENSEIGNEMENT DE L'ARABE EN FRANCE.

Il importe tout d'abord, quand on parle de la langue arabe, de préciser de quel arabe en parle. Que ce soit au Maroc, au Maghreb ou ailleurs dans le monde arabe, la langue arabe se présente comme nous l'avons expliqué plus haut, sous plusieurs formes.

En France, dans les écoles, les collèges et les lycées et jusqu'à 1995, l'enseignement de l'arabe se limitait strictement à sa variété standard. Certains enseignants recrutés et rémunérés par le Maroc participaient par exemple à cet enseignement dans le primaire. L'espoir, voire le mythe du retour, encore vivace jusqu'à une époque récente, poussait les gouvernements respectifs à préparer d'hypothétiques réinsertions dans le pays d'origine. Depuis, le vent des regroupements familiaux et la résistance des nouvelles générations à nourrir ce type d'espoir sont passés par là et c'en était fini et de l'esprit et du contenu de ces enseignements.

À partir de 1995, les élèves du primaire bénéficiaient d'une initiation à une langue étrangère. On devait choisir entre six langues dont l'arabe. Le ministère opta alors pour sa variété dialectale.

La même année, le ministère entreprend une première en France : l'épreuve des langues facultatives du baccalauréat passe à l'écrit. Parmi les langues retenues, on pouvait se féliciter de trouver l'arabe dialectal. L'INALCO qui était chargé d'organiser ces épreuves décide de proposer cinq variétés de l'arabe dialectal: l'arabe marocain, algérien, tunisien, pour le Maghreb, égyptien et syro-libano-palestinien, pour l'arabe oriental. En 1998, l'arabe maghrébin totalisait 78 % des copies corrigées, loin devant les autres variétés, contre 65 % en 1995. Le nombre total des candidats pour l'arabe dialectal a atteint cette année-là 7555, un chiffre énorme qui traduit l'intérêt des élèves pour ce type d'épreuve.

Cependant, à partir de la session 2000, cette épreuve facultative d'arabe dialectal est annulée par le ministère et remplacée, par une épreuve unique orale d'arabe. On teste alors les aptitudes du candidat à s'exprimer, certes, dans la variété qui lui convient, mais à partir d'un document écrit en arabe littéral. À partir de là, il est tout à fait certain que bon nombre de candidats ne pouvant lire l'arabe littéral se sont détournés ou se détourneront de cette option. Ainsi, cet élan ministériel, visant à concilier les élèves issus de l'immigration[42] avec leurs langues maternelles pour mieux les préparer à acquérir des langues étrangères aura malheureusement échoué.

Pour noter l'arabe dialectal, on a utilisé deux graphies bien distinctes : la graphie arabe et la graphie latine. La première, pour des élèves qui y sont familiarisés ; la seconde, pour les autres.

Contrairement à une idée préconçue, la graphie arabe n'est pas la graphie idéale pour noter l'arabe dialectal. "Il est plus facile d'écrire l'arabe dialectal en graphie arabe, mais il est beaucoup plus difficile de le lire"[43]. En effet, l'arabe dialectal maghrébin dispose d'une part d'un vocalisme particulier (plus réduit) et d'autre part d'un certain nombre de phonèmes supplémentaires auxquels l'alphabet de l'arabe classique ne reconnaît pas la valeur distinctive (ṛ, ẓ, ṃ, ḷ, ḅ).

La graphie latine, elle, qui, contrairement à la graphie arabe, intègre les voyelles brèves, peut être assimilée en quelques minutes, une fois quelques ajustements effectués.

Au niveau des études supérieures, l'enseignement du marocain et autres dialectes arabes est assuré d'abord par l'INALCO (*Institut National des Langues et Civilisations Orientales*). D'autres universités, notamment les plus grandes, intègrent dans leur cursus l'enseignement de l'arabe en général et l'arabe dialectal en particulier : plusieurs universités parisiennes, Lyon, Toulouse, Aix-Marseille, Rennes, Strasbourg, etc.

En 1992 le Conseil de l'Europe adopte la *Charte Européenne des Langues Régionales ou Minoritaires*. L'arabe

---

[42]En immigration, les langues maternelles, l'arabe dialectal et l'amazighe avec ses différents dialectes, sont intériorisées par les élèves et les locuteurs de façon générale, comme des langues "vulgaires" à valeurs "basse". Un locuteur français de souche, apprend sa langue maternelle dans la cellule familiale, l'école la renforce en vue d'une pratique sociale. Autrement dit, le bain linguistique étant continu, le *régime de sécurité linguistique* est assuré. L'élève amazighophone emploie sa langue maternelle à la maison, utilise l'arabe dialectal dans la rue. A l'école, c'est parfois l'arabe littéral et le français plus les autres langues étrangères. L'élève arabophone n'est pas mieux loti. Avec l'arabe littéral, il est sommé de neutraliser les particularités de son dialecte maternel. On lui inculque la norme de la langue française ou de la langue arabe parées de tous les attributs mélioratifs. En somme, une vie de schizoglosse (schizophrénie linguistique) pour reprendre un terme du sociolinguiste A. Boukous.

[43]D. Caubet, "Passage à l'écrit et institutions", *Faits de langues*, Ophrys,1999.

dialectal figure parmi les 75 langues parlées sur le territoire français. La Charte reconnaît l'existence de "langues dépourvues de territoires". Parmi elle, on trouve l'amazighe, l'arabe dialectal, le yiddish, le romanichib, l'arménien occidental. Bien qu'elle n'ait pas été ratifiée par la France, cette charte marquera définitivement l'appréciation que l'on fait des langues de façon générale en France.

Signalons enfin, que l'arabe dialectal n'est pas pris en compte dans le système éducatif marocain. Il n'a aucune existence juridique de quelque ordre que ce soit ; il n'est pas reconnu par la constitution. Nous dirions même qu'il ne l'est pas non plus, curieusement, par les Marocains eux-mêmes. (cf. voir supra)

Le nouveau souverain du Maroc qui semble préoccupé par l'échec de système éducatif marocain est susceptible d'insuffler une nouvelle approche de la politique linguistique au Maroc. Une politique qui tiendrait compte, espérons-le, des langues maternelles dans le système éducatif. Ces langues sont, en effet, l'expression de l'intimité et de la socialisation première de l'enfant.

L'ENSEIGNEMENT DU FRANCAIS AU MAROC.

Pendant toute la période d'occupation française, le français a été la langue officielle au Maroc. Il s'en suit qu'au lendemain de l'indépendance, il était pratiquement impossible de s'en passer malgré la vague d'arabisation que l'on connaît. Le français a continué et continue encore à se maintenir dans des proportions considérables. Il a même gagné en nombre de locuteurs eu égard au système éducatif qu'il traverse du milieu du primaire - même avant (maison, maternelle) pour les couches aisées - jusqu'à l'université.

Le français est la première langue étrangère au Maroc suivi de l'anglais. Elle est aussi la seule langue au Maroc et au Maghreb en général qui puisse s'enorgueillir d'être à la fois lue, écrite et parlée. Il est la langue de toutes les promotions sociales et économiques. Des quotidiens sont édités en français : "Maroc Soir", le "Matin du Sahara", "l'Opinion" et "al-Bayane" "Libération". Le temps d'antenne à la télévision est relativement important. *2M*, une chaîne privée, diffuse la majorité de ses programmes en français. Les radios émettent de nombreuses émissions en français. La *Radio Méditerranée Internationale*, de loin la plus célèbre, émet en arabe et en français.

Si la langue française jouit globalement d'une place prépondérante dans l'espace linguistique maghrébin en général, il n'en demeure pas moins vrai, comme le dit M. Arkoun, que ce qu'elle gagne en extension sociologique, elle le perd en efficacité intellectuelle. Le nombre d'écrivains maghrébins d'expression française, dit-il, aurait sûrement été plus grand et la créativité littéraire et intellectuelle plus foisonnante si le concept de "trahison" vis-à-vis de la langue et de l'identité nationale n'avait été vite intériorisé par tous les citoyens[44]. Beaucoup de talents, ajoute-il, auraient avorté parce qu'ils ont dû renoncer à s'exprimer en français ou en amazighe.

Notons enfin, que l'anglais depuis quelques années a commencé à prendre de l'ampleur. Des pressions sont exercées sur les pouvoirs en place afin de limiter la pratique des langues étrangères[45]. Les arabistes plaident pour une arabisation totale, certains islamistes évoquant l'argument de la "modernité" propose de substituer l'anglais au français.

Plusieurs établissements français sont implantés au Maroc. Toutes les grandes villes disposent d'écoles, de collège et de lycées. Ces derniers sont fréquentés par les enfants de français (coopérants et autres), mais aussi par les petits Marocains issus de couples mixtes :

---

[44]Certains, comme Mouloud Mammeri et Kateb Yacine ou encore Tahar Ben Jelloun, pour ne citer qu'eux, ont ouvertement fait le choix de s'exprimer en français contre vents et marées. Voici respectivement ce qu'ils pensent du français : "la langue française nous traduit infiniment plus qu'elle nous trahit", "La langue française est un butin de guerre ! Elle nous appartient, et nous entendons la préserver aussi jalousement que nos langues traditionnelles". "Le fait d'écrire en français incite les auteurs à aller plus loin dans la critique. L'arabe - la langue du Coran - se prête mal au jeu de la dénonciation".

[45]Récemment, la Tunisie par exemple, a improvisé une circulaire publiée au journal officiel (mi-octobre 1999) incitant à l'arabisation progressive de l'administration dans ses rapports avec le public et avec l'État. De toute évidence, il s'agit là vu les circonstances du moment, plus de réaction contre la France pour avoir toléré voire encouragé des critiques mettant en cause l'État tunisien quant à la régression des libertés individuelles que de pressions proprement dites exercées sur le pouvoir.

Voici la liste intégrale de ces établissements :

Rabat :
- Lycée Descartes,
- École André Chénier
- École Paul Cézanne

Agadir :
- Groupe scolaire Paul Gauguin

Casablanca :
- Lycée Lyautey
- Collège Anatole France
- École Alphonse Daudet
- École Théophile Gautier

Fès :
- Groupe scolaire Jean de la Fontaine

Marrakech :
- Lycée Victor Hugo
- École Auguste Renoir

Meknès :
- École Jean jacques Rousseau
- Lycée Paul Valéry

Tanger :
- Lycée Regnault
- École Adrien Berchet

Les lycées marocains ne sont pas accessibles aux enfants français ; en revanche, les élèves binationaux peuvent les intégrer. Ils préparent au Baccalauréat marocain.

Pour ce qui est des études supérieures, elles sont ouvertes pour tous. On peut poursuivre par exemple un BTS de commerce international à Rabat. À Marrakech, l'école supérieure de commerce prépare à ses diplômes en liaison avec l'école supérieure de commerce de Toulouse. Les deux écoles, dispensent le même programme pour un même examen.

Il existe aussi des facultés de lettres et des sciences humaines, des facultés de droit (mention : français ou arabe), des facultés des sciences économiques ou de sciences exactes.

LES FRANÇAIS AU MAROC.

La France a des rapports très privilégiés avec le Maroc. Le partenariat ne se limite pas uniquement aux domaines économiques d'où l'importance du nombre des ressortissants français par rapport aux autres. L'État français est représenté par une ambassade de France implantée à Rabat[46]. Elle est dotée d'un Chef de Mission Économique et Financière[47], un Conseiller Culturel, Scientifique et de Coopération[48], un Conseiller Commercial et un Attaché de Défense.

Les consulats français sont au nombre de six sur le territoire marocain. Il y en a un dans chaque grande ville : Rabat, Casablanca, Agadir, Tanger, Fès et Marrakech. Ils assurent les intérêts de l'État français et assurent un service public au profit des 30.000 français vivant au Maroc.

Ceux-ci appartiennent :

- soit au secteur public qui regroupe les personnes travaillant pour le compte de l'État français : (agents consulaires, corps enseignant, militaires, etc.)
- soit au secteur privé représenté par le personnel travaillant pour le compte d'entreprises industrielles ou commerciales.
- soit au 3e âge. Il s'agit de personnes ayant choisi de continuer leur vie dans "le pays le plus proche des destinations lointaines". Le Maroc leur offre en effet tout l'exotisme et toute la chaleur d'un pays à 3 heures d'avion de Paris.

Au Maroc, plusieurs sociétés françaises sont présentes. On peut citer *Rhone-Poulenc, Yves Rocher, Thomson, Bouygues, Alcatel, Club Méditerranée, Lyonnaise des Eaux, La vache qui rit, Renault, Groupe Pinault, Omnium Général d'Électricité*, etc.

En ce qui concerne la langue française, elle est, comme on vient de le voir, très présente au Maroc notamment dans les centres urbains. Elle est comprise par tous les Marocains scolarisés.

A la radio on peut capter les stations de radio *RTM* (*Radio & Télévision Marocaines*) et *Médi 1* (*Radio Méditerranée Internationale*). Ces deux dernières sont bilingues arabe-francais

---

[46] 3, rue Sahnoun, Agdal, B.P. 602. Rabat-Chellah. Tél. : (77)689700, Fax : (77)689720, http://www.ambafrance-ma.org.

[47] 1, rue Aguelmame, Sidi Ali, B.P. 552. Rabat-Chellah. Tél.: (77)689800, Fax: (77)689810

[48] 2, rue Gandi, B.P. 139. Rabat. Tél. : (77)709908.

et émettent en Modulation de Fréquence. On peut capter aussi avec du matériel adapté de nombreux postes de l'Hexagone : *Radio France internationale, France musique, France Infos, France Culture, Europe 1, RMC*, etc.

A la télévision, on dispose de deux chaînes arabophones : une nationale et l'autre saoudienne *MBC* qui émet à partir de Londres puis d'une troisième chaîne, privée et cryptée *2M*. Les programmes de celle-ci sont en grande partie francophones.

A l'aide d'une antenne parabolique, on peut capter par ailleurs *TV5*, *Euro-News*, *Canal Horizon*, *Arte* ainsi que bon nombre de chaînes européennes et asiatiques.

Sur le plan des loisirs, les Instituts français implantés dans les grandes villes, le Service culturel de l'Ambassade de France au Maroc ainsi que l'Alliance française proposent un ensemble d'activités qui va des bibliothèques au cinéma en passant par le théâtre et les concerts classiques ou modernes.

Le Maroc offre un large éventail de sports[49] :

- sur eau, on peut pratiquer le surf, la planche à voile, le rafting, le yachting, le canoë-kayak, l'aviron, la pêche, etc.
- sur terre, on a le golf, le tennis, l'équitation, la randonnée à pied, à dos de chameau ou de mulet, le tir à l'arc, l'escrime, le ski, la chasse, etc.
- dans les airs, on peut s'adonner aux plaisirs de l'ULM, du parachutisme, du parapente, du vol à voile, du deltaplane, etc.

Pour ceux qui ont encore du souffle, ils peuvent participer soit au *Marathon des sables* dont le parcours couvre 250km de dunes et de sable et dure une semaine, soit au *Raid de l'amitié* qui rallie en motos ou en 4 x 4 Tanger à Rabat.

Les rapports entre Français et Marocains sont très bons. Mais il ne faut pas perdre de vue que les coutumes, traditions et religions sont différentes. Les habitudes européennes sont certes tolérées par les Marocains, même s'ils ne les approuvent pas toujours. Les coutumes orientales sont tout simplement différentes.

Pour éviter des situations embarrassantes et des malentendus, il importe de se conformer aux usages.

---

[49] S'adresser à l'*Office National Marocain du Tourisme* : 161, rue St. Honoré, 75001. Tél. 0142606350. Internet : tourismemarocain.com ou envoyer un couriel à : tourisme.maroc@wanadoo.fr

Voici quelques règles de base à observer :

• Si vous êtes invité chez des amis marocains :
- parfois, il faut enlever ses chaussures avant d'entrer à la salle d'hôtes.
- toujours se laver symboliquement les mains à l'aiguière.
- ne commencer le repas qu'après que le maître de maison ait prononcé **b ismi l-Lah**, *au nom du Dieu.*
- manger avec la main droite dans la mesure du possible.
- goûter à tout, mais ne vous sentez pas obligé de finir.

• Les vêtements "légers" sont considérés, surtout chez les femmes, comme indécents. Donc, pas de pantalons moulants ni de minijupes ; portez toujours un soutien-gorge, vous éviterez ainsi tout malentendu !

• Les manifestations de tendresse en public sont très mal vues. Il n'est pas non plus habituel, pour un couple, de se tenir par la main. Quoiqu'avec la nouvelle génération, cela semble rentrer dans les mœurs petit à petit. En revanche, on voit souvent des hommes se promener main dans la main, ce qui est considéré comme l'expression d'une cordiale amitié.

• Un homme ne doit pas en principe s'approcher d'une femme. La séparation des sexes est une pratique assez stricte, surtout à la campagne. Si vous avez besoin d'un renseignement, adressez-vous à une personne de même sexe. Si vous êtes un homme et que vous êtes obligé de vous adresser à une femme, faites-le, mais ne vous attardez pas trop à ses côtés.

• En principe, l'entrée des mosquées, des cimetières et des monuments funéraires des saints musulmans est réservée aux seuls musulmans (cf. supra § la religion).

• Ne photographiez jamais des personnes à leur insu. Par principe, demandez toujours aux personnes si elles acceptent de se faire prendre en photos.
Les femmes voilées et les personnes en train de prier sont particulièrement réticentes. Et, comme partout ailleurs, il est interdit de photographier des installations militaires et policières.

• Pendant le mois de Ramadan, évitez de manger, de boire et de fumer en public et en présence des musulmans entre le lever et le coucher du soleil.

• Les musulmans croyants ne doivent pas boire d'alcool. Même si tous les Marocains ne respectent pas cette interdiction de manière stricte ; l'ivresse publique est considérée comme honteuse et choquante.

• Les femmes étrangères voyageant seules se sentiront parfois importunées par la gent masculine, surtout dans les centres touristiques. Ceci dit, les hommes marocains ne sont ni pires ni différents de ceux d'ailleurs. Si vous êtes une femme, nous vous conseillons de garder une certaine réserve et de vous montrer sûre de vous.

LES MAROCAINS EN FRANCE.

Jusqu'à une époque assez récente, les Marocains en France, comme d'ailleurs tous les Maghrébins, sont restés une population d'émigrés. L'espoir du retour a toujours habité les individus. La vie en France était vécue comme une situation transitoire. Cette population principalement d'origine rurale et composée en majorité de travailleurs, a gardé des liens très étroits avec le pays d'origine. Aussi le degré d'insertion dans le pays d'accueil était-il réduit au minimum : l'apprentissage du français était réduit au strict nécessaire et les solidarités familiales et régionales sont renforcées. Devenir francophone devient, comme le dit S. Chaker (1989, 51) une pente dangereuse pour l'émigré car elle implique une distanciation d'avec le pays et la culture d'origine.

A partir des années 80, les données changent. Le mythe du retour commence à s'effilocher. Plusieurs raisons à cela. On peut citer l'arrivée de ce qui est convenu d'appeler "la deuxième génération" et les difficultés économiques des pays d'origine

En effet, contrairement aux premières générations plutôt rebelles au modèle français[50], les nouvelles générations opèrent un renversement de situation. La scolarisation devenue massive dans les rangs des jeunes issus de l'immigration et la prise de conscience sur l'état des pays d'origine en matière du développement ou plutôt du sous-développement, en matière

[50]Cela se traduisait entre autres par une réticence voire un refus de la nationalité française, par un refus de se fixer durablement (achat de maisons etc.), par une absence de volonté d'investir, par une hésitation vis-à-vis des regroupements familiaux, etc.

des mentalités, mais également en matière des libertés individuelles font partie des raisons de ce retournement[51].

L'université elle-même, nous pouvons en témoigner, connaît de nos jours et pour la première fois de son histoire l'arrivée massive de ces nouvelles générations d'origine marocaine et maghrébine en général qui, contrairement aux précédentes, se montrent avides de savoir. Parmi ces "Beurs[52]", ces "Beurettes" -celles-ci réussissant encore mieux que ceux-là- et ces "jeunes de banlieue", on ne trouve pas seulement que des "casseurs" comme certains Médias ou certains partis politiques voudraient bien le faire croire, mais bien des étudiants et des chercheurs, des journalistes, des hommes et des femmes de radio ou de télévision, des entrepreneurs...débarrassés du complexe de leur origine arabe et bien décidés à aller plus loin pour mieux investir en bons citoyens les rouages de la société française dont ils se réclament.

La France a toujours entretenu des relations privilégiées avec le Maroc. Ces relations sont favorisées désormais d'une part, par la présence sur le sol français de cette communauté marocaine dont le nombre ne cesse d'augmenter depuis le milieu des années 80, et d'autre part, par la politique arabe et méditerranéenne de la France. On assistera sans doute, en ce début du millénaire, à une intensification réelle de ces relations. Ces nouvelles générations de jeunes Marocains et Arabes tournant le dos aux pays d'origine et attirés par l'apport technologique et démocratique que leur propose la France et l'Europe globalement marqueront définitivement le paysage ethnique, linguistique et culturel de façon générale de la France.

---

[51]Cf. notre article, "Aspects de la culture arabe en France", *Actes du 1er Colloque des Jeunes Arabisants*, AMAM, Toulouse, 2000

[52]Ce terme est apparu au début des années 80. Il est fondé sur l'inversion de mot arabe selon l'usage du verlan. Aujourd'hui, il est reverlanisé en "reubeu". Son impact tient pour une part au succès de la marche antiraciste de 1983. L'intérêt de ce mot tient à ce qu'il est une auto-désignation, une création de banlieues. Revendiqué par *Radio beur*, créée en 1981, il est popularisé par *SOS Racisme*, où l'on parle des blacks, blancs, beurs. L'emploi de ce terme qui a d'abord été connoté positivement et qui a accompagné la trajectoire de la pluriculturalité en France, a décliné dès la fin de la décennie 80. Cette usure rapide a coïncidé avec deux phénomènes : la montée du Front national et la progression de l'intégrisme musulman.

EMPRUNTS DE L'ARABE MAROCAIN

L'emprunt, qui n'en est pas un en réalité puisqu'il ne saurait jamais être question de restitution comme dit L. J. Calvet (1987, 87), est un phénomène naturel directement lié aux contacts des langues. L'arabe dialectal marocain emprunte son vocabulaire majoritairement à l'arabe classique, mais aussi à l'amazighe et au français. Par le passé, d'autres mots d'autres langues comme le turc ou l'espagnol[53] sont aussi passés au marocain.

Un emprunt réussi est celui qui fond le vocable emprunté dans le moule de la langue d'accueil au point qu'il devient méconnaissable[54]. C'est alors un bien communautaire, un emprunt de masse, qui jouit de la même vitalité que n'importe quelle unité autochtone (dérivation, etc.).

C'est le cas d'un bon nombre d'emprunts qu'a fait l'arabe marocain aux langues qu'il a sollicitées en particulier l'amazighe et le français[55]. Une grande partie du vocabulaire d'origine française, lui même, est désormais assimilée.

Contrairement à une idée largement répandue, l'emprunt, de façon générale n'est pas une preuve de pauvreté d'une langue, mais un précieux témoin des aléas politiques, économiques, scientifiques, artistiques...une mémoire linguistique d'une grande importance.

---

[53]Au XIXe siècle, les Espagnols représentaient 90 % des étrangers installés au Maroc. Cette présence concentrée dans les centres urbains explique les divers emprunts à l'espagnol en particulier dans le vocabulaire maritime.

[54]Cf. notre livre : *Grammaire berbère*, l'Harmattan, Paris, 1997, p. 28.

[55]Le nord du Maroc est particulièrement concerné par cet emprunt, eu égard aux rapports suivis qu'a eu le Maroc avec ses voisins espagnols. Les enclaves de Ceuta et Melillia sont aussi des points de jonction démo-linguistiques favorisant l'échange.

On retrouve aussi en arabe marocain un emprunt très marginal fait au turc ; c'est le cas des mots : **kaftan**, *caftan* ; **baša**, pacha ; **šawš** *portier*. Nous avons aussi quelques suffixes comme ceux de ***qehwayji***, *cafetier*, **sukarji**, *soûlard*, **qmarji**, *qui aime les jeux de hasard*, **suʿaji**, *horloger*, etc.

On retrouve aussi des emprunts à l'anglais souvent faits à travers le français : **baṣkīṭ**, *basket-ball* ; **bīkūb**, *pick-up* ; **drībli**, *dribbler* ; **ḍulār**, *dollar* ; **gūl**, *goal* ; **parkīn**, *parking* ; **raḍār**, *radar* ; **slīp**, *slip* ; **ṣṭūp**, *stop* ; **šūrṭ**, *short...*

- **Emprunt au français**

baṭerwi *patrouille*
baṭima *bâtiment*
bāṭu *bateau*
baṭwār *abattoir*
bagāj *bagage*
bagiṭ *baguette*
baju *pageot*
bal a *pelle*
bālṭūf *pantoufle*
baliza *valise*
bālkūn *balcon*
bāndi *bandit*
banan *banane*
bānju *banjo*
bār *bar*
barāj *barrage*
baraṣyūn *opération*
bāṣbūr *passeport*
bayāṣ *paillasse*
bazar *bazar*
berdi *perdre (pneu)*
bergadi *brigadier*
bermīl *baril*
berṭiyya *partie*
berṭma *appartement*
berwīṭa *brouette*
bidu, bidūza *bidon*
bijama *pyjama*
bikūra *piqûre*
binwar *peignoir*
birān *burin*
bīrmi *permis*
bīru *bureau*
bīt *but*
bitrav *betterave*
biyyi *billet*
bijama *pyjama*
bisheklīṭ *bicyclette*
blāka *plaque*
blān *plan*
blānsh *planche*
blaṣa *place*
blūza *blouse*
brashma *branchement*
brīk *brique*
brikul *bricole*
brūṣi *procès*
biṭūn *béton*
buṭuna *bouton*
būks *boxe*
būlānji *boulanger*
būlīs *police*
bun *bon*
bumaḍa *pommade*
būmba *pompe*
būniyya *poing*
būrniyya *borne*
buṣṭa *poste*
bushūn *bouchon*
buṣṭa *poste*
buṭ *bottes*
bwaṭavitas *boite de vitesse*
byāsa *pièce*
derksyūn *direction*
dīfu *défaut*
dikulṭi *décolleté*
dīkūr *décor*
dīplūm *diplôme*
dīsīr *dessert*
dīsk *disque*
diṣamber *décembre*
dishi *déchet*
dūbel *doubler*
dush *douche*
dūnṭīl *dentelle*
ḍala *dalle*
ḍama *dame*
ḍūbl *doubler*
ḍūblāj *doublage*
dumitur *demi-tour*
ḍūṣi *dossier*
ḍyamānd *diamant*
fagu *wagon*
fāktūr *facteur*

faktūra	*facture*	grām	*gramme*
famila	*famille*	grāvīṭ	*gravier*
fenyān	*fainéant*	grissa	*agresser*
farina	*farine*	grīsūn	*graisseur*
fār	*phare*	gruwwa	*grue*
faṣma	*pansement*	gufl	*gonfler*
fenyān	*fainéant*	gulf	*golf*
fermasyān	*pharmacie*	gūma	*gomme*
fershita	*fourchette*	guḍrūn	*goudron*
ferya	*vaurien*	gushi	*gaucher*
fiṭamīn	*vitamine*	gzima	*eczéma*
film	*film*	jakiṭa	*jaquette*
firāj	*virage*	jānfi	*janvier*
firma	*ferme*	jānṭa	*jante*
fista	*veste*	jaḍarmi	*gendarme*
fitās	*vitesse*	jerḍa	*jardin*
fiyyuz	*veilleuse,*	jidu	*judo*
frān	*frein*	jigu	*gigot*
frāna	*freiner*	jirẓi	*jersey*
frank	*franc*	jūrnān	*journal*
fremliyya	*infirmière*	jwa	*juin*
frīẓ	*fraise*	jwān	*joint*
frizi	*cheveux frisés*	kabina	*cabine*
funara	*foulard*	kabran	*caporal*
fūrāj	*fourrage*	kalamār	*calamar*
fūrma	*forme*	kāshi	*cachet*
fūryān	*fourrière*	kāshkūl	*cache-col*
futay	*fauteuil*	kamira	*caméra*
gaja	*s'engager*	kāmyu	*camion*
galiza	*légaliser*	kāpu	*capot*
gamila	*gamelle*	kār	*car*
gara	*garer*	karati	*karaté*
garage	*garage*	kārṭa	*carte*
garānṭi	*garantie*	kārni	*carnet*
gāṭu	*gâteau*	kāryān	*carrière*
gaẓūn	*gazon*	kask	*casque*
gerḍ	*garde forestier*	kaskita	*casquette*
germīṭ	*gourmette*	kāskrūṭ	*casse-croûte*
gerṣūn	*caleçon*	kaṣīṭa	*cassette*
gṭār	*hectare*	kayas	*caillasse*
gidūn	*guidon*	kelyān	*client*
giṭar	*guitare*	kerwāzma	*croisement*
gishi	*guichet*	kīna	*quinine*
grafaṭ	*cravate*	klākṣūn	*klaxon*

klinīk	*clinique*
kalitūs	*eucalyptus*
krīdi	*crédit*
kriyyu	*crayon*
krūvi	*crever*
kruvīt	*crevette*
kṣīḍa	*accident*
ksiratūr	*accélérateur*
kūd	*code*
kufa	*convoie*
kufitīr	*confiture*
kūfr	*coffre*
kūfru	*coup franc*
kūl	*col*
kūlīk	*colique*
kūlira	*choléra*
kumisiriyya	*commissariat*
kumisyu	*commissions*
kunṭa	*comptant*
kunṭra	*contrat*
kuntrulūr	*contrôleur*
kuntūr	*compteur*
kunṭwār	*comptoir*
kūnji	*congé*
kūnṣīr	*cancer*
kūri	*écurie*
kūrda	*corde*
kurnīr	*corner*
kusṭa	*constat*
kūstīm	*costume*
kuzina	*cuisine*
kusan	*coussins*
kwāffūr	*coiffeur*
labilānṣ	*ambulance*
labūrs	*bourse*
ladrisa	*adresse*
laḍrūg	*drogue*
lafirāy	*ferraille*
lafizīt	*visite*
lafūt	*faute*
lagār	*gare*
lagrima	*agrément*
lagūsh	*gauche*
lakāb	*cave*
lakabīn	*cabine*
lakārṭ	*carte*
lāmba	*lampe*
laminyu	*aluminium*
lamitwal	*mutuelle*
lamuzig	*la mosaïque*
lānṭīr	*antenne*
lāntrīt	*retraite*
lānkīṭ	*enquête*
lāntiris	*intérêt*
lapisīn	*piscine*
larāf	*rafle*
larbīt	*arbitre*
larmi	*armée*
lastik	*élastique*
laṣurāns	*assurance*
laṣuṣ	*sauce*
latrūs	*trousse*
lajenyūr	*ingénieur*
laḍrwaṭ	*droite*
lāndwi	*enduit*
laryān	*l'arrière*
laṣyān	*ancien*
liṣānṣ	*essence*
liṭamajur	*état-major*
lūṭīl	*hôtel*
luṭu	*loto*
luṭurut	*l'autoroute*
madriyya	*madrier*
magaza	*magasin*
makru	*maquereaux*
makyāj	*maquillage*
manḍa	*mandat*
mannek	*manquer*
manuvri	*manœuvre*
marka	*marque*
marṣ	*mars*
marsharyān	*marche arrière*
mārshi	*marché*
māṭ	*mathématiques*
māstīk	*mastic*
mataryal	*matériel*
matla	*matlas*
māyyu	*mai*

māyyu	*maillot*
māṣṣu	*maçon*
mashīna	*machine*
māẓūṭ	*mazout*
meblīsi	*blessé*
mennek	*manquer*
merki	*marquer*
mermīṭa	*marmite*
mfuti	*foutu*
mikru	*micro*
mikrūb	*microbe*
mirla	*merlan*
mizi	*miser*
mnervez	*énervé*
mrifez	*refusé*
mrigla	*réglée*
mrubel	*rebelle*
mṣufej	*sauvage*
mūbel	*immeuble*
munaḍa	*limonade*
mūnṭāj	*montage*
mūstāsh	*moustache*
mutūr	*moteur*
mūḍa	*mode*
mūḍīl	*modèle*
mūshwār	*mouchoir*
nemra	*numéro*
nīmru	*numéro*
nufamber	*novembre*
pamūr	*point mort*
parbriz	*pare brise*
pīpa	*pipe*
pīsri	*épicerie*
pist	*piste*
plāstīk	*plastique*
ptipan	*petit pain*
pyanu	*piano*
qusini	*consigne*
radyatūr	*radiateur*
rāṭu	*râteau*
rāmi	*rami*
rāndifu	*rendez-vous*
rānja	*arranger*
rasalima	*renseignement*
rāyyu	*rayon*
rīdu	*rideau*
rīgbi	*rugby*
risibu	*reçu*
risṭura	*restaurant*
rijīm	*régime*
rubini	*robinet*
rudaj	*rodage*
rulu	*roulou*
ruṭār	*retard*
rukumāndi	*recommandé*
rūmatīz	*rhumatisme*
sāk	*sac*
sberdina	*espadrilles*
selguṭ	*saligaud*
satīna	*satin*
sentūra	*ceinture*
senyatūr	*signature*
senyi	*signer*
serbi	*servir*
serbīs	*service*
serbita	*serviette*
serdīn	*sardine*
seyya	*essayer*
ṣṭāḍ	*stade*
ṣṭalaṣyūn	*installation*
ṣṭasyuna	*stationner*
sigār	*cigare*
sigūn	*seconde*
silūn	*cellule*
sima	*ciment*
simarmi	*béton armé*
simana	*semaine*
sināryu	*scénario*
sinima	*cinéma*
sinyāl	*signal*
siraj	*cirage*
sīru	*sirop*
sitirna	*citerne*
sizi	*saisie*
skanata	*esquinter*
skuliṭ	*squelette*
stilu	*stylo*
sufitma	*sous-vêtement*

sukūr	*secours*
sutyanāt	*soutien-gorge*
ṣala	*salon*
ṣbiṭār	*hôpital*
ṣebbāṭ	*sabot, savates*
ṣenḍala	*sandale*
ṣishwār	*séchoir*
ṣūl	*sole*
ṣumu	*saumon*
ṣunīṭ	*sonnette*
shāf	*le chef*
shānṭi	*chantier*
shākush	*sacoche*
shāryu	*chariot*
shāmri	*chambre*
shānṭi	*chantier*
shārbun	*charbon*
sherjma	*chargement*
sherja	*charger*
sherjwan	*serre-joint*
shīfūr	*chauffeur*
shīk/shāk	*chèque*
shimini	*cheminée*
shlaḍa	*salade*
shumūr	*chômeur*
ṭājra	*étagère*
ṭara	*tarage*
ṭarīf	*tarif*
ṭashrun	*tâcheron*
ṭebl a	*table*
tenber	*timbre*
tīfūs	*typhus*
tilifūn	*téléphone*
tinīs	*tennis*
tirān	*terrain*
tirgāl	*tergal*
tira	*tirer*
tiyyu	*tuyau*
trabandu	*contrebande*
traktūr	*tracteur*
triku	*tricot*
trina	*s'entraîner*
trita	*traite*
trisinti	*électricité*
trizasyu	*autorisation*
tūsh	*touche*
ṭabliyya	*tablier*
ṭāksi	*taxi*
ṭāj	*étage*
ṭūn	*thon*
ṭunaj	*tonnage*
villa	*villa*
vūli	*volley-ball*
wiski	*whisky*
yebrāyer	*février*
zūfri	*ouvrier*
zalamiṭ	*allumettes*
zerṭa	*déserter*

- Emprunt à l'amazighe

Mot arabe	origine amazighe	Français
agdal	aydal, agdal	*prairie, pâturage*
aqellal	aqellal	*grande cruche, verge protubérance du crâne*
argan	argan	*arganier*
arwas	arwas	*malheur, calamité*
azfel	azfel	*flagellation*
bebush	abelbush	*escargot*
baddaz	abaddaz	*couscous de maïs*
behḍa	abhaḍ	*surprise, stupéfaction*
bejjeq	ibejjeq	*écarquiller les yeux*
bekkush	abekkush	*muet*
belbula	abebul	*couscous d'orge*
berkuks	aberkuks	*couscous grossier*
beġrir	abeġrir	*crêpes marocaines*
beḫḫush	abeḫḫush	*insecte*
beẓẓ	ibiẓẓu	*gamins*
bouzellum	azellum	*sciatique*
brem	ibrem	*rouler*
briyya	tabrat	*lettre*
butellis	tillas	*ténèbres*
buġlal	abuġlal, aġlal	*escargot*
derbala	aderbal	*vêtement usé*
deġya	dġi	*de suite*
ḍehṣeṣ	aḍehṣaṣ	*marcher à l'aveuglette*
fekrūn	afekrun	*tortue*
fellus	afullus	*poussin, coq*
ferṭuṭ	aferteṭṭa, aferṭiṭṭu	*papillon*
ferkeṭ	iferkeḍ	*se débattre*
fernes	isfernen	*faire un rictus*
fra	yefra	*payer*
frara	tafrart	*petite couche de beurre couvrant le lait.*
frem	ifrem	*émousser, endommager*
fzeg, fzag	ibzeg, abzag	*être imbibé d'eau*
geṭṭaya	tageṭṭayt	*mèche, touffe*
gejder	agejdur	*se lacérer les joues en se lamentant (signe de deuil chez les femmes)*
genfur	agenfur	*gueule, museau, trogne*
grisa	ajrīs	*la gelée*

gezzan	agezzan	*voyant*
gwal	agwal	*tamtam nouvellement recouvert de peau.*
ġezzal	aġezzal	*trique, bâton*
ġeẓẓeẓ	iġeẓẓ	*ranger, mordre*
ġred, ġrad	iġred	*volée de coups*
ḥenẓeẓ	iḥenẓeẓ	*dévisager*
ḥerṭiṭa	aḥerḍiḍ	*crêpes marocaines*
ḫelḫal	aḫelḫal	*anneau du pied*
ḫenshush	aḫenshush	*gueule, museau, trogne*
ḫnuna	aḫlul	*morve*
hejjala	tadjalt	*veuve*
hiḍura	ahiḍur	*peau de mouton tannée avec sa laine*
ishshir	ishirran	*petit garçon*
jeġdid	ajeġdid, asheġdid	*nourriture mortelle*
jġem	yejġem	*ingurgiter*
kbal	takbalt	*maïs passé au feu*
ke^{cc}ala	ake^{cc}al	*queue*
keffus	akeffus	*suie*
kemmes	ikemmes, ichemmes	*empaqueter*
kemusa	akemmus	*balluchon*
kerṭ	akerḍiḍ	*galet*
kerṭuṭa	akerṭuṭ	*bosse*
kerkeb	ikerkeb	*dégringoler*
kessal	akessal	*masseur de bain maure*
kessel	ikessel	*masser, étendre par terre.*
kma	yekma	*fumer*
kref	yekref, yeshref	*attacher*
krem	yekrem	*se refroidir, se durcir*
kseksu	aseksu	*couscous*
lalla	lal	*la propriétaire de*
lula	lula	*défaut*
lus	alus	*beau-frère*
Maẓuẓi	amaẓuẓ	*cadet*
melḫa	amliḫ	*peau sèche*
miduna	amidun	*accessoire en alpha sur lequel on mange en absence d'une table.*
mqerṭeṭ	aqerṭiṭ	*coupé, tranché*
mweggeḍ	amuggeḍ	*qui a l'esprit vif*
nbala	tanbalt	*bracelet*

neggafa	ingef, tanggaft	*celle qui s'occupe de la* parure de la *mariée la nuit des noces*
neshnesh	ineshnesh	*pleuvoir finement*
nṭeḥ	anṭuḥ	*heurter de front*
nser	yenser	*se moucher*
nwala	anwal	*tente*
qerṭa	tiqerḍiḍ	*tranche, morceau*
qerqaba	taqerqabt	*calquette*
qerqeb	iqerqeb	*claquer, grincer*
qiṭun	aqiḍun	*tente en toile*
qlawi	aqlaw, aglaw	*testicule*
qniyya	aqnin, agnin	*lapin*
qrab	aqrab	*gibecière, sacoche*
qreṭ	yeqreḍ	*trancher, couper* en *morceaux*
qriṭ	aqraḍ	*action de trancher,* de *couper*
qub	taqebbut	*capuche*
rdeḥ	yerdeḥ, ardaḥ	*se trémousser, danser* en *tapant du pied.*
salham	aselham	*burnous*
sarut	tasarut	*clé*
sās	isus	*gauler*
sellu	asellu	*mélange à base de farine grillée, d'amandes et de noix moulues et autres ingrédients.*
senṭiḥa	anṭuḥ	*front*
senser	isenser	*égratigner, érafler*
serrifa	taserrift	*nœud*
serser	iserser	*sonner*
sikuk	asikuk	*couscous au petit lait*
sref	yesref	*mettre un nœud*
ṣafeṭ	yeṣṣifṭ	*envoyer*
sheʿkūka	ashekkuk	*cheveux longs*
sherwiṭ	asherwiḍ	*chiffon, loques*
shewwal	ashewwal	*moissonneur saisonnier*
shlaġem	ashelġum	*moustaches*
tadla	tadla	*gerbe*
tafza	(t)afza	*pierre calcaire*
tamara	tamara	*peine physique*
taraza	taraza	*chapeau de moissonneur, parapluie*

tayda	tayda	*pomme de pin*
tbanta, tbānda	tbanta	*jupon de moissonneur*
tibbi	tibbi	*mauve*
tiflillest	tiflillest	*hirondelle*
tiġraḍ	tiġraḍ	*dû, paie*
twiza	tiwizi	*travail collectif*
tūʿīf	atweʿʿef	*goûter*
ṭurriṣ	aṭurriṣ	*pinson (oiseau)*
wrez	inirz	*talon*
zarwaṭa	tazerwaṭ	*gourdin*
zawer	izawer	*insulter*
zellef	azellif	*passer une tête de mouton au feu*
zenbu	azenbu	*orge fraîche*
zgawa	azgaw	*couffin*
zizun	azizun, azenzun	*muet*
zlafa	tazlaft	*bol*
zriba	tazribt	*enclos*
ẓerb	tazribt	*haie de broussailles*
zukk	(t)azuk(t)	*fesse, derrière*
ẓaglu	azaglu	*palonnier (de la charrue)*
ẓeṭṭaṭ	aẓeṭṭaṭ	*protecteur, convoyeur*
ẓṭaṭa	aẓeṭṭaṭ	*pot-de-vin*
ẓelṭ	ameẓluṭ	*misère*

- Emprunt a l'espagnol[56] :

Mot arabe	Origine espagnole	Français
baṭaṭa	patatas	*patates*
beṣṭīla	pastilla	*pastilla*
beṣṣiṭa	*peseta*	*peseta*
bunt	punta	*mégot*
carta	carta	*carte*
fabur	favor	*faveur*
falṭa	falta	*faute*
fishṭa	fiesta	*fête*
furnu	horno	*four*
jrana	rana	*grenouille*
karruṣa	carrosa	*carosse*
ketshina	cocina	*cuisine*
komir	comer	*baguette, flûte (pain)*
kotshi	coche	*coche*
makina	maquina	*machine*
missa	mesa	*table rase*
munika	muneca	*poupée*
muḍa	moda	*mode*
playa	playa	*plage*
risibu	recibo	*reçu*
runḍa	ronda	*ronde*
sekwila	escuela	*école*
swirti	suerte	*jeu de hasard*
ṣebbāṭ	zapato	*savate*
ṣobba	sopa	*soupe*
ṭaba	tabaco	*tabac*

[56]Nous n'avons noté que les mots très connus à l'échelle nationale. Au nord du Maroc, là où le contact avec l'espagnol était/est plus fort, le nombre des mots empruntés est beaucoup plus important.

CONJUGAISON DES VERBES FRÉQUENTS

Pour vous familiariser avec la conjugaison des verbes de l'arabe marocain, voici une liste de verbes parmi les plus fréquents. Les verbes arabes sont souvent de racine trilitère (trois consonnes). Pour vous exercer, aidez-vous par le schéma donné plus haut. (§ : Verbes)

beddel	*changer*
bān	*apparaître*
bāʿ	*vendre*
bġa	*vouloir*
dar	*faire*
dāz	*passer*
dda	*emmener*
dfen	*enterrer*
dḫel	*entrer*
ḍreb	*frapper*
gles	*s'asseoir*
ġsel	*laver*
hreb	*fuir*
ḥebb	*aimer*
ḥeṭṭ	*poser*
ḥell	*ouvrir*
ḥlef	*jurer*
ḥret	*labourer*
ḥseb	*compter*
ḫser	*perdre*
ḫda	*prendre*
ḫelleṣ	*payer*
ḫeṣṣ	*falloir*
ja	*venir*
jaweb	*répondre*
jra	*courir*
kemmel	*finir*
kla	*manger*
kreh	*détester*
kteb	*écrire*
lbes	*s'habiller*
lʿeb	*jouer*
msha	*partir*
nʿes	*dormir*
qder	*pouvoir*
qerreb	*approcher*
qra	*lire, étudier*
qāl	*dire*
rbeḥ	*gagner*
ra, kān	*"être"*
ṭfa	*éteindre*
rma	*jeter*
sedd	*fermer*
sellef	*emprunter*
sewwel	*demander*
ṣher	*veiller*
sken	*habiter*
sket	*se taire*
smeḥ	*pardonner*
ṣerreḍ	*envoyer*
shaf	*voir*
shemm	*sentir*
shʿel	*allumer*
shra	*acheter*
shreb	*boire*
shṭeḥ	*danser*
tbeʿ	*suivre*
tkellem	*parler*
wejjed	*préparer*
wesseḫ	*salir*
wṣel	*arriver*
zewweq	*décorer*
zād	*avancer*
ẓār	*visiter*
ʿellem	*enseigner*
ʿeyyeṭ	*appeler*
ʿṭa	*donner*
ʿref	*savoir*
ʿāsh	*vivre*
ʿend	*"Avoir"*

"Être" au présent	**"Être"** au passé	**"Être"** au futur
ra-ni	kunt	nkun
ra-k	kunt	tkun
ra-ki	kunti	tkuni
ra-h	kan	ikun
ra-ha	kant	tkun
ra-ḥna	kunna	nkunu
ra-kum	kuntu	tkunu
ra-hum	kanu	ikunu

"Avoir" au présent	**"Avoir"** au passé	**"Avoir"** au futur
ʿend-i	kan ʿend-i	ikun ʿend-i
ʿend-k	kan ʿend-k	ikun ʿend-k
ʿend-ki	kan ʿend-ki	ikun ʿend-ki
ʿend-u	kan ʿend-u	ikun ʿend-u
ʿend-ha	kan ʿend-ha	ikun ʿend-ha
ʿend-na	kan ʿend-na	ikun ʿend-na
ʿend-kum	kan ʿend-kum	ikun ʿend-kum
ʿend-hum	kan ʿend-hum	ikun ʿend-hum

accompli	**inaccompli**	**accompli**	**inaccompli**
BĠA (*Vouloir, aimer*)		**ʿREF** (*Savoir*)	
bġit	nebġi	ʿreft	neʿref
bġit	tebġi	ʿreft	teʿref
bġiti	tebġi	ʿrefti	teʿref
bġa	yebġi	ʿref	yeʿref
bġāt	tebġi	ʿerfāt	teʿref
bġina	nbiġiw	ʿrefna	nʿerfu
bġitu	tebġiw	ʿreftu	tʿerfu
bġaw	yebġiw	ʿerfu	iʿerfu
QDER (*Pouvoir*)		**Ḫ̮EṢṢ** (*Falloir*)	
qdert	neqder	ḫ̮eṣni	iḫ̮eṣni
qdert	teqder	ḫ̮eṣṣek	iḫ̮eṣṣek
qderti	tqedri	ḫ̮eṣki	iḫ̮eṣki
qder	yeqder	ḫ̮eṣṣu	iḫ̮eṣṣu
qedrāt	teqder	ḫ̮eṣha	iḫ̮eṣha
qderna	nqedru	ḫ̮eṣna	iḫ̮eṣna
qdertu	tqedru	ḫ̮eṣkum	iḫ̮eṣkum
qedru	iqedru	ḫ̮eṣhum	iḫ̮eṣhum

MSHA (*Partir*)		**JA** (*Venir*)	
mshīt	nemshi	jīt	nji
mshīt	temshi	jīt	tji
mshīi	temshi	jīti	tji
msha	yemshi	ja	iji
mshāt	temshi	jāt	tji
mshina	nemshiw	jina	njiw
mshitu	temshiw	jitu	tjiw
mshaw	yemshiw	jaw	ijiw

KLA (*Manger*)		**SHREB** (*Boire*)	
klit	nakul	shrebt	neshreb
klit	takul	shrebt	teshreb
kliti	takuli	shrebti	tsherbi
kla	yakul	shreb	yeshreb
klāt	takul	sherbāt	teshreb
klina	naklu	shrebna	nsherbu
klitu	taklu	shrebtu	tsherbu
klaw	yaklu	sherbu	isherbu

TKELLEM (*Parler*)		**SKET** (*Se taire*)	
tkellemt	netkellem	skett	nesket
tkellemt	tetkellem	skett	tesket
tkellemti	tetkelmi	sketti	tsekti
tkellem	yetkellem	sket	yesket
tkelmāt	tetkellem	sektāt	tesket
tkellemna	netkelmu	sketna	nsektu
tkellemtu	tetkelmu	skettu	tsektu
tkelmu	yetkelmu	sektu	isektu

KTEB (*aimer*)		**QRA** (*lire, étudier*)	
ktebt	nekteb	qrīt	neqra
ktebt	tekteb	qrīt	teqra
ktebti	tketbi	qrīti	teqra(y)
kteb	yekteb	qra	yeqra
ketbāt	tekteb	qrāt	teqra
ktebna	nketbu	qrīna	neqraw
ktebtu	tketbu	qrītu	teqraw
ketbu	iketbu	qraw	yeqraw

SHĀF (*Voir*)		**DAR** (*Faire*)	
sheft	nshūf	dert	ndir
sheft	tshūf	dert	tdir
shefti	tshūfi	derti	tdiri
shāf	ishūf	dār	idir
shāft	tshūf	dārt	tdir
shefna	nshūfu	derna	ndiru
sheftu	tshūfu	dertu	tdiru
shāfu	ishūfu	dāru	idiru

ḤEBB (*Aimer, Embrasser*)		**KREH** (*Détester*)	
ḥebbīt	nḥebb	kreht	nekreh
ḥbbīt	tḥebb	kreht	tekreh
ḥebbīti	tḥebbi	krehti	tkerhi
ḥebb	iḥebb	kreh	yekreh
ḥebbāt	tḥebb	kerhāt	tekreh
ḥebbina	nḥebbu	krehna	nkerhu
ḥebbitu	tḥebbu	krehtu	tkerhu
ḥebbu	iḥebbu	kerhu	ikerhu

BĀʿ (*Vendre*)		**SHRA** (*Acheter*)	
beʿt	nbīʿ	shrit	neshri
beʿt	tbīʿ	shrit	teshri
beʿti	tbīʿi	shriti	teshri
bāʿ	ibīʿ	shra	yeshri
bāʿt	tbīʿ	shrāt	teshri
beʿna	nbīʿu	shrina	neshriw
beʿtu	tbīʿu	shritu	teshriw
bāʿu	ibīʿu	shraw	yeshriw

ḪELLEṢ (*Payer*)		**ṢERREḌ** (*Envoyer*)	
ḫelleṣt	nḫelleṣ	ṣerrett	nṣerreḍ
ḫelleṣt	tḫelleṣ	ṣerrett	tṣerreḍ
ḫelleṣti	tḫelṣi	ṣerretti	tṣerḍi
ḫelleṣ	iḫelleṣ	ṣerreḍ	iṣerreḍ
ḫelṣāt	tḫelleṣ	ṣerḍāt	tṣerreḍ
ḫelleṣna	nḫelṣu	ṣerreḍna	nṣerḍu
ḫelleṣtu	tḫelṣu	ṣerrettu	tṣerḍu
ḫelṣu	iḫelṣu	ṣerḍu	iṣerḍu

KEMMEL (*Finir*)

kemmelt	nkemmel
kemmelt	tkemmel
kemmelti	tkemli
kemmel	ikemmel
kemlāt	tkemmel
kemmelna	nkemlu
kemmeltu	tkemlu
kemlu	ikemlu

LBES (*S'habiller*)

lbest	nelbes
lbest	telbes
lbesti	tlebsi
lbes	yelbes
lebsāt	telbes
lbesna	nlebsu
lbestu	tlebsu
lebsu	ilebsu

NʿES (*Dormir*)

nʿest	nenʿes
nʿest	tenʿes
nʿesti	tneʿsi
nʿes	yenʿes
neʿesāt	tenʿes
nʿesna	nneʿsu
nʿestu	tneʿsu
neʿsu	ineʿsu

GLES (*S'asseoir*)

glest	ngles
glest	tegles
glesti	tgelsi
gles	yegles
gelsāt	tegles
glesna	ngelsu
glestu	tgelsu
gelsu	igelsu

ḪDA (*Prendre*)

ḫdīt	naḫed
ḫdīt	taḫed
ḫdīti	taḫdi
ḫda	yaḫed
ḫdāt	taḫed
ḫdīna	naḫdu
ḫdītu	taḫdu
ḫdaw	yaḫdu

ĀSH (*Vivre*)

ʿesht	nʿīsh
ʿesht	tʿīsh
ʿeshti	tʿīshi
ʿāsh	iʿīsh
ʿāsht	tʿīsh
ʿeshna	nʿīshu
ʿeshtu	tʿīshu
ʿāshu	iʿīshu

QĀL (*Dire*)

qult	nqūl
qult	tqūl
qulti	tqūli
qāl	iqūl
qālt	tqūl
qulna	nqūlu
qultu	tqūlu
qālu	iqūlu

ḌḪEK (*Entrer*)

ḍḥekt	neḍḥek
ḍḥekt	teḍḥek
ḍḥekti	tḍeḥki
ḍḥek	yeḍḥek
ḍeḥkāt	teḍḥek
ḍḥekna	nḍeḥku
ḍḥektu	tḍeḥku
ḍeḥku	iḍeḥku

SHᶜEL (*Allumer*)

shᶜelt	neshᶜel
shᶜelt	teshᶜel
shᶜelti	tsheᶜli
shᶜel	yeshᶜel
sheᶜlāt	teshᶜel
shᶜelna	nsheᶜlu
shᶜeltu	tsheᶜlu
sheᶜlu	isheᶜlu

ᶜEYYEṬ (*Appeler*)

ᶜeyyett	nᶜeyyett
ᶜeyyett	tᶜeyyett
ᶜeyyetti	tᶜeyṭi
ᶜeyyeṭ	iᶜeyyeṭ
ᶜeyṭāt	tᶜeyyeṭ
ᶜeyyeṭna	nᶜeyṭu
ᶜeyyettu	tᶜeyṭu
ᶜeyṭu	iᶜeyṭu

ḤEṬṬ (*Poser*)

ḥeṭṭīt	nḥeṭṭ
ḥeṭṭīt	tḥeṭṭ
ḥeṭṭīti	tḥeṭṭi
ḥeṭṭ	iḥeṭṭ
ḥeṭṭāt	tḥeṭṭ
ḥeṭṭina	nḥeṭṭu
ḥeṭṭitu	tḥeṭṭu
ḥeṭṭu	iḥeṭṭu

DĀZ (*Passer*)

dezt	ndūz
dezt	tdūz
dezti	tdūzi
dāz	idūz
dāzt	tdūz
dezna	ndūzu
deztu	tdūzu
dāzu	idūzu

ᶜṬA (*Donner*)

ᶜṭīt	neᶜṭi
ᶜṭīt	teᶜṭi
ᶜṭīti	teᶜṭi
ᶜṭa	yeᶜṭi
ᶜṭāt	teᶜṭi
ᶜṭīna	neᶜṭiw
ᶜṭītu	teᶜṭiw
ᶜṭaw	yeᶜṭiw

ᶜELLEM (*Enseigner*)

ᶜellemt	nᶜellem
ᶜellemt	tᶜellem
ᶜellemti	tᶜelmi
ᶜellem	iᶜellem
ᶜelmāt	tᶜellem
ᶜellemna	nᶜelmu
ᶜellemtu	tᶜelmu
ᶜelmu	iᶜelmu

ḌREB (*frapper*)

ḍrebt	neḍreb
ḍrebt	teḍreb
ḍrebti	tḍerbi
ḍreb	yeḍreb
ḍerbāt	teḍreb
ḍrebna	nḍerbu
ḍrebtu	tḍerbu
ḍerbu	iḍerbu

JRA (*Courir*)

jrīt	nejri
jrīt	tejri
jrīti	tejri
jra	yejri
jrāt	tejri
jrīna	nejriw
jrītu	tejriw
jraw	yejriw

TBEᶜ (*Suivre*)

tbeᶜt	netbeᶜ
tbeᶜt	tetbeᶜ
tbeᶜti	ttebᶜi
tbeᶜ	yetbeᶜ
tebᶜāt	tetbeᶜ
tbeᶜna	ntebᶜu
tbeᶜtu	ttebᶜu
tebᶜu	itebᶜu

LᶜEB (*Jouer*)

lᶜebt	nelᶜeb
lᶜebt	telᶜeb
lᶜebti	tleᶜbi
lᶜeb	yelᶜeb
leᶜ bāt	telᶜeb
lᶜebna	nleᶜbu
lᶜebtu	tleᶜbu
lᶜebu	ileᶜbu

BĀN (*Apparaître*)

bent	nbān
bent	tbān
benti	tbāni
bān	ibān
bānt	tbān
benna	nbānu
bentu	tbānu
banu	ibānu

QERREB (*Approcher*)

qerrebt	neqerreb
qerrebt	tqerreb
qerrebti	tqerbi
qerreb	iqerreb
qerbāt	tqerreb
qerrebna	nqerbu
qerrebtu	tqerbu
qerbu	iqerbu

ḤSEB (*Compter*)

ḥsebt	neḥseb
ḥsebt	teḥseb
ḥsebti	tḥesbi
ḥseb	yeḥseb
ḥesbāt	teḥseb
ḥsebna	nḥesbu
ḥsebtu	tḥesbu
ḥesbu	iḥesbu

BEDDEL (*Changer*)

beddelt	nbeddel
beddelt	tbeddel
beddelti	tbedli
beddel	ibeddel
bedlāt	tbeddel
beddelna	nbedlu
beddeltu	tbedlu
bedlu	ibedlu

ḤRET (*Labourer*)

ḥrett	neḥret
ḥrett	teḥret
ḥretti	tḥerti
ḥret	yeḥret
ḥertāt	teḥret
ḥretna	nḥertu
ḥrettu	tḥertu
ḥretu	iḥertu

SHṬEḤ (*Danser*)

shṭeḥt	neshṭeḥ
shṭeḥt	teshṭeḥ
shṭeḥti	tsheṭḥi
shṭeḥ	yeshṭeḥ
sheṭḥāt	teshṭeḥ
shṭeḥna	nsheṭḥu
shṭeḥtu	tsheṭḥu
sheṭḥu	isheṭḥu

ZEWWEQ (*Décorer*)

zewweqt	nzewweq
zewweqt	tzewweq
zewweqti	tzewqi
zewweq	izewweq
zewqāt	tzewweq
zewweqna	nzewqu
zewweqtu	tzewqu
zewqu	izewqu

SEWWEL (*Demander*)

sewwelt	nsewwel
sewwelt	tsewwel
sewwelti	tsewli
sewwel	isewwel
sewlāt	tsewwel
sewwelna	sewwelna
sewweltu	sewweltu
sewlu	sewlu

SKEN (*Habiter*)

skent	nesken
skent	tesken
skenti	tsekni
sken	yesken
seknāt	tesken
skenna	nseknu
skentu	tseknu
seknu	iseknu

HREB (*Fuir*)

hrebt	nehreb
hrebt	tehreb
hrebti	therbi
hreb	yehreb
herbāt	tehreb
hrebna	nherbu
hrebtu	therbu
herbu	iherbu

DDA (*Emmener*)

ddīt	neddi
ddīt	teddi
ddīti	teddi
dda	yeddi
ddāt	teddi
ddina	neddiw
dditu	teddiw
ddaw	yeddiw

SELLEF (*Emprunter*)

selleft	nsellef
selleft	tsellef
sellefti	tselfi
sellef	isellef
selfāt	tsellef
sellefna	nselfu
selleftu	tselfu
selfu	iselfu

DFEN (*Enterrer*)

dfent	nedfen
dfent	tedfen
dfenti	tdefni
dfen	yedfen
defnāt	tedfen
dfenna	ndefnu
dfentu	tdefnu
defnu	idefnu

ṬFA (*Éteindre*)

ṭfīt	neṭfi
ṭfīt	teṭfi
ṭfīti	teṭfi
ṭfa	yeṭfi
ṭfāt	teṭfi
ṭfīna	neṭfiw
ṭfītu	teṭfiw
ṭfaw	yeṭfiw

RBEḤ (*Gagner*)

rbeḥt	nerbeḥ
rbeḥt	terbeḥ
rbeḥti	trebḥi
rbeḥ	yerbeḥ
rebḥāt	terbeḥ
rbeḥna	nrebḥu
rbeḥtu	trebḥu
rebḥu	irebḥu

ḪSER (*Perdre*)

ḫsert	neḫser
ḫsert	teḫser
ḫserti	tḫesri
ḫser	yeḫser
ḫesrāt	teḫser
ḫserna	nḫesru
ḫsertu	tḫesru
ḫesru	iḫesru

SEDD (*Fermer*)

seddīt	nsedd
seddīt	tsedd
seddīti	tseddi
sedd	isedd
seddāt	tsedd
seddina	nseddu
sedditu	tseddu
seddu	iseddu

ḤELL (*Ouvrir*)

ḥellīt	nḥell
ḥellīt	tḥell
ḥellīti	tḥelli
ḥell	iḥell
ḥellāt	tḥell
ḥellina	nḥellu
ḥellitu	tḥellu
ḥellu	iḥellu

RMA (*Jeter*)

rmīt	nermi
rmīt	termi
rmīti	termi
rma	yermi
rmāt	termi
rmīna	nermiw
rmītu	termiw
rmaw	yermiw

ḤLEF (*Jurer*)

ḥleft	neḥlef
ḥleft	teḥlef
ḥlefti	tḥelfi
ḥlef	yeḥlef
ḥelfāt	teḥlef
ḥlefna	nḥelfu
ḥleftu	tḥelfu
ḥelfu	iḥelfu

ĠSEL (*Laver*)

ġselt	neġsel
ġselt	teġsel
ġselti	tġesli
ġsel	yeġsel
ġeslāt	teġsel
ġselna	nġeslu
ġseltu	tġeslu
ġeslu	iġeslu

WESSEḪ (*Salir*)

wesseḫt	nwesseḫ
wesseḫt	twesseḫ
wesseḫti	tweshi
wesseḫ	iwesseḫ
wesḫāt	twesseḫ
wesseḫna	nwesḫu
wesseḫtu	twesḫu
wesḫu	iwesḫu

SMEḤ (*Pardonner*)

smeḥt	nesmeḥ
smeḥt	tesmeḥ
smeḥti	tsemḥi
smeḥ	yesmeḥ
semḥāt	tesmeḥ
smeḥna	nsemḥu
smeḥtu	tsemḥu
semḥu	isemḥu

WEJJED (*Préparer*)

wejjett	nwejjed
wejjett	twejjed
wejjetti	twejdi
wejjed	iwejjed
wejdāt	twejjed
wejjedna	nwejdu
wejjettu	twejdu
wejdu	iwejdu

JAWEB (*Répondre*)

jawebt	njaweb
jawebt	tjaweb
jawebti	tjawbi
jaweb	ijaweb
jawbāt	tjaweb
jawebna	njawbu
jawebtu	tjawbu
jawbu	ijawbu

SHEMM (*Sentir*)

shemmit	nshemm
shemmit	tshemm
shemmiti	tshemmi
shemm	ishemm
shemmāt	tshemm
shemmina	nshemmu
shemmitu	tshemmu
shemmu	ishemmu

WṢEL (*Arriver*)

wṣelt	newṣel
wṣelt	tewṣel
wṣelti	tweṣli
wṣel	yewṣel
weṣlāt	tewṣel
wṣelna	nweṣlu
wṣeltu	tweṣlu
weṣlu	iweṣlu

ṢHER (*Veiller*)

ṣhert	neṣher
ṣhert	teṣher
ṣherti	tṣehri
ṣher	yeṣher
ṣehrāt	teṣher
ṣherna	nṣehru
ṣhertu	tṣehru
ṣehru	iṣehru

ZĀD (*Avancer, augmenter*)

zett	nzīd
zett	tzīd
zetti	tzīdi
zād	izīd
zādet	tzīd
zedna	nzīdu
zettu	tzīdu
zādu	izīdu

ẒĀR (*Visiter*)

ẓert	nẓūr
ẓert	tẓūr
ẓerti	tẓūri
ẓār	iẓūr
ẓārt	tẓūr
ẓerna	nẓūru
ẓertu	tẓūru
ẓāru	iẓūru

GLOSSAIRE DES VERBES

Voici une liste de verbes de l'arabe marocain très utile à votre apprentissage. Nous avons donné le sens des verbes dans l'absolu, mais notez que c'est le contexte qui détermine le sens des mots. Aussi un verbe peut-il avoir plusieurs sens selon le contexte où il se trouve. Exemple : **weḫḫer** peut avoir le sens de *reculer*, mais il peut avoir aussi le sens de *retarder* selon qu'il figure dans **ḫāf men el-kelb w weḫḫer**, *il a eu peur du chien puis il a reculé* ou dans **weḫḫer el-miʿād dyāl-u laḥeqqāsh ma wājed sh**, *il a retardé son rendez-vous parce qu'il n'est pas prêt.*

Français-marocain :

A

aboyer	nbeḥ
abreuver	werred
absenter (s')	ġeyyeb
accélérer	ksira
accompagner	rāfeq
accoucher	wled
accueillir	steqbel
acheter	shra
adorer	ʿbed
adosser	werrek
adresser	rsel, ṣafeṭ
agrandir	kebber
aider	ʿawen, sāʿed
aimer	bġa,ḥebb
ajouter	zād
alléger	ḫeffef
aller	msha, rāḥ
allonger	ṭewwel
allumer	shʿel, wegged
amasser	lemm, jmeʿ
amener	dda
amincir	reqqeq
analyser	ḥellel
anticiper	sebbeq,
apercevoir	rmeq, lmeḥ
apparaître	ban, ḍher
appeler	ʿeyyeṭ, lāġa
applaudir	ṣeffeq
apporter	jāb
apprécier	tdewweg
apprendre	tʿellem
approcher	qerreb
approuver	wāfeq
appuyer	tka
arracher	qallaʿ
arrêter	ḥbes, wqef
arriver	wṣel, lḥeq
arroser	sqa
asperger	reshsh
aspirer	seff
asseoir	qʿad , gles
assourdir	ṭerresh
attacher	rbeṭ
attendre	ʿāyen, tsenna
attirer	jleb, jded
avaler	blaʿ, ṣreṭ
avancer	zād
avoir	"ʿend"
avoir besoin	ḥtaj
avouer	ʿtaref

B

(embrasser)	bās
balader (se)	tsara, ḥewwes
balbutier	bejġet
exiler	nfa
baptiser	sebbeʿ

bavarder	ddaker, hḍer
bégayer	leʿtem
bénir	barek
beugler	reʿreʿ
blanchir	beyyeḍ
blesser	jreḥ
bloquer	sedd
boire	shreb
bouger	tḥerrek
bouillir	ġla
bouillonner	bekbek
bourdonner	zenzen
briller	breq
briser, casser	kesser, herres
broder	ṭreẓ
brosser	sheyyet
brûler	ḥreq

C

cacher	dess, ḫabbeʿ
calculer	ḥseb
casser	kesser, herres
changer	beddel, ḥewwel
chanter	ġenna
chantonner	denden
charger	ʿemmer
chasser	ṣeyyeḍ
chatouiller	herr
chauffer	seḫḫen
chercher	qelleb, ḥewwes
choisir	ḫtar
chuchoter	temtem
circoncire	ṭehher, ḥejjem
claquer	lteh, zdeḥ
cligner	ġmez
clouer	ṣemmer
coasser	qerqer
coiffer	ḥeffef, ḥessen
combler	weffa
commander	ḥkem
commencer	bda
complexer	ʿeqqed
comprendre	fhem
compter	ḥseb
conduire	ndeh, sāg
confirmer	tbet
conjuguer	ṣerref
connaître	ʿref
consentir	qbel, rḍa
conserver	ḥāfeḍ
construire	bna
consulter	shāwer
contrôler	rāqeb
convenir	nāsb, wata, wāfeq
corriger	ṣleḥ
coudre	ḫeyyeṭ
couper	qṭeʿ
courir	jra
couver	ḥeṭṭen
couvrir	ġeṭṭa
couvrir (se)	tġeṭṭa
cracher	bzeq
créer	ḫleq
crépiter	helhel
crier	ġewwet
crisser	zenzen
critiquer	nqed
croire	ḍenn
croiser	kerwaza
cueillir	qṭef, zewwel
cuire	ṭeyyeb
cuisiner	ṭbeḫ

D

danser	shṭeḥ, rqeṣ
débattre	nāqesh
debout (être)	wqef
déchirer	qeṭṭeʿ
déchirer (se)	tqetteʿ
déclarer	ṣerreḥ
défier	tḥedda
déjeuner	fṭer, tġedda
délirer	hetref
demander	ṭleb, sāl
déménager	rḥel
demeurer	ḍall
démolir	reyyeb
dénouer	fekk
dépasser	fāt

déplumer	reyyesh
déranger	zʿej, seḍḍeʿ
descendre	nzel, hbeṭ
détacher	fekk
déteindre	bhet
devancer	sbeq
développer	qewwa, nemma
devenir	wella
dévisager	beḫleṣ, ḥenẓeẓ
devoir	lāzm, ḫaṣṣ
dîner	tʿeshsha
dire	qāl, ḥka
dire adieu	weddeʿ
discuter	nāqesh
disparaître	nqareḍ, zāl
distribuer	ferreq
diviser	qsem
diviser (se)	tqessem
donner	ʿṭa
dormir	rged, nʿes
doubler	ḍubel

E

ébranler	zeʿzeʿ
échapper (s')	flet
échouer	sqeṭ
éclairer	ḍewwa
éclater	ṭerṭeq, tfergeʿ
écœurer	hem
écouler (s')	fāt
écouter	tṣennet
écrire	kteb
effacer	mḥa, mseḥ
égarer	weḍḍer
égorger	dbeḥ
élaguer	ẓber
élever	rebba
éloigner	beʿʿed
embaucher	ḫeddem, busha
embrasser	bās, ḥebb
emmener	dda
émouvoir	atter
empêcher	mneʿ
empiler	kerker
emprunter	sellef
enchaîner	kettef, kref
enduire	dhen
endurer	ṣber
énerver	nervez
enfoncer	weġġel
enfler	tenfeh
enfreindre	tʿedda
engraisser	semmen
enivrer (s')	sker
enlever	zewwel, qleʿ
ennuyer	qelleq
enregistrer	sejjel
enrouer	beḥbeḥ
enseigner	ʿellem
entendre	smeʿ
entendre (s')	tfahem
enterrer	dfen
entrer	dḫel
envisager	nwa
envoyer	serred, rsel
épargner	weffer
errer	tāh
éructer	gerreʿ
essayer	ḥāwel
essuyer	mseḥ
éteindre	ṭfa
étendre	nsher
éternuer	ʿṭeṣ
étinceler	breq
étonner (s')	steġreb
être	kān (passé)
étudier	ḍres, qra
excuser	ʿḍer, smeḥ
excuser (s')	ʿtaḍer
expérimenter	jerreb
exploser	tfergeʿ
exposer	ʿreḍ
exprimer	ʿebber
extraire	ḫerrej

F

fabriquer	sneʿ
faim (avoir)	jāʿ

faire	ᶜmel, fᶜel, dār
faire le marché	tsewweq
farcir	ḥsha
fatiguer (se)	tᶜeb, ᶜya
faucher	ḥṣeḍ
féliciter	henna
fermer	sedd, ġleq
filtrer	setta
finir	kemmel, sala
flamber	shewweṭ
fleurir	newwer
fondre	dāb
fondre (faire -)	dewweb
repasser	ḥedded
fracasser	sheqqef
frapper	ḍreb
freiner	frana
fréquenter	ḫāleṭ
frictionner	dlek
frire	qla
froid (avoir)	bred
frotter	frek
fuir	hreb
fumer	kma, deḫḫen

G

gagner	rbeḥ, fāz
garder	qabel, ḥḍa
gargouiller	jeġjeġ
geindre	newweḥ
gifler	ṭresh, sqel
glisser	zḫet, zleq
goûter	dāq
gracier	ᶜfa
grandir	kber
gratter	ḥekk
griffer	ḫbesh
grignoter	meshshesh
griller	shwa
guérir	bra

H

habiller (s')	lbes
habiter	sken
haïr	kreh
hausser	rfeᶜ
hériter	wret
hurler	zeaᶜzeaᶜ

I, J

immigrer	hājer
imposer	freḍ
imprimer	ṭbeᶜ
indiquer	werra
informer	ḫber
inhumer	dfen
inscrire	sejjel
interdire	mneᶜ
interroger	sāl, sāwel
inventer	ḫtareᶜ
inviter	ḍayyef, ᶜreḍ
irriguer	sqa
jaunir	ṣfār
jeter	rma , laḥ
jeûner	ṣām
jouer	lᶜeb
jurer	ḥlef, qsem

L

labourer	ḥret
laisser	ḫella
lancer	rma
langer	ṣemmet
lasser (se)	mell
laver	ġsel
lever	hezz
lever (se)	qām, wqef, nāḍ
lier	rbeṭ
limer	breḍ
lire	qra
louer	kra

M

macérer	ḫemmer
mâcher	mḍeġ
malmener	kerfes
manger	kla
marcher	msha

marier	jewwej
marmonner	belbel
marquer	sejjel, merka
marteler	ṭerreq
martyriser	ʿeddeb
masser	msed, dlek
maudire	sḫeṭ, lʿen
mélanger	ḫelleṭ
mentir	kdeb
mesurer	ʿber, qeyyes
mettre	dār
miauler	meʿweʿ
modeler	quleb
moissonner	ḥseḍ
monter	tleʿ
mordre	ʿeḍḍ
moucher (se)	nṣeṭ
moudre	tḥen
mourir	māt
mugir	zher
murmurer	temtem

N

nager	ʿām
naître	ḫlāq
nasiller	neġneġ
nettoyer	neḍḍef
noter	qeyyed, kennesh
noyer (se)	ġreq

O

observer	laḥeḍ
obtenir	ḥeṣṣel
occuper (s')	tkellef
opprimer	ḍlem
ordonner	neḍḍem
oublier	nsa
ouvrir	fteḥ, ḥell

P

pardonner	smeḥ
parler	hḍer, tkellem
partager	qsem
participer	sharek, sāhem
partir	msha , rāḥ
passer	dāz
passer la journée	qeyyel
passer la nuit	bāt
passionner (se)	ʿsheq
patienter	ṣber
payer	ḫelleṣ
pécher	ṣeyyed el ḥūt
peigner	msheṭ
peindre	rsem, benter
peler	qeshsher
pencher	māl
pencher (se)	ḥna
penser	fekker
perdre	ḫser, dāʿ
perplexe(être -)	ḥār
peser	wzen
pétrir	ʿjen
peur (avoir)	ḫāf
picorer	nqeb
pincer	qmesh
piquer	qres, ldeġ
plaindre (se)	shka
plaire	ʿjeb
plaisanter	tmelleġ
planter	ġres
pleurer	bka
plier	ṭwa
plonger	ġṭes
polir	melles
pondre	beyyeḍ
porter	hezz
poser	ḥeṭṭ
pouvoir	qder
précipiter	werreṭ
préciser	ḥedded
préférer	feḍḍel
prendre	ḫda, shedd
préparer	ḥeḍḍer, wejjed
présenter	qeddem, ʿreḍ
présenter (se)	ḥḍer

préserver	ḥāfeḍ
presser (se)	zreb
prêter	sellef
prier	ṣella
profiter	staġell
promener (se)	ḥewwes, tsara
promettre	wᶜed
prononcer	nṭeq
proposer	qtareḥ
protéger	ḥafeḍ, ḥma
publier	nsher
punir	ᶜāqeb

Q, R

quitter (se)	tfareq
raboter	njer
raconter	ᶜawed, ḥka
rafraîchir	berred
ranger	neḍḍem, settef
rapiécer	reqqeᶜ
rassasier (se)	shbeᶜ
rassembler	jmeᶜ
rater	zgel, raṭa
raviver	ḥya
réaliser	ḥeqqeq
recevoir	steqbel
rechercher	bḥet
récolter	jna
récompenser	jāza
reculer	weẖẖer
réfléchir	fekker, ẖemmen
regarder	shāf, nḍer
regretter	ndem
réjouir (se)	freḥ, nsheṭ
remercier	shker
remplir	ᶜemmer
remuer	ḥerrek
rencontrer	lāqa
rendre	reḍḍ
renifler	shemshem
rentrer	dẖel
renverser	qleb
renvoyer	jla
réparer	ṣleḥ, ṣāweb
repasser	ḥedded
répéter	ᶜāwed
répondre	jāweb, wājeb
reposer (se)	rtāḥ
reprocher	lām
réserver	ᶜerben
résoudre	fekk
respecter	ḥtarem, weqqer
respirer	tneffes
ressentir	ḥess
ressusciter	bᶜet
rester	bqa
rétablir (se)	bra
retarder	weẖẖer
retourner	qleb
réunir	jmeᶜ
réussir	njeḥ
réveiller (se)	fāq
revendiquer	ṭāleb
revenir	rjeᶜ, wella
rêver	ḥlem
rincer	shellel
rire	ḍḥek
ronfler	shẖer
rôtir	shwa
roucouler	gerger
rougir	ḥmār
rouler	brem
ruer	zeᶜreṭ
ruisseler	shersher

S

salir	wesseẖ
saluer	sellem
sangloter	shheq
saupoudrer	derder
sauter	neqqez
sautiller	qezqez
savoir	ᶜref
savourer	tdewweq
séduire	ġra, jdeb, jleb
semer	zreᶜ
sentir	shemm
servir	serba
siffler	ṣeffer

signer	weqqeʿ, senya
soif (avoir)	ʿṭesh
soigner	ʿālej, dāwa
soin (prendre)	thella
sombrer	ġreq
sonner	serser
sortir	ḫrej
souffler	sāt, nfeḫ
souhaiter	tmenna
souiller	wesseḫ
soûler	sekker
soulever	hezz
souligner	seṭṭer
soupirer	tnehhet
sourciller	remmesh
sucer	meṣṣ
suer	ʿreq
suivre	tbeʿ
surveiller	ḥres, ḥda

T

tailler	ẓber
tamponner	tbeʿ
tanner	dbeġ
taper	qerqeb, deqq
tarder	bṭa
tâtonner	ṭaṭa, teftef
tatouer	wshem
teindre	ṣbeġ
téléphoner	telfen
tendre	wetter
tenir	shedd
terminer	kemmel, sala
téter	rḍeʿ
tinter	zenzen
tirer	jbed
tolérer	smeḥ
tomber	ṭāḥ
tondre	dezz
toucher	mess, ḥāda
tourner	ḍār
tousser	keḥḥ, sʿel
traduire	terjem
trahir	ġder
traire	ḥleb
travailler	ḫdem
traverser	qṭeʿ
trébucher	ʿter
trembler	rjef, qefqef
tricher	ġeshsh
tripler	tellet
tripoter	tlemmes
tromper	shmet, ḫdeʿ
tromper (se)	ḫṭa, ġleṭ
trottiner	dezdez
trouer	tqeb
trouver	lqa, wjed, ṣāb
tuer	qtel

U, V

utiliser	steʿmel
vaincre	ġleb
valoir	swa
vanter	shker
veiller	ṣher
vendre	bāʿ
venir	ja
verser	kubb, ṣubb
vertige (avoir des -)	dāḫ
vêtir	ksa
vêtir (se)	lbes
vibrer	hezhez
vider	ḫwa
vieillir	shāb
viser	niyyesh
visiter	ẓār
vivre	ʿāsh
voiler	ḥjeb
voir	shāf
voler	sreq, sheffer
voler (s'en)	ṭār
voleter	ferfer
vomir	tqeyya
voter	ṣewwet
vouloir	bġa
voyager	ṣāfer

Marocain-français :

A, B

atter	*émouvoir*
bān, ḍher	*apparaître*
barek	*bénir*
bda	*commencer*
beddel	*changer*
bejġet	*balbutier*
bekbek	*bouillonner*
belbel	*marmonner*
beʿʿed	*éloigner*
berred	*rafraîchir*
beyyeḍ	*blanchir*
beyyeḍ	*pondre*
beḥbeḥ	*enrouer*
beḥleṣ	*dévisager*
bṭa	*tarder*
bhet	*déteindre*
bka	*pleurer*
blaʿ	*avaler*
bna	*construire*
bʿet	*ressusciter*
bqa	*rester*
bra	*guérir*
bra	*rétablir (se)*
bred	*froid (avoir)*
brem	*rouler*
breq	*briller*
breq	*Étinceler*
breḍ	*limer*
bzeq	*cracher*
bāʿ	*vendre*
bās	*embrasser*
bāt	*passer la nuit*
bġa	*vouloir*
bġa	*aimer*
bḥet	*rechercher*
bḥet	*chercher*

D

dbeġ	*tanner*
dbeḥ	*égorger*
dda	*amener*
dda	*emmener*
ddaker	*bavarder*
denden	*chantonner*
derder	*saupoudrer*
dess	*cacher*
dewweb	*fondre (faire -)*
dezdez	*trottiner*
dezz	*tondre*
dfen	*enterrer*
dfen	*inhumer*
dhen	*enduire*
dlek	*frictionner*
dāb	*fondre*
dāq	*goûter*
dār	*mettre*
dāz	*passer*
dāḫ	*vertige (avoir des -)*
dḫel	*entrer*

Ḍ

ḍall	*demeurer*
ḍayyef	*inviter*
ḍenn	*croire*
ḍewwa	*éclairer*
ḍlem	*opprimer*
ḍreb	*frapper*
ḍres	*étudier*
ḍubel	*doubler*
ḍār	*tourner*
ḍḥek	*rire*

F

fhem	*comprendre*
flet	*échapper (s')*
frana	*freiner*
frek	*frotter*
freḍ	*imposer*
freḥ	*réjouir (se)*
fres	*dévorer*
frez	*distinguer*
fteḥ	*ouvrir*
fāq	*réveiller (se)*

fāt	*dépasser*
fāt	*écouler (s')*

G, Ġ

gerger	*roucouler*
gerreʿ	*éructer*
ġeṭṭa	*couvrir*
ġenna	*chanter*
ġeyyeb	*absenter (s')*
ġeshsh	*tricher*
ġṭes	*plonger*
ġla	*bouillir*
ġleb	*vaincre*
ġmez	*cligner*
ġra	*séduire*
ġreq	*noyer (se)*
ġreq	*sombrer*
ġres	*planter*

Ḥ

ḥafeḍ	*protéger*
ḥbes	*arrêter*
ḥedded	*préciser*
ḥedded	*repasser*
ḥedded	*repasser*
ḥeffef	*coiffer*
ḥeṭṭ	*poser*
ḥeṭṭen	*couver*
ḥekk	*gratter*
ḥellel	*analyser*
ḥeqqeq	*réaliser*
ḥerrek	*remuer*
ḥess	*ressentir*
ḥewwes	*promener (se)*
ḥeḍḍer	*préparer*
ḥeṣṣel	*obtenir*
ḥjeb	*voiler*
ḥkem	*commander*
ḥleb	*traire*
ḥlef	*jurer*
ḥlem	*rêver*
ḥmār	*rougir*
ḥna	*pencher (se)*
ḥreq	*brûler*
ḥres	*surveiller*
ḥret	*labourer*
ḥseb	*calculer*
ḥseb	*compter*
ḥseḍ	*moissonner*
ḥtaj	*avoir besoin*
ḥtarem	*respecter*
ḥāfeḍ	*conserver*
ḥāfeḍ	*préserver*
ḥār	*perplexe (être -)*
ḥāwel	*essayer*
ḥḍer	*présenter (se)*
ḥṣeḍ	*faucher*
ḥsha	*farcir, enfoncer*
ḥya	*raviver*

Ḫ

ḫber	*informer*
ḫbesh	*griffer*
ḫda	*prendre*
ḫdem	*travailler*
ḫeddem	*embaucher*
ḫeffef	*alléger*
ḫella	*laisser*
ḫelleṭ	*mélanger*
ḫelleṣ	*payer*
ḫemmer	*macérer*
ḫerrej	*extraire*
ḫeyyeṭ	*coudre*
ḫṭa, ġleṭ	*tromper (se)*
ḫleq	*créer*
ḫlāq	*naître*
ḫrej	*sortir*
ḫser	*perdre*
ḫtar	*choisir*
ḫtareʿ	*inventer*
ḫāf	*peur (avoir)*
ḫāleṭ	*fréquenter*

M, N

mḥa	*effacer*
msha	*marcher*

msha	*partir*
msheṭ	*peigner*
nbeḥ	*aboyer*
ndeh	*conduire*
ndem	*regretter*
neqqez	*sauter*
nervez	*énerver*
newwer	*fleurir*
newweḥ	*geindre*
neḍḍef	*nettoyer*
neḍḍem	*ordonner*
neġneġ	*nasiller*
nfa	***exiler***
nṭeq	*articuler*
niyyesh	*viser*
njer	*raboter*
njeḥ	*réussir*
nqareḍ	*disparaître*
nqeb	*picorer*
nqed	*critiquer*
nsa	*oublier*
nwa	*envisager*
nzel	*descendre*
nāda	*appeler*
nāqesh	*débattre*
nāqesh	*discuter*
nāsb	*convenir*
nṣeṭ	*moucher (se)*
nsher	*étendre*
nsher	*publier*

Q

qabel	*garder*
qallaʿ	*arracher*
qbel	*consentir*
qder	*pouvoir*
qeddem	*présenter*
qeṭṭeʿ	*déchirer*
qelleq	*ennuyer*
qerqeb	*taper*
qerqer	*coasser*
qerreb	*approcher*
qewwa	*développer*
qeyyed	*noter*
qeyyel	*passer la journée*
qezqez	*sautiller*
qeshsher	*peler*
qṭef	*cueillir*
qṭeʿ	*couper*
qṭeʿ	*traverser*
qla	*frire*
qleb	*renverser*
qleb	*retourner*
qmesh	*pincer*
qʿad	*asseoir*
qra	*lire*
qres	*piquer*
qsem	*diviser*
qsem	*partager*
qtareḥ	*proposer*
qtel	*tuer*
quleb	*modeler*
qāl	*dire*
qām	*lever (se)*

R

ra	*Être (au présent)*
rbeṭ	*attacher*
rbeṭ	*lier*
rbeḥ	*gagner*
rebba	*élever*
remmesh	*sourciller*
reʿreʿ	*beugler*
reqqeʿ	*rapiécer*
reqqeq	*amincir*
retteb	*ranger*
reyyeb	*démolir*
reyyesh	*déplumer*
reḍḍ	*rendre*
reshsh	*asperger*
rfeʿ	*Hausser*
rged	*dormir*
rjef	*trembler*
rjeʿ	*revenir*
rma	*lancer*
rma	*jeter*
rmeq	*apercevoir*
rsel	*adresser*
rsem	*peindre*
rtāḥ	*reposer (se)*

rāfeq	*accompagner*
rāqeb	*contrôler*
rḍeᶜ	*téter*
rḥel	*déménager*

S

sbeq	*devancer*
sebbeᶜ	*baptiser*
sebbeq,	*anticiper*
sedd	*bloquer, fermer*
sedd	*fermer*
seff	*aspirer*
seṭṭer	*souligner*
sejjel	*enregistrer*
sejjel	*inscrire*
sejjel	*marquer*
sellef	*emprunter*
sellef	*prêter*
sellem	*saluer*
semmen	*engraisser*
serba	*servir*
serred	*envoyer*
serser	*sonner*
setta	*filtrer*
seḫḫen	*chauffer*
sken	*Habiter*
sker	*enivrer (s')*
smeᶜ	*entendre*
smeḥ	*pardonner*
smeḥ	*tolérer*
sneᶜ	*fabriquer*
sqa	*arroser*
sqa	*irriguer*
sqeṭ	*échouer*
sreq	*voler*
staġell	*profiter*
steᶜmel	*utiliser*
steqbel	*accueillir*
steqbel	*recevoir*
steġreb	*étonner (s')*
swa	*valoir*
sāl	*interroger*
sār	*survenir*
sās	*secouer*

Ṣ

ṣber	*endurer*
ṣber	*patienter*
ṣbeġ	*teindre*
ṣeffeq	*applaudir*
ṣeffer	*siffler*
ṣella	*prier*
ṣemmer	*clouer*
ṣemmet	*langer*
ṣerref	*conjuguer*
ṣeyyeḍ	*chasser*
ṣfār	*jaunir*
ṣher	*veiller*
ṣleḥ	*corriger*
ṣleḥ	*réparer*
ṣāfer	*voyager*
ṣāh	*crier*

SH

sharek	*participer*
shbeᶜ	*rassasier (se)*
shedd	*tenir*
shellel	*rincer*
shemm	*sentir*
shemshem	*renifler*
sheqqef	*fracasser*
shersher	*ruisseler*
shewwet	*flamber*
sheyyet	*brosser*
shṭeḥ	*danser*
shheq	*sangloter*
shka	*plaindre (se)*
shker	*remercier*
shmetᶜ	*tromper*
shᶜel	*allumer*
shra	*acheter*
shrab	*boire*
shwa	*griller*
shwa	*rôtir*
shāb	*vieillir*

shāf	*voir*
shāf	*regarder*
shāwer	*consulter*
shḫer	*ronfler*

T

terjem	*traduire*
tfahem	*entendre (s')*
tfareq	*quiter (se)*
tfergeᶜ	*exploser*
thella	*soin (prendre)*
tka	*appuyer*
tkeyyef	*fumer*
tkellef	*occuper (s')*
tlemmes	*tripoter*
tmelleġ	*plaisanter*
tmenna	*souhaiter*
tneffes	*respirer*
tnehhet	*soupirer*
tᶜeb, ᶜya	*fatiguer (se)*
tᶜedda	*enfreindre*
tᶜellem	*apprendre*
tᶜeshsha	*dîner*
tqeb	*trouer*
tqessem	*diviser (se)*
tqeṭṭeᶜ	*déchirer (se)*
tqeyya	*vomir*
tsara	*balader (se)*
tsewweq	*faire le marché*
tāh	*errer*
tġeṭṭa	*couvrir (se)*
tḥedda	*défier*
tḥerrek	*bouger*

Ṭ

ṭbeḫ	*cuisiner*
ṭehher	*circoncire*
ṭerṭeq	*éclater*
ṭḥen	*moudre*
ṭewwel	*allonger (s')*
ṭeyyeb	*cuire*
ṭfa	*éteindre*
ṭleb	*demander*
ṭleᶜ	*monter*
ṭresh	*gifler*
ṭreẓ	*broder*
ṭwa	*plier*
ṭāleb	*revendiquer*
ṭār	*voler (s'en)*

W

wāfeq	*convenir*
wled	*enfanter, mettre bas*
wella	*revenir, devenir*
werrek	*appuyer (s')*
wellef	*habituer (s')*
weqqer	*respecter*
wqef	*tenir (se) debout*
werra	*montrer*
wret	*hériter*
wesseᶜ	*élargir*
wshem	*tatouer*
wzen	*peser*
weddeᶜ	*dire adieu*
weḍḍer	*égarer*
weffer	*épargner*
weffa	*combler*
wegged	*allumer*
weġġel	*enfoncer*
weḫḫer	*reculer*
wejjed	*préparer*
werred	*abreuver*
werreṭ	*précipiter*
wesseḫ	*salir*
wetter	*tendre*

Z, Ẓ

zedda	*joindre*
zeff	*souffler*
zeġret	*lancer des youyous*
zha	*distraire (se)* *flirter*
zekka	*payer la dîme*
zelleᶜ	*déverser*
zenzen	*crisser*

zerreb	*hâter*
zreb	*hâter (se)*
zewwej	*marier*
zewweq	*colorer*
zeʿreṭ	*ruer*
zeʿzeʿ	*ébranler*
zewwel	*enlever*
zgel	*rater*
zher	*mugir*
zʿej	*déranger*
zreb	*presser (se)*
zreʿ	*semer*
zād	*ajouter*
zād	*avancer*
zḥet	*glisser*
ẓber	*élaguer*
ẓber	*tailler*
ẓār	*visiter*
ẓeyyer	*serrer*

c

ʿand	*avoir*
ʿawed	*raconter*
ʿawen	*aider*
ʿbed	*adorer*
ʿber	*mesurer*
ʿebber	*exprimer*
ʿeddeb	*martyriser*
ʿdef	*dégoûter (s)*
ʿeffen	*souiller*
ʿeffer	*faire (s) prier*
ʿeshshesh	*nidifier*
ʿekkez	*béquiller*
ʿekkes	*contredire*
ʿekkel	*embrouiller*
ʿellek	*engluer*
ʿellem	*enseigner*
ʿelleq	*suspendre*
ʿemmer	*charger, remplir*
ʿeqqed	*complexer*
ʿeqqel	*rappeler*
ʿeqqer	*atteindre*
ʿerben	*réserver*
ʿeḍḍ	*mordre*
ʿfa	*gracier*
ʿfes, ʿfeṭ	*fouler aux pieds*
ʿṭa	*donner*
ʿṭeṣ	*éternuer*
ʿṭesh	*soif (avoir)*
ʿjeb	*plaire*
ʿjen	*pétrir*
ʿmel	*faire*
ʿerra	*dévêtir*
ʿerreb	*arabiser*
ʿerres	*marier (se)*
ʿref	*connaître*
ʿreq	*suer*
ʿreḍ	*exposer*
ʿṣer	*presser*
ʿtaref	*avouer*
ʿtaḍer	*excuser (s')*
ʿter	*trébucher*
ʿālej	*soigner*
ʿām	*nager*
ʿāqeb	*punir*
ʿāwed	*répéter*
ʿāyen	*attendre*
ʿāsh	*vivre*
ʿḍer	*excuser*
ʿsheq	*passionner (se)*

LEXIQUE

Sans être exhaustif, ce vocabulaire reproduit les mots de base utilisés dans la vie de tous les jours. Pour élargir vos connaissances, n'hésitez pas à vous procurer d'autres références.

Les mots sont donnés dans l'ordre alphabétique français (pour le vocabulaire arabe-français, seule la première lettre est prise en compte), les lettres spéciales suivent les lettres françaises dont elles sont formées. Ainsi **ḥ** et **ḫ** suivent **h**, **ṭ** suit **t**, **sh** et **ṣ** suivent **s** et **ẓ** suit **z**. Le ᶜ est placé à la fin.

Français-marocain

A

abeille neḥla
ablutions wuḍuʾ
abricots meshmāsh
absence ġība
absinthe shība
accélérateur ksiratūr
accident ksīḍa
accouchement wlāda
accueillir steqbel
achat shra
acompte ᶜerbūn
acteurs mumettil
aculte ᶜibād
administration idāra
adulte rāshed
aéroport maṭār
affront ḫziyya
âge senn, ᶜmer
agriculture flāḥa
aiguille yebra
ail tūma
ailes jnāḥ
aimant hend
aîné bekri
air hawa
aisselle ybeṭ
albinos ṣheb
alcool lankūl
alfa ḥelfa
allergie ḥasāsiyya
alliance nsūbiyya
alose shābel
alun shebba
amande lūz
amandier lūza
amazighe shelḥa
ambre ᶜenber
amer murr
ami ṣāḥeb
amour ḥubb
amulette ḥerz
analyse teḥlīl
anarchie fūḍa
anathème ṣeḫṭ

ancien	qdīm
âne	ḥmār
anesthésie	benj
anges	malāyka
angines	ḥlāqm
anguille	nūna
animal	ḥayawān
anis	nāfeᶜ
année	ᶜām, sana
antenne	lānṭīr
appât	ṭuᶜma
arabe	ᶜerbiyya
araignée	rtīla
arbitre	arbīṭ
arbres	shejra
archet	qews
ardoise	lūḥa
arêtes, épines	shūk
argent	flūs
argile	ṭīn
arme	slāḥ
armoire	māreyyu
arôme	rīḥa
arrière	lūr
arrogance	fīsh
art	fenn
artichaut	ḫershuf
arts	funūn
assassin	mujrim
assiette	ṭebsīl
assoiffé	ᶜeṭshān
assurance	asurāns
asthme	ḍīqa
astragale	ḥelba
athée	mulḥid
attaque	hujūm
attestation	shahāda
aube	fjer
augure	fāl
auto-stop	sṭup
autobus	ṭubīs
automne	ḫrīf
autruche	nᶜāma
avenue	shāriᶜ
aveugle	ᶜwer, ᶜma
avion	ṭeyyāra
avirons	meqdāf
avocat	muḥāmi
avoine	ḫerṭāl

B

babouche	belġa
bâche	bāsh
bagages	bagaj
bague	ḫātem
baiser	būsa
balance	mīzān
balcon	balkūn
balle	qerṭāsa
ballon	kūra
banane	banana
banjo	bānju
baptême	sbūᶜ
bar	bār
baratte	shekwa
baril	bermīl
barque	flūka
barrage	baraj
barrette	meqbeṭ
basilic	ḥbeq
bassin	sehrīj
bastila	besṭila
bât	berdeᶜ
bateau	baṭu
bâtiment	baṭima
bâton	ᶜmūd, hrāwa
bavardage	muḍakara
bave	ryūg
bavette	reyyāga
beau	zwīn
beauté	zīn
bébé	ṣabi
bec	menqār
beignets	sfenj
benjoin	jāwi
berger	sāreḥ
bergerie	zrība
bétail	ksība

bête	bhīma
béton	buṭun
beurre	zebda
biberon	reḍḍāʿa
bicyclette	bisheklīṭ
bidon	bidu
bière	birra
bigarade	rnej
billard	biyyār
billet	biyyi
blanc	byeḍ
blatte	ṣerrāq ez-zīt
blé	gemḥ
blessé	mejrūḥ
blessure	jerḥa
bleu ciel	smāwi
bleu	zreq
blouse	blūza
blue-jean	djīn
bois	ḫsheb
boisseau	mūd
boîte	bwaṭa
boiteux	ʿrej
bonheur	saʿāda
bonjour	salām
bonnet	ṭerbūsh
borgne	bṣīr
borne	būrniyya
bosse	ḥdebba
bottes	buṭ
bouc	ʿetrūs
bouchée	leqma
boucher	gezzār
bouchon	bushūn
boue	ġīs
bougie	shemʿa
bouilloire	ġellāy
boulanger	ḫebbāz
bouquet	meshmūm
bourse	būrs, minḥa
bouteille	qerʿa
boutique	ḥanūt
bouton	buṭuna
boyaux	mṣāren

bracelet	demlīj
braise	jmer
brasero	mejmer
brebis	neʿja
briques	yājūr
broche	seffud
brochettes	qeṭbān
brouette	berwīṭ
brouillard	ḍbab
brugnons	shehdiyya
bruit	ṣḍāʿ
brûlure	ḥerqa
brun	ṣmer
buffle	gāmūs
bureau	mekteb
burin	birān
bus	ṭubīs, kar

C

cabine	lakabīn
cabri	jdi
cacahuètes	kawkaw
cadavre	ḫeshba
cadeau	kaḍu
cadet	ṣġīr
cadi	qāḍi
café	qehwa
caftan	qefṭān
cage	qfez
cahier	deftar
caisse	ṣendūq
calamar	kalamar
calcul	ḥsāb
caleçon	gerṣun
caméléon	tata
caméra	kamira
camion	kāmyyu
camphre	kafur
canard	berk, beṭṭ
canaux	qanawāt
cancer	kunṣīr
cannelle	qerfa
capital	rās el-māl

capitale	ʿāṣima
capot	kāpu
câpre	kebbār
capuche	qubb
car/s	kār/kirān
carabine	karabila
carafe	ġurrāf
carde	qershāl
cardons	qennariyya
carnet	karni
carottes	ḫizzu
caroubier	ḫerrūb
cartable	karṭāb
carte	lakārṭ
cassette	kasiṭa
castagnettes	qrāqeb
cauchemar	kābūs
cavaliers	ḫiyyāla
ceinture	ṣemṭa, ḥzām
céleri	krāfes
cellule	silūn
cendre	rmāḍ
cendrier	ṭeffāya
centre	merkez
cercueil	meḥmel
cerveau	ʿqel
chaîne	sensla
chair, viande	lḥem
chaise	kursi
chaleur	ṣehḍ
chambre	bīt
chamelle	nāga
champ	feddān
champagne	shumpan
champignons	fuggāʿ
chance	ẓher
chanson	uġniyya
chant	ġna
chanteur	muġenni
chapelet	tesbīḥ
chargement	shrejma
chariot	shāryu
charrue	meḥrāt
chasse	ṣyāḍa
chassie	ʿmāsh

chassieux	ʿmesh
chat	qeṭṭ
chaud	sḫūn
chauffeur	shifūr
chaussée	shānṭi
chaussettes	tqāsher
chauve	ṣleʿ
chaux	jīr
chéchia	shāshiyya
cheminée	shimini
chemise	qamīja
chèque	shīk
cherté	ġla
cheval	ʿewd
cheveux	shʿar
chevilles	kʿāb
chèvre	meʿza
chien	kelb
chiffon	shifūn
chimie	kimyāʾ
choléra	kulira
chômeur	shumur
chou	krumb
ciel	sma
cigale	ṣerrār
cigare	sigār
cigarette	gāru
cigogne	bellarej
ciment	sima
cimetière	mqebra
cinéma	sinima
cintre	ʿellaqa
circoncision	ḫtāna
cire	shmeʿ
ciseaux	mqeṣ
citerne	sitirna
citron	ḥāmḍ
clair	ṣāfi
claquettes	klakiṭa
clients	kelyān
climat	jeww
clinique	klinīk
clôture	ẕerb
club	nādi
co-épouse	shrīka

cochon	ḥellūf
code	kūd
cœur	qelb
coffre	kufr
coiffeur	ḥellāq
coin	qent
coings	ṣferjel
colère	zeʿfa
colique	kulīk
collège	tānawiyya
colline	kudya
colonisation	istiʿmār
coloquinte	ḥenḍel
coloré	mzewweq
commissions	ṣeḫra
complexe	ʿuqda
compositeur	muleḥḥīn
compréhensif	metfāhem
comprimé	kīna
compteur	kuntūr
comptoir	kuntwār
concept	mafahūm
concombre	ḫyār, feqqus
concours	mubāra
concurrence	mnnāfsa
conduite	ndīh
conférence	muḥāḍara
confiance	tiqa
confiture	kufitīr
connaissance	maʿrifa
conquête	ġezwa
conscience	ḍamīr
constat	kusṭa
constipé	meḥṣūr
construction	bni
continent	qārra
contrat	kunṭra
coquetterie	dalāl
corail	merjān
Coran	qurān
corbeau	ġrāb
corde	kurda
cordon	shrīṭ
cordonnier	ṭerrāf

coriandre	qezbūr
corne	gern
corps	badan
côté	jiha
côte	ʿeqba
coton	qṭen
cou	ʿenq
couches	ḫrūq
coude	merfeq
coudée	drāʿ
couleur	lūn
couleuvre	buneffāḫ
coup	ḍerba
coupe	kās
cour	sāḥa
courage	shajaʿa
courge(tte)	gerʿa
cours	durūs
course	kūrs
court	qṣīr
courtage	tṣemṣīr
courtier	ṣemṣār
courtoisie	ṣwāb
couscous	kuskus
cousin	weld el-ʿemm
coussin	wsāda
couteau	mūs
coutumes	ʿādāt
couture	ḫyāṭa
couverture	ġṭa
craie	ṭabashīr
crâne	jemjuma
crayon	qalam
crèche	rewḍ
crédit	kridi,
crêpes	beġrīr
crépi	merṭūb
crevaison	krūvi
crevettes	kruvit
criquet	jrāḍ
cris	ġwāt
cristal	bellār
crocodile	timsāḥ

croisement	kerwāzma
croissant	hlāl
croyant	mūmen
crue	ḥemla
cuillère	mᶜelqa, ᶜāsheq
cuisine	kuzina
cuisse	fẖed
cuisson	ṭyāb
cuivre	nḥās
culture	taqāfa
cumin	kāmūn
cupidité	ṭmeᶜ
cycle	silk

D

dais	sqīfa
dalle	ḍala
danger	ẖaṭar
dangereux	ẖaṭīr
danse	shṭīḥ
date, histoire	tārīẖ
dattes	tmer
dé, cercle	ḥelqa
déception	ẖība
décor	ḍīkūr
défense	difāᶜ
dégustation	dwāq
dehors	berqūq
déjeuner	ġda
délavé	bāht
délicieux	bnīn
demain	ġedda
démon	shiṭān
dépassement	dublāj
dépassement	meṣrūf
dépiquage	drās
dépit	feqṣa
déplacement	diplasma
derrière	mur
désir	reġba
dessert	disīr
dessin	rasm
deuil	ᶜza
devant	quddām
diable	jenn
dialecte	lehja
Dieu	Lāh
digestion	tuẖma
dimanche	ḥedd
dindon	bibi
diplôme	diplūm
directeur	mudīr
direction	derksyūn
dirham	derhem
dispute	dbāz
disque	disk
distance	masāfa
distribution	tewzīᶜ
djellaba	jellāba
doigt	ṣbeᶜ
domaine	meydān
doré	mdehheb
dossier	ḍusi
douane	diwana
double	dubl
doux	ḥlu
doyen	ᶜamīd
drapeau	rāya
droit, loi	qānūn
droite	ymīn
dromadaire	jmel
dur	qāseḥ
durée	mudda
duvet	zġeb

E

eau de rose	ma werd
eau	ma
écharpe	shāsh
échecs	sheṭranj
échelle	sellūm
éclat	ḍya
éclipse	ẖusūf
école	madrasa
économie	qtiṣāḍ
écran	shāsha
écriture	ktāba
écuelle	geṣᶜa

écume	reġwa
écurie	kuri
éducation	terbiyya
effets	ḥwāyj
effronterie	bsāla
église	kanīsa
égoïsme	ananiyya
élevage	kseb
élève	telmīd
employer	ḫeddām
enceinte	ḥāmla
encens	bḫūr
enclume	zebra
encre	mdād
encyclopédie	mewsūʿa
enduit	lāndwi
enfants	wlād
enfer	jahennam
engrais	langri
enquête	lānkīṭ
entente	mfāhma
enterrement	dfīn
enthousiasme	ḥamās
entraide	taḍāmun
entraîneur	muderrib
entre	bīn
entrée	deḫla
envers	meqlūb
envie	ḥsed
épaules	ktāf
épervier	slūgi
épi	senbula
épicerie	bisri
épilepsie	ṣreʿ
épingle	messāk
épluchures	qshūr
épouse	zewja
équipe	ferqa
escaliers	drūj
escargot	babbūsh
espoir	amal
essence	liṣānṣ
Est	sherq
estomac	maʿida
étage	ṭebqa
étain	qezdīr
étang	gelta
état	ḥāla
étau	ziyyār
été	ṣīf
étoile	nejma
étranger	ḫārij
étriers	rkāb
étroit	ḍeyyeq
étude	dirāsa
étudiant	ṭālib
eucalyptus	kalitūs
Europe	urupa
Évangile	injīl
examen	mtiḥān
excursion	riḥla
exécution	tenfīd
exil	ġurba
expérience	tejriba
explication	sharḥ
exposition	maʿriḍ

F

fâché	ġeḍbān
facteur	faktūr
facture	fatura
faiblesse	ḍeʿf
faïence	zellīj
faim	jūʿ
fainéant	fenyān
famille	famila
fantasia	tburiḍa
fantôme	ḫyāl
fatigué	ʿeyyān
faucille	menjel
faute	lafūt
fauve	weḥsh
femelle	netwa
fenêtre	serjem
fer à cheval	ṣfīḥa
fer	ḥdīd
ferraille	lafirray
fête	efla

feu	nār
feu rouge	ḍu ḥmer
feuille	werqa
fiançailles	ḫuṭuba
fiancée	ḫaṭiba
fiente	zeqq
fièvre	ḥumma
figues sèches	shrīḥa
figuier	kerma
fil	ḫīṭ
filet	shebka
fille	bent
film	film
fin	tāli
flûte	geṣba
foie	kebda
fois	merra/āt
folie	ḥmāq
folklore	fulklūr
foncé	meġlūq
fondations	sās
fontaine	ueil ʿīn
force	quwwa
forêt	ġāba
forgeron	ḥaddād
formation	tekwīn
forme	shkel
fort	mejhed
fou	ḥmaq
fouet	ṣūṭ
foulard	funara
foule	dḥās
fourche	medra
fourchette	fershiṭa
fourmi	nemla
fourrière	furyān
frais	ṭri
fraises	friz
franc	ṣarīḥ
franchise	ṣarāḥa
fraternité	ḫāwa
frein	frān
frère	ḫu
friture	qla
froid	bārd
fromage	fermāj
frontière	ḥudūd
frottoir	ferraka
fuite	hrūb
funérailles	gnāza
fusil	klāṭa
futur	musteqbel

G

gain	rbaḥ
gale	jerba
galettes	rġāyef
gants	ligāt
garantie	garanṭi
garçon	weld
gardien	gul
gâteau	gatu
gauche	shmāl
gaucher	shmāli
gazelle	ġzāla
gazole	gazwāl
gazon	gazun
géant	ʿimlāq
gendarme	jadarmi
gendre	nsīb
génération	jīl
généreux	krīm
génie	ʿebqariyya
genoux	rekba
gerbe	ḥezma
gibecière	muẓiṭ
gibier	ṭrīḍa
gingembre	sekkīn jbīr
giron	ḥjer
glace	mrāya
golf	gulf
gomme	gūma
gorgée	jeġma
gourmette	gurmiṭ
goût	dewq
gouvernement	ḥukūma
grâce	serr
grains	ḥbūb
graisseur	grisūn

grammaire	naḥw
gramme	gram
grand-mère	jedda
grand-père	jedd
gravure	neqsh
grêle	tebriru
grenade	remmān
grenier	refda
grenouille	jrāna
grillade	shwa
gris	rmādi
gros	ġlīḍ
grue	gruwwa
guêpe	ẓenbur
guérison	shfa
guichet	gishi
guide	gid
guidon	gidūn
guitare	gitār
gunbri	gunbri

H

habillement	lbās
habitants	sukkān
hache	shāqūr
hachisch	ḥshīsh
haïr	kreh
hall	mrāḥ
hameau	dewwār
hameçon	ṣennāra
hammam	ḥemmām
hanche	merwed
haricots	lubiyya
harissa	hrīsa
haut	ʿāli
hectare	gṭār
hélas!	yā ḥeṣrāh!
herbe	rbīʿ
hérisson	qenfūd
héritage	wert
hernie	bʿej
heure	saʿa,
heureux	ferḥān
hibou	mūka
hier	bārḥ
hirondelle	tiflillest
hiver, pluie	shta
honnêteté	ṣiḍq
honneur	sharaf
honoré	metsherref
honte	fḍīḥa
honteux	ḥshūma
hôpital	ṣbiṭār
hôtel	uṭīl
huile	zīt
humour	ḍeḥk
hyène	ḍbeʿ

I

ici	hna
ici-bas	denya
idées	afkār
île	jazīra
image	ṣūra
imam	imām
immeuble	ʿimāra
impasse	derb
imprécation	leʿna
imprimerie	meṭbaʿa
index	fehres
indigo	nīli
industrie	ṣināʿa
infirmière	fremliyya
informations	aḫbār
ingénieur	muhendiz
inimitié	ʿdāwa
innocence	barāʾa
inscription	tesjīl
insecte	beḫūsh
institut	meʿhed
instituteur	instituteur
intention	niyya
intrus	fḍūli
irrigation	sqa
ivoire	ʿāj
ivre	sekrān

J

jadis	zmān
jalousie	ġīra
jambe	sāq
jante	jānṭa
jaquette	jakiṭa
jardin	jerḍa
jarre	ḫābya
jasmin	yāsmīn
jaune	ṣfer
jersey	jirzi
jeu	leʿb
jeûne	ṣūm
joyeux	nāsheṭ
joueur	lāʿib
jour	nhār
journal	jurnān
judo	jfān
juge	qāḍi
jugement	ḥukm
juifs	yhūdi
jumeaux	twām
jupe	jippa
jupon	jelṭīṭa
jus	ʿaṣīr

K, L

Kabyles	qbāyel
karaté	karaṭi
kilogramme	kilu
klaxon	klaksūn
lac	ḍaya
laine	ṣūf
lait	ḥlīb
laitue	shlāḍa
lampe	lamba
langouste	qurnīṭ
langue	luġa
lapin	qniyya
large	wāseʿ
largeur	wseʿ
larmes	dmūʿ
larynx	buḥshisha
laurier rose	defla
lavage	ġsīl
lavande	ḫzāma
lecture	qrāya
léger	ḫfīf
lentilles	ʿdes
lèpre	jdām
lettre	briyya
lettres	ḥrūf
levure	ḫmīra
licol	shkīma
lierre	lewwāya
lièvre	rneb
ligne	ḫeṭṭ
lime	mebreḍ
limonade	munaḍa
lin	kettān
linceul	kfen
lingot	sbīka
lion	sbeʿ
lisse	rṭeb
lit	srīr
litre	iṭru
Livre (saint)	meṣḥāf
location	kra
locomotive	rās et-trān
lointain	bʿīd
long, grand	ṭwīl
longueur	ṭul
loto	luṭu
louche	ḥwel
lourd	tqīl
lumière	ḍu
lune	gemra
lunettes	nḍāḍer
luth	ʿūd
lutin	ḥmār el-līl
lycée	tānawiyya

M

machine	makina
maçon	māṣu
magasin	magaza
Maghreb	Maġrib
magie	siḥr

maigre	ḍʿif
maillet	rzāma
maillot	māyyu
main de Fatma	ḫmīsa
main	yedd
maintenant	daba
maïs	ḍra
maison	ḍār
majorité	aġlabiyya
makrout	mekrut
maladie	merḍ
mâle	ḍker
malheur	bās
manche	kumm
mandat	manḍa
manie	qaʿida
manteau	kebbūṭ
maquereaux	mākru
maquillage	makyāj
marais	merja
marbre	rḫām
marc	teḫt
marchandage	shṭāra
marchandise	selʿa
marelle	sherrīṭa
mariage	zwāj
mariée	ʿrūsa
marinade	sharmūla
marine	marin
Maroc	Maġrib
marque	marka
marron	qehwi
marteau	mṭerqa
masseur	kesāl
matière	mādda
matin	ṣbāḥ
mazout	mazuṭ
méchant	qbīḥ, ḫāyeb
méchoui	meshwi
Mecque	mekka
médecin	ṭbīb
médicament	dwa
mégot	būnt
melons	bettīḫ
menthe	neʿnāʿ
menuisier	nejjār
mépris	ḥegra
mer	bḥer
merci	shukran
mère	umm
merlan	mirna
mesure	ʿbār
mètre	mitr
micro	mikru
microbe	mikrub
midi	tnāsh
miel	ʿsel
migraine	shqīqa
milan	siwana
milieu	weṣṭ
milliard	melyār
million	melyūn
minaret	ṣemʿa
mince	rqīq
ministère	wiẓāra
ministres	wuẓara
minute	minūt
misère	ẓelṭ
missions	mahām
mode	muḍa
moelle	muḫḫ
moineau	zāwej
mois	shher
Moïse	mūsa
moisson	ḥṣāḍ
moitié	nuṣṣ
monde	ʿālam
monnaie	ṣerf
montage	mūnṭāj
montagne	jbel
montant	mebleġ
moquerie	tfelya
mors	ṣrīma
morsure	ʿeḍḍa
mort	mūt
mortier	beġli
morts	mūta
morve	ḫnūna

mosquée	jāmeʿ
moteur	mutur
mouches	debbān
mouchoir	mushwār
moule	qāleb
mousseline	muslīn
moustiques	nāmūs
mouton	ḫrūf
mouvement	ḥaraka
muezzin	mūden
mulet	bġel
mûr	ṭāyb
mur	ḥīṭ
mûres	tūt
musc	mesk
muscles	ʿaḍalāt
musée	metḥef
musicien	mūsīqi
musique	musiqa
musulmans	mselmīn
mutuelle	mitwāl
myrte	riḥān

N

nage	sibaḥa
natte	ḥṣīr
nature	ṭabīʿa
navets	left
nèfles	mzāḥ
neige	telj
nerfs	ʿṣāb
nerveux	metʿeṣṣeb
niais	bhel
nid	ʿeshsh
nigelle	sānūj
noces	ʿers
nœud	ʿeqda
noir	kḥel, swed
noix	gergāʿ
nombril	ṣerra
nostalgie	ḥanīn
note	neqṭa
nourriture	mākla
nouveau-né	mewlūd
noyau, os	ʿḍem
noyer	gergaʿa
nuage	ġyām
nuit	līl
numéro	nemra
nuque	qfa
nylon	nilu

O

oasis	wāḥa
objet	ḥāja
obscénité	sfāha
occidental	ġerbi
odeur	rīḥa
œuf	bīḍa
ogre	ġūl
oies	weẓẓ
oignons	beṣla
oiseau	ṭīr
olives	zitūn
ombre	ḍell
once	uqiyya
oncle	ʿemm
ongle	ḍfer
opération	ʿamaliyya
opium	ʿefyūn
or, bijoux	dheb
oranges	limūn
orchestre	jewq
oreiller	wsāda
oreilles	wednīn
orge	shʿīr
orgue	urg
oriental	sherqi
orphelin	ytīm
orteils	bnān
ouest	ġerb
outils	duzān

P

pacage	reʿya
page	ṣefḥa
pageot	bājju
paiement	ḫlāṣ

paille	tben
pain	ḫubz
paix	hna
pâle	meṣfār
palmier	dūm
panier	quffa
panneau	blaka
pansement	fāṣma
pantalon	serwāl
paon	ṭaws
papiers	wrāq
papillon	farāsha
paradis	jenna
paralysie	shalal
parapluie	miḍella
pardon	smāḥa
paresseux	kasūl
parfum	ʿṭer
pari	ḫṭār
parking	parkin
parole	klām
part	qesma
partage	qsīm
partenaire	shrīk
partie	ṭerḥ
pas	ḫelfa
passé	māḍi
passeport	paspur,
passion	hwa, hiwāya
pastèques	dellāḥ
patates	baṭaṭa
pâte	ʿjīna
patience	ṣber
patron	pāṭrun
patrouille	baṭerwi
pattes	rejlīn
paume	keff
paupière	jfān
pauvreté	faqr
paysan	fellāḥ
peau	jeld
pêches	ḫūḫ
pêcheur	ṣeyyāḍ
peine capitale	iʿdām

peintre	ressām
peinture	ṣbāġa
pèlerinage	ḥejj
pelle	bala
penalty	pinalti
pente	ḥdūra
perdrix	ḥejla
période	mudda
perles	jūher
persil	mʿednūs
perte	ḫṣāra
pesée	ʿebra
peste	ṭāʿūn
peuple	sheʿb
peuplier	ṣefṣāf
peur	ḫūf
phare	fār
pharmacie	fermasyān
philosophie	felsafa
photo	teṣwira
photographe	muṣewwir
piano	pyanu
pick-up	bikūb
pièce	byasa
pied	rjel
pierre	ḥejra
pigeons	ḥmām
piliers	swāri
pinceau	shīta
pipe	pippa
piquant	ḥārr
piscine	pisin
pistolet	ferdi
place	blaṣa
plage	plāj
plaine	luṭa
plainte	shikaya
plaisanterie	mlāġa
plaisir	mziyya
plan	blān
plastique	mīka
plâtre	gebṣ
plein	ʿāmr
plomb	rṣāṣ

plume	rīsha
poche	jīb
poésie	shiʿr
poids	tqel
point mort	pwamur
points	nuqaṭ
poires	ngāṣ
pois chiches	ḥemmeṣ
poison	semm
poisson	ḥūt
poitrine	sder
poivre	ḥrūr
poivrons	felfel (a)
poli	mʾeddeb
police	bulīs
politesse	adab
pommade	bumaḍa
pommes	teffāḥ
pompe	bumba
port	mersa
porte	bāb
portefeuille	bezṭām
porteur d'eau	gerrāb
portier	bewwāb
poste	buṣṭa
postérité	terrīka
pouce	ibhām
poulain	jdeʿ
poule	djāja
poulet	dīk, farrūj
poussière	ġebra
poux	qmel
prêche	ḫeṭba
premier	luwwel
prénom	smiyya, asm
présent	ḥāḍr
présentation	teqdīm
président	raʾīs
prière	ṣla
primaire	btidāʾi
principes	mabādiʾ
prison	ḥebs
prix	taman
proche	qrīb
producteur	muntij
professeur	ustād
programme	muqerrar
projection	ʿerḍ
projet	mashrūʿ
promenade	msārya
Prophète	nbi
propriété	melk
protectorat	ḥimāya
prunes	berqūq
psaumes	Šābur
puant	ḫānz
public	jemhūr
puces	berġūt
pudeur	ḥya
puits	bīr
punition	ʿiqāb
pyjama	pijama

Q, R

quart	rbeʿ
quartier	ḥeyy
queue	shewwāl
quintal	qenṭār
Rabat	Rbāṭ
radiateur	rādyatūr
radio	rādyu
radis	fjel
rafle	laraf
rage	ṣʿer
raie	rāya
rails	sekka
raisin	ʿneb
ramadan	remḍān
rancune	ḥqed
rangée	ṣeff
rapidité	surʿa
raquette	rakiṭa
rassasié	shebʿān
rate	ṭiḥān
râteau	rāṭu
rayon	rāyyu
rebec	rbāb
rêche	ḥresh

recherche	beḥt
récolte	ġella
recommandé	msugr
récréation	istirāḥa
reçu	risibu
regard	neḍra
régime	rijim
région	menṭaqa
regret	ndāma
reins	klāwi
relation	ʿalāqa
religion	dīn
renard	teʿleb
rencontre	mlāqya
rendement	merdūd
rendez-vous	mewʿid
répétition	mʿawda
réserve	ḫzīn
respect	tneffes
respect	ḥtirām
restaurant	meṭʿem
résultats	natāʾij
retard	ruṭār
retraite	lantrīt
réussite	najāḥ
réveil	sersār
revues	majellāt
rhume	rwāḥ
ridé	mkemmesh
rideau	ḫāmiyya
rigole	sāqya
rire	ḍeḥk
rivière	wād
riz	rūẕ
roi	malik
rôle	dawr
rose	werdi
roseau	qṣeb
rosée	nda
roses	werd
rossignol	bulbul
roues	rwāyḍ
rouge	ḥmer
rouille	ṣḍa
roussi	shyāṭ
route	ṭrīq
roux	shqer
ruades	zqur
ruche	jbeḥ
rue	zenqa
ruelle	ṭriwqa
rugby	rigbi
rugueux	ḥresh
rythme	iqāʿ

S

sable	rmel
sac	ṣāk
sacrifice	teḍḥiyya
safran	zʿefrān
sagesse	ḥekma
Sahara	ṣeḥra
saleté	wseḫ
salive	rīq
salle d'eau	bīt el-ma
salle	qāʿa
salon	ṣālūn
sandales	ṣenḍala
sandwich	sandwish
sang	demm
santé	ṣeḥḥa
sapin	tāyda
sardine	serdīn
satin	satina
sauce	merqa
sauterelle	ferṭūṭ
savon	ṣābūn
scorpion	ʿeqreb
sculpteur	neḥḥāt
sculpture	neḥt
sec	nāshf
secondaire	tānawi
seconde	sigūn
sécurité	amn
sein	bezzūla
sel	melḥ
selle	serj, kursi

semaine	simana
semence	zerrīʿa
semoule	smīd
sérieux	meʿqūl
serment	ḥlūf
serrure	qfel
service	serbīs
sésame	jeljlān
seuil	ʿerḍ
seul	weḥdu
sévère	wāʿr
sevrage	fṭām
short	shurṭ
siècle	qern
sifflet	ṣeffāra
signal	sinyāl
signature	senyātūr
silence	skāt
silo	meṭmūra
singe	qerd
sinueux	ʿwej
sirop	siru
ski	ski
slip	slīp
sloughi	slūgi
smiyyanom	asm
société	sharika
sœur	uḫt
soie	ḥrīr
soins	ʿilāj
sole	ṣūl
soleil	shemsh
solfège	sulfīj
solide	ṣḥīḥ
sommeil	nʿās
songe	ḥulm
sonnerie	nāqūs
sonnette	ṣunīṭ
souci	hemm
souffle	nefs
souffre	kebrīt
sous	teḥt
spaghetti	spagiti
spécialité	taḫeṣṣuṣ
sport	riyyāḍa
stade	melʿeb
station	maḥeṭṭa
statue	timtāl
stérile	ʿāgr(a)
stylo	stilu
sud	jānūb
sueur	ʿerq
superstition	sheʿwada
surdité	ṭrūsha
surface	misaḥa

T

taarija	teʿrīja
tabac, fumée	duḫḫān
table	ṭebla
tableau	ṣebbūra
tablier	ṭabliyya
tailleur	ḫeyyāṭ
tajine	ṭajīn
talon	wrez
tambourin	bendīr
tamis	ġurbāl
tante	ḫāla
tapis	zerbiyya
tarif	ṭarīf
tatouage	wsham
taupe	ṭubba
taxi	taksi
technologie	tiqniyya
teint	lūn
téléphone	tilifūn
témoins	shhūd
tempérament	ṭbīʿa, ṭebʿ
température	ḥarāra
tennis	tinis
tension	ṭānsyu
tergal	tirgāl
terrasse	ṣṭeḥ
terre	arḍ
tête	rās
texte	naṣṣ
thé	atāy
thon	ṭun
thym	ṣeḥter

tigre	nmer
timbre	tenber
timide	ḥeshshumi
tiroir	mjer
toile	lewḥa
toilettes	kabina
toit	sṭeḥ
tolérance	smāḥa
tomates	maṭisha
tombe	qber
tonnerre	rʿād
torchon	sherwīṭ
Touaregs	twārga
touche	tūsh
toux	kuḥḥa
traditions	ʿādāt
trahison	ġder
train	trāne
travail	ḫedma
tribu	qbīla
tribunal	meḥkama
tricot	triku
tristesse	ḥuzn
trottoir	trutwār
trou	ḥefra
troupeau	qṭīʿ
trousse	latrūs
truffe	terfās
tuiles	qermūd
tunnel	ġār
turban	reẓẓa

U, V

uniforme	keswa
université	jāmiʿa
urine	būl
usine	meʿmel
vacances	ʿuṭla
vaccin	telqīḥ
vache	beqra
vague	mūja
valise	baliza
vantardise	fsher
vent	rīḥ
vente	bīʿ
ventilateur	ferfāra
ventre	kersh
ver	dūda
verger	jnān
vérité	ḥaqīqa
verrues	tulāl
vert	ḫḍer
vertiges	dūḫa
verveine	lwīza
veste	fista
veuve	hejjāla
viande bovine	begri
viande caprine	ʿenzi
viande ovine	ġelmi
vide	ḫāwi
vie	ḥayāt
vieillesse	sherf
vieux	shibāni
vigne	dālya
village	filāj
ville	mdīna
vin	shrāb
vinaigre	ḫell
violet	mdādi
violon	kamān(ja)
virage	virāj, ḍūra
visite	ziyyāra
voisin	jār
voix	ṣewt
vol	serqa
volley-ball	vuli
voyage	ṣfer

W, Z

wagon	fagu
whisky	wiski
wtar	wtār
youyous	zġārt
zaouïa	zāwya
zéro	ṣifr
zinc	zeng

Marocain-français.

A

abadan	*jamais*
abluḥ	*datte fraîche*
abril	*avril*
adab	*politesse*
afkār	*idées*
aġlabiyya	*majorité*
aḥ	*ah !, aïe !*
aḫbār	*informations*
aḫira	*au-delà*
ajal	*délai, terme*
ajer	*bonne œuvre*
alef	*mille*
amal	*espoir*
amana	*chose confiée*
amīn	*amen*
amne	*sécurité*
ananiyya	*égoïsme*
ara	*donne !*
arḍ	*terre*
arz	*cèdre*
asm	*nom*
aṣel	*origine*
ash	*quoi ?*
atāy	*thé*
awwalan	*primo*
aywa/iwa	*alors! Eh bien!*

B

b, bi	*avec*
ba	*2e lettre arabe*
bāb	*porte*
bāli	*usé*
bashar	*les gens*
bʿej	*hernie*
bʿīd	*lointain*
babbūsh	*escargot*
bakur	*figue-fleur*
barba	*betterave*
baruḍ	*poudre*
baṭaṭa	*patates*
baṭerwi	*patrouille*
baṭima	*bâtiment*
baṭu	*bateau*
bagaj	*bagages*
baġli	*mortier*
beġrīr	*crêpes*
beddel	*changer*
bedder	*dilapider*
begri	*viande bovine*
beġla	*mule*
beġli	*mortier*
bekri	*aîné, jadis*
bala	*pelle*
belġa	*babouche*
baliza	*valise*
balkune	*balcon*
bellarej	*cigogne*
bellār	*cristal*
bellāti	*doucement*
banana	*banane*
bandeq	orge fraîche *grillé*
bendr	*tambourin*
benj	*anesthésie*
benna	saveur
benneʿmān	*anémone*
bent	*fille*
beqra	*vache*
baraj	*barrage*
berdeʿ	*bât*
berġūt	*puces*
berk	*canard*
bermīl	*baril*
berqūq	*prunes*
berra	*dehors*
berrad	*rafraîchir*
berwag	*asphodèle*
berwīṭ	*brouette*
barāʾa	*innocence*
besbas	*fenouil*
bessel	*embêter*
bettīḫ	*melons*

bewwāb	*portier*
beyyeḍ	*pondre*
bezzūla	*sein*
beḥt	*recherche*
beṣla	*oignons*
beṭṭa	*bouteille*
beḫūsh	*insecte*
bezṭām	*portefeuille*
beshna	*sorgho*
bġel	*mulet*
bhel	*niais*
bhīma	*bête*
bibi	*dindon*
bisheklīṭ	*bicyclette*
bīḍa	*œuf*
bidu	*bidon*
bikūb	*pick-up*
birra	*bière*
birān	*burin*
bisri	*épicerie*
biyyi	*billet*
biyyār	*billard*
bḫūr	*encens*
blaka	*panneau*
blaṣa	*place*
blūza	*blouse*
blān	*plan*
bna	*construire*
bni	*construction*
bnān	*orteils*
bnīn	*délicieux*
buṭuna	*bouton*
buṭun	*béton*
bushūn	*bouchon*
bulbul	*rossignol*
bulīs	*police*
bumaḍa	*pommade*
bumba	*pompe*
buneffāḫ	*couleuvre*
buḫshisha	*larynx*
buṣṭa	*poste*
buṭ	*bottes*
būl	*urine*
būnt	*mégot*
būrniyya	*borne*
būrs	*bourse*
būsa	*baiser*
bra	*se rétablir*
bra	*lettre*
bsāla	*effronterie*
btidāʾi	*primaire*
bwaṭa	*boîte*
byasa	*pièce*
byeḍ	*blanc*
bāb	*porte*
bāsh	*bâche*
bāht	*délavé*
bājju	*pageot*
bānju	*banjo*
bār	*bar*
bārd	*froid*
bārḥ	*hier*
bārk	*bénir*
bās	*malheur*
bḥer	*mer*
bīʿ	*vente*
bīn	*entre*
bīr	*puits*
bīt el-ma	*salle d'eau*
bīt	*chambre*
bṣīr	*borgne*
byaḍ	*blanc*
bzeq	*cracher*

D

d, dyal	*de le/la, des*
daba	*maintenant*
debbān	*mouches*
defla	*laurier rose*
deftar	*cahier*
deḫla	*entrée*
dellāḥ	*pastèques*
dalāl	*coquetterie*
demlīj	*bracelet*
demm	*sang*
denya	*ici-bas*
derb	*impasse*

derhem	*dirham*
derksyūn	*direction*
dewq	*goût*
dawr	*rôle*
dewwār	*hameau*
dbāz	*dispute*
dfīn	*enterrement*
dheb	*or, bijoux*
difā'	*défense*
diplasma	*déplacement*
diplūm	*diplôme*
dirāsa	*étude*
disk	*disque*
disīr	*dessert*
diwana	*douane*
djāja	*poule*
djīn	*blue-jean*
dmū'	*larmes*
dubl	*double*
dublāj	*dépassement*
duḫḫān	*tabac, fumée*
durūs	*cours*
duzān	*outils*
dūda	*ver*
dūḫa	*vertiges*
dūm	*palmier nain*
drūj	*escaliers*
drā'	*coudée*
drās	*dépiquage*
dwa	*médicament*
dwāq	*dégustation*
dālya	*vigne*
dḥās	*foule*
dīk, farrūj	*poulet*
dīn	*religion*

Ḍ

ḍ'īf	*maigre*
ḍe'f	*faiblesse*
ḍala	*dalle*
ḍell	*ombre*
ḍamīr	*conscience*
ḍenn	*croire*
ḍerba	*coup*
ḍaya	*lac*
ḍeyyeq	*étroit*
ḍeḥk	*humour*
ḍḥek	*rire*
ḍbe'	*hyène*
ḍbab	*brouillard*
ḍfer	*ongle*
ḍīkūr	*décor*
ḍīqa	*asthme*
ḍker	*mâle*
ḍusi	*dossier*
ḍu ḥmer	*feu rouge*
ḍu	*lumière*
ḍra	*maïs*
ḍya	*éclat*
ḍār	*maison*

F

feddān	*champ*
fagu	*wagon*
fehres	*index*
fekker	*réfléchir*
faktūr	*facteur*
felfel (a)	*poivrons*
fellāḥ	*paysan*
felsafa	*philosophie*
famila	*famille*
uṭīl	*hôtel*
fenn	*art*
fenyān	*fainéant*
faqr	*pauvreté*
feqṣa	*dépit*
fershiṭa	*fourchette*
ferdi	*pistolet*
ferṭūṭ	*sauterelle*
ferfāra	*ventilateur*
fermasyān	*pharmacie*
fermāj	*fromage*
ferqa	*équipe*
ferraka	*frottoir*
farāsha	*papillon*
ferḥān	*heureux*

fsher	*vantardise*
fṭām	*sevrage*
fhem	*comprendre*
film	*film*
filāj	*village*
fista	*veste*
fjel	*radis*
fjer	*aube*
fḫed	*cuisse*
flūka	*barque*
flūs	*argent*
flāḥa	*agriculture*
fulklūr	*folklore*
funūn	*arts*
furyān	*fourrière*
fūḍa	*anarchie*
fremliyya	*infirmière*
friz	*fraises*
frān	*frein*
fuggāᶜ	*champignons*
fāl	*augure*
fār	*phare, rat*
fatura	*facture*
fāṣma	*pansement*
fḍūli	*intrus*
fḍīḥa	*honte*
fīsh	*arrogance*

G

gebṣ	*plâtre*
gelta	*étang*
gāmūs	*buffle*
gemra	*lune*
gemḥ	*blé*
garanṭi	*garantie*
gergāᶜa	*amande*
gerne	*corne*
gerrāb	*porteur d'eau*
gerṣun	*caleçon*
gatu	*gâteau*
gazune	*gazon*
gazwāl	*gazole*
gezz	*tondre*
gezzār	*boucher*
geṣᶜa	*écuelle*
gṭār	*hectare*
gnāza	*funérailles*
gulf	*golf*
gerᶜa	*courge(ette)*
geṣba	*flûte*
gurmiṭ	*gourmette*
gul	*gardien*
gūma	*gomme*
gram	*gramme*
grisūn	*graisseur*
gruwwa	*grue*
gergaᶜa	*noyer*
gergāᶜ	*noix*
gishi	*guichet*
gid	*guide*
gidūn	*guidon*
gitār	*guitare*
gārru	*cigarette*

Ġ

ġebra	*poussière*
ġedda	*demain*
ġelba	*victoire*
ġella	*récolte*
ġellāy	*bouilloire*
ġelmi	*viande ovine*
ġerbi	*occidental*
ġerb	*ouest*
ġurbāl	*tamis*
ġurrāf	*carafe*
ġezwa	*conquête*
ġeḍbān	*fâché*
ġda	*déjeuner*
ġder	*trahison*
ġṭa	*couverture*
ġleb	*vaincre*
ġla	*cherté*
ġlīḍ	*gros*
ġna	*chant*
ġūl	*ogre*

ġrāb	*corbeau*
ġsīl	*lavage*
ġurba	*exil*
ġwāt	*cris*
ġyām	*nuage*
ġzāla	*gazelle*
ġāba	*forêt*
ġār	*tunnel*
ġība	*absence*
ġīra	*jalousie*
ġīs	*boue*

H

hejjāla	*veuve*
hemm	*souci*
hend	*aimant*
hawa	*air*
hlāl	*croissant*
hna,	*paix*
hna	*ici*
hujūm	*attaque*
hrūb	*fuite*
hrīsa	*harissa*
hwa	*passion*

Ḥ

ḥdīd	*fer*
ḥlīb	*lait*
ḥukm	*jugement*
ḥebs	*prison*
ḥeshshumi	*timide*
ḥedd	*dimanche*
ḥaddād	*forgeron*
ḥefla	*fête*
ḥefra	*trou*
ḥegra	*mépris*
ḥejj	*pèlerinage*
ḥejla	*perdrix*
ḥejra	*pierre*
ḥekma	*sagesse*
ḥelba	*astragale*
ḥelfa	*alfa*
ḥell	*résoudre*
ḥellūf	*cochon*
ḥellāq	*coiffeur*
ḥelqa	*dé, cercle*
ḥemla	*crue*
ḥemmeṣ	*pois chiches*
ḥemmām	*hammam*
ḥamās	*enthousiasme*
ḥanūt	*boutique*
ḥenḍel	*coloquinte*
ḥanīn	*nostalgie*
ḥaqīqa	*vérité*
ḥaraka	*mouvement*
ḥayāt	*vie*
ḥerqa	*brûlure*
ḥerz	*amulette*
ḥarāra	*température*
ḥasāsiyya	*allergie*
ḥayawān	*animal*
ḥeyy	*quartier*
ḥeṣel	*obtenir*
ḥbeq	*basilic*
ḥbūb	*grains*
ḥsha	*farcir*
ḥshūma	*honteux*
ḥshīsh	*hachisch*
ḥdebba	*bosse*
ḥdūra	*pente*
ḥimāya	*protectorat*
ḥjer	*giron*
ḥleb	*traire*
ḥlu	*doux*
ḥlūf	*serment*
ḥlāqm	*angines*
ḥmaq	*fou*
ḥmer	*rouge*
ḥmām	*pigeons*
ḥmāq	*folie*
ḥmār el-līl	*lutin*
ḥmār	*âne*
ḥubb	*amour*
ḥudūd	*frontière*
ḥulm	*songe*
ḥumma	*fièvre*
ḥuzne	*tristesse*

ḥūt	*poisson*
ḥqed	*rancune*
ḥresh	*rêche*
ḥresh	*rugueux*
ḥrūf	*lettres, traits*
ḥrūr	*poivre*
ḥrīr	*soie*
ḥsed	*envie*
ḥsāb	*calcul, compte*
ḥsīfa	*vengeance*
ḥtirām	*respect*
ḥwel	*louche*
ḥwāyj	*effets*
ḥya	*pudeur*
ḥāja	*objet*
ḥāla	*état*
ḥāmḍ	*citron*
ḥāmla	*enceinte*
ḥārr	*piquant*
ḥāḍr	*présent*
ḥīṭ	*mur*
ḥṣāḍ	*moisson*
ḥṣīr	*natte*

Ḫ

ḫebbāz	*boulanger*
ḫeshba	*cadavre*
ḫeddām	*employer*
ḫedma	*travail*
ḫaṭar	*danger*
ḫeṭba	*prêche*
ḫeṭṭ	*ligne*
ḫaṭiba	*fiancée*
ḫaṭīr	*dangereux*
ḫelfa	*pas*
ḫell	*vinaigre*
ḫershuf	*artichaut*
ḫerṭūm	*trompe*
ḫerrūb	*caroubier*
ḫettene	*circoncire*
ḫeyyeṭ	*coudre*
ḫeyyāṭ	*tailleur*
ḫṣāra	*perte*
ḫsheb	*bois*
ḫṭār	*pari*
ḫfīf	*léger*
ḫiyyāla	*cavaliers*
ḫizzu	*carottes*
ḫlāṣ	*paiement*
ḫmira	*levure*
ḫmīsa	*main de Fatma*
ḫnūna	*morve*
ḫubz	*pain*
ḫuṭuba	*fiançailles*
ḫu	*frère*
ḫusūf	*éclipse*
ḫūf	*peur*
ḫūḫ	*pêches*
ḫrej	*sortir*
ḫrūf	*mouton*
ḫrūq	*couches*
ḫrīf	*automne*
ḫser	*perdre*
ḫtāna	*circoncision*
ḫyāṭa	*couture*
ḫyāl	*fantôme*
ḫyār	*concombre*
ḫziyya	*affront*
ḫzāma	*lavande*
ḫzīn	*réserve*
ḫābya	*jarre*
ḫāla	*tante*
ḫānz	*puant*
ḫārij	*étranger*
ḫātem	*bague*
ḫāwa	*fraternité*
ḫāwi	*vide*
ḫḍer	*vert*
ḫība	*déception*
ḫīṭ	*fil*

I

iʿdām	*peine capitale*
iʿlām	*information*
ibhām	*pouce*

iṭru	*litre*
imām	*imam*
injīl	*Évangile*
iqāʿ	*rythme*
istiʿmār	*colonisation*
istirāḥa	*récréation*

J

jadarmi	*gendarme*
jedda	*grand-mère*
jedd	*grand-père*
jedri	*variole*
jeġma	*gorgée*
jahennam	*enfer*
jakiṭa	*jaquette*
jelbāna	*petits pois*
jeld	*peau*
jelṭīṭa	*jupon*
jeljlān	*sésame*
jellāba	*djellaba*
jemhūr	*public*
jemjuma	*crâne*
jenna	*paradis*
jenn	*diable*
jerba	*gale*
jerḍa	*jardin*
jerḥa	*blessure*
jewq	*orchestre*
jeww	*climat*
jazīra	*île*
jbel	*montagne*
jbeḥ	*ruche*
jdeʿ	*poulain*
jdeb	*séduire*
jdi	*cabri*
jdām	*lèpre*
jfān	*paupière*
jidu	*judo*
jiha	*côté*
jippa	*jupe*
jirzi	*jersey*
badan	*corps*
jmel	*dromadaire*
jmer	*braise*
jnān	*verger*
jnāḥ	*ailes*
jurnān	*journal*
jūʿ	*faim*
jūher	*perles*
jrāna	*grenouille*
jrāḍ	*criquet*
jāmeʿ	*mosquée*
jāmiʿa	*université*
jānṭa	*jante*
jānūb	*sud*
jār	*voisin*
jāwb	*répondre*
jāwi	*benjoin*
jīb	*poche*
jīl	*génération*
jīr	*chaux*

K

kʿāb	*chevilles*
kebbūṭ	*manteau*
kebbār	*câpre*
kebda	*foie*
kabina	*toilettes*
kebrīt	*souffre*
keff	*paume*
kafur	*camphre*
kalamar	*calamar*
kelb	*chien*
kalitūs	*eucalyptus*
kelyān	*clients*
kamira	*caméra*
kamāne(ja)	*violon*
kanīsa	*église*
karabila	*carabine*
karaṭi	*karaté*
kersh	*ventre*
karṭāb	*cartable*
kerma	*figuier*
karni	*carnet*
kerwāzma	*croisement*
kasiṭa	*cassette*

kasūl	*paresseux*
kesāl	*masseur*
keswa	*uniforme*
kettān	*lin*
kawkaw	*cacahuètes*
kaḍu	*cadeau*
kber	*grandir*
kfen	*linceul*
kilu	*kilogramme*
kimyā᾿	*chimie*
klakiṭa	*claquettes*
klaksūn	*klaxon*
klinīk	*clinique*
klām	*parole*
klāṭa	*fusil*
klāwi	*reins*
kudya	*colline*
kufitīr	*confiture*
kufr	*coffre*
kulira	*choléra*
kulīk	*colique*
kuntūr	*compteur*
kuntwār	*comptoir*
kunṣīr	*cancer*
kurda	*corde*
kuri	*écurie*
kursi	*chaise*
kusṭa	*constat*
kuskus	*couscous*
kuzina	*cuisine*
kuḥḥa	*toux*
kūd	*code*
kūra	*ballon*
kūrs	*course*
kreh	*haïr*
kra	*location*
kridi	*crédit*
krumb	*chou*
kruvit	*crevettes*
krūvi	*crevaison*
krāfes	*céleri*
krīm	*généreux*
kseb	*élevage*
ksiratūr	*accélérateur*
ksība	*bétail*
ksīḍa	*accident*
ktāba	*écriture*
ktāf	*épaules*
kumm	*manche*
kābūs	*cauchemar*
kāmūn	*cumin*
kāmyyu	*camion*
kāpu	*capot*
kār/kirān	*car/s*
kās	*coupe, verre*
kḥel	*noir*
kīna	*comprimé*

L

leᶜb	*jeu*
lᶜene	*maudire*
leᶜna	*imprécation*
lafirray	*ferraille*
lafūt, ġalaṭ	*faute*
left	*navets*
lehja	*dialecte*
lakabīn	*cabine*
lakārṭ	*carte*
lamba	*lampe*
langri	*engrais*
lankūl	*alcool*
lantrīt	*retraite*
leqma	*bouchée*
laraf	*rafle*
larbīṭ	*arbitre*
lasurāns	*assurance*
latrūs	*trousse*
lewwāya	*lierre*
lewḥa	*toile*
lbās	*habillement*
ligāt	*gants*
limūn	*oranges*
liṣanṣ	*essence*
luṭu	*loto*
lubiyya	*haricots*
luṭa	*plaine*
luġa	*langue*

luwwel	*premier*
lūn	*couleur*
lūn	*teint*
lūr	*arrière*
lūza	*amandier*
lūḥa	*ardoise*
lwīza	*verveine*
lāʿib	*joueur*
Lāh	*Dieu*
lāndwi	*enduit*
lānṭīr	*antenne*
lānkīṭ	*enquête*
lḥem	*chair, viande*
līl	*nuit*

M

mākru	*maquereaux*
maʿriḍ	*exposition*
ma werd	*eau de rose*
maṭisha	*tomates*
maṭār	*aéroport*
magaza	*magasin*
Maġrib	*Maghreb*
Maġrib	*Maroc*
mahām	*missions*
maḥeṭṭa	*station*
majellāt	*revues*
marka	*marque*
masāfa	*distance*
mazuṭ	*mazout*
mʾeddeb	*poli*
mʿednūs	*persil*
mʿelqa	*cuillère*
mʿawda	*répétition*
meʿhed	*institut*
maʿida	*estomac*
meʿmel	*usine*
meʿqūl	*sérieux*
maʿrifa	*connaissance*
meʿza	*chèvre*
mebleġ	*montant*
mebreḍ	*lime*
mabādiʾ	*principes*
meshmūm	*bouquet*
meshmāsh	*abricots*
mashrūʿ	*projet*
meshwi	*méchoui*
mashīna	*train*
medra	*fourche*
madrasa	*école*
ma	*eau, liquide*
mafahīm	*concepts*
meṭʿem	*restaurant*
menṭaqa	*région*
meṭbaʿa	*imprimerie*
meṭmūra	*silo*
meġlūq	*foncé*
mejmer	*brasero*
mejrūḥ	*blessé*
mekka	*Mecque*
mekrut	*makrout*
mekteb	*bureau*
makyāj	*maquillage*
melʿeb	*stade*
malik	*roi*
melk	*propriété*
melles	*polir*
melyūn	*million*
melyār	*milliard*
malāyka	*anges*
melḥ	*sel*
menjel	*faucille*
menqār	*bec*
manḍa	*mandat*
menḍer	*vue*
meqbeṭ	*barrette*
meqdāf	*avirons*
meqlūb	*envers*
merdūd	*rendement*
merfeq	*coude*
merṭūb	*crépi*
marin	*marine*
merja	*marais*
merjān	*corail*
merkez	*centre*
merqa	*sauce*
merra	*fois*

mersa	*port*
merwed	*hanche*
merḍ	*maladie*
mesk	*musc*
messāk	*épingle*
metʿeṣṣeb	*nerveux*
metsherref	*honoré*
metḥef	*musée*
mewʿid	*rendez-vous*
mewlūd	*nouveau-né*
meydān	*domaine*
meḥkama	*tribunal*
meḥmel	*cercueil*
meḥrāt	*charrue*
meḥṣūr	*constipé*
meṣfār	*pâle*
meṣrūf	*dépassement*
meṣḥāf	*Livre (saint)*
mdehheb	*doré*
mdād	*encre*
mdādi	*violet*
mdīna	*ville*
mṭerqa	*marteau*
mfāhma	*entente*
mikrub	*microbe*
mikru	*micro*
minūt	*minute*
mirna	*merlan*
misaḥa	*surface*
mitru	*mètre*
mitwāl	*mutuelle*
miḍella	*parapluie*
mjer	*tiroir*
mkemmesh	*ridé*
mlāġa	*plaisanterie*
mlāqya	*rencontre*
mneʿ	*interdire*
mnnāfsa	*concurrence*
muʿellim	*instituteur*
mubber	*velours*
mubāra	*concours*
muderrib	*entraîneur*
mudda	*durée*
mudda	*période*
mudīr	*directeur*
muġenni	*chanteur*
muhendiz	*ingénieur*
mujrim	*assassin*
muḫḫ	*moelle*
muleḥḥīn	*compositeur*
mulḥid	*athée*
mumettil	*acteurs*
munaḍa	*limonade*
muntij	*producteur*
muqerrar	*programme*
muslīn	*mousseline*
musiqa	*musique*
mṣāfrīn	*voyageurs*
musteqbel	*futur*
mutur	*moteur*
muḍakara	*bavardage*
muḥāmi	*avocat*
muḥāḍara	*conférence*
muṣewwir	*photographe*
mzīṭ	*gibecière*
muḍa	*mode*
mūd	*boisseau*
mūdene	*muezzin*
mūja	*vague*
mūka	*hibou*
mūmene	*croyant*
mūnṭāj	*montage*
mūsa	*Moïse*
mūs	*couteau*
mūsīqi	*musicien*
mūta	*morts*
mūt	*mort*
mqebra	*cimetière*
mqeṣ	*ciseaux*
mrāya	*glace*
mrāḥ	*hall*
mselmīn	*musulmans*
msārya	*promenade*
mtiḥān	*examen*
murr	*amer*
mzewweq	*coloré*
mziyya	*plaisir*
mzāḥ	*nèfles*

mādda	*matière*
mākla	*nourriture*
māreyyu	*armoire*
māt	*mourir*
māyyu	*maillot*
māḍi	*passé*
māṣu	*maçon*
mur	*derrière*
mīka	*plastique*
mīzān	*balance*
mṣārene	*boyaux*

N

nᶜes	*dormir*
nᶜāma	*autruche*
nᶜās	*sommeil*
neᶜja	*brebis*
neᶜnāᶜ	*menthe*
nefs	*souffle*
nejjār	*menuisier*
nejma	*étoile*
najāḥ	*réussite*
nemla	*fourmi*
nemra	*numéro*
neqsh	*gravure*
neqṭa	*note*
netwa	*femelle*
natāʾij	*résultats*
newweḥ	*geindre*
neḍra	*regard*
neḥla	*abeille*
neḥt	*sculpture*
neḥḥāt	*sculpteur*
naṣṣ	*texte*
nbi	*Prophète*
nsher	*étendre*
ndeh	*conduire*
nda	*rosée*
ndāma	*regret*
ndīh	*conduite*
ngāṣ	*poires*
nhār	*jour*
nilu	*nylon*
niyya	*intention*
nmer	*tigre*
nuqaṭ	*points*
nūna	*anguille*
nsūbiyya	*alliance*
nsīb	*gendre*
nuṣṣ	*moitié*
nāsheṭ	*joyeux*
nāshf	*sec*
nādi	*club*
nāfeᶜ	*anis*
nāga	*chamelle*
nāmūs	*moustiques*
nāqesh	*débattre*
nār, ᶜāfya	*feu*
nḍāḍer	*lunettes*
naḥw	*grammaire*
nḥās	*cuivre*
nīli	*indigo*

P

parkin	*parking*
paspur	*passeport*
pijama	*pyjama*
pinalti	*penalty*
pippa	*pipe*
pisin	*piscine*
plāj	*plage*
pwamur	*point mort*
pyanu	*piano*
paṭrune	*patron*

Q

qaᶜida	*habitude,*
qefṭān	*caftan*
qeṭbān	*brochettes*
qeṭṭ	*chat*
qehwa	*café*
qehwi	*marron*
qalam	*crayon*
qelb	*cœur*
qanawāt	*canaux*
qenṭār	*quintal*

qenfūd	*hérisson*
qennāriyya	*cardons*
qent	*coin*
qerʿa	*bouteille*
qershāl	*carde*
qerd	*singe*
qerfa	*cannelle*
qerṭāsa	*balle*
qermūd	*tuiles*
qern	*siècle*
qesma	*part*
qews	*archet*
qezbūr	*coriandre*
qezdīr	*étain*
qbel, rḍa	*consentir*
qber	*tombe*
qbāyel	*Kabyles*
qbīla	*tribu*
qbīḥ	*méchant*
qshūr	*épluchures*
qdīm	*ancien*
qfel	*serrure*
qfa	*nuque*
qfez	*cage*
qṭen	*coton*
qṭīʿ	*troupeau*
qla	*friture*
qmel	*poux*
qamīja	*chemise*
qniyya	*lapin*
qurnīṭ	*langouste*
qurān	*Coran*
quwwa	*force*
qrāqeb	*castagnettes*
qrāya	*lecture*
qrīb	*proche*
qsīm	*partage*
qtiṣāḍ	*économie*
qubb	*capuche*
quddām	*devant*
quffa	*panier*
qwi	*fort*
qāʿa	*salle*
qāleb	*moule*
qānūn	*droit, loi*
qārra	*continent*
qāseḥ	*dur*
qāḍi	*cadi*
qāḍi	*juge*
qṣeb	*roseau*
qṣīr	*court*

R

rʿād	*tonnerre*
reʿya	*pacage*
raʾīs	*président*
redd	*vomir*
refda	*grenier*
reġba	*désir*
reġwa	*écume*
rejlīn	*pattes*
rekba	*genoux*
rakiṭa	*raquette*
remmān	*grenade*
remḍān	*ramadan*
rasm	*dessin*
ressām	*peintre*
rewḍ	*crèche*
reyyāga	*bavette*
reḍḍāʿa	*biberon*
reẓẓa	*turban*
rbeʿ	*quart*
rbaḥ	*gain*
rbeḥ	*gagner*
rbāb	*rebec*
Rbāṭ	*Rabat*
rbīʿ	*herbe*
rṭeb	*lisse*
rġāyef	*galettes*
ridu	*rideau*
rigbi	*rugby*
rijim	*régime*
risibu	*reçu*
riyyāḍa	*sport*
riḥla	*excursion*
riḥān	*myrte*
rjel	*pied*

rḫām	*marbre*
rkāb	*étriers*
rmel	*sable*
rmādi	*gris*
rmāḍ	*cendre*
rneb	*lièvre*
rnej	*bigarade*
ruṭār	*retard*
msuger	*recommandé*
rūz	*riz*
rqīq	*mince*
rsem	*peindre*
rtīla	*araignée*
rwāyḍ	*roues*
rwāḥ	*rhume*
ryūg	*bave*
rzāma	*maillet*
rāshed	*adulte*
rādyatūr	*radiateur*
rādyu	*radio*
rāṭu	*râteau*
rās el-māl	*capital*
rās et-trān	*locomotive*
rās	*tête*
rāya	*drapeau*
rāya	*raie*
rāyyu	*rayon*
rīsha	*plume*
rīq	*salive*
rīḥa	*parfum*
rīḥa	*arôme*
rīḥa	*odeur*
rīḥ	*vent*
rṣāṣ	*plomb*

S

saʿa	*heure, montre*
saʿāda	*bonheur*
seffud	*broche*
sehrīj	*bassin*
sekka	*rails*
sekkīn jbīr	*gingembre*
sekra	*ivresse*
sekrān	*ivre*
selʿa	*marchandise*
sellūm	*échelle*
salām	*bonjour*
semm	*poison*
senbula	*épi*
sandwish	*sandwich*
senn, ʿmer	*âge*
sensla	*chaîne*
senyātūr	*signature*
serbi	*servir*
serbīs	*service*
serdīn	*sardine*
serjem	*fenêtre*
serqa	*vol*
serr	*grâce*
sersār	*réveil*
serwāl	*pantalon*
satina	*satin*
sbeʿ	*lion*
sbūʿ	*baptême*
sbīka	*lingot*
sder	*poitrine*
sejjel	*inscrire*
serj	*selle*
sfenj	*beignets*
sṭeḥ	*toit*
sṭup	*auto-stop*
sfāha	*obscénité*
sibaḥa	*nage*
sigūn	*seconde*
sigār	*cigare*
silk	*cycle*
silūn	*cellule*
sima	*ciment*
simana	*semaine*
sinima	*cinéma*
sinyāl	*signal*
siru	*sirop*
sitirna	*citerne*
siwana	*milan*
siḥr	*magie*
sḫūn	*chaud*
ski	*ski*

skāt	*silence*
slūgi	*épervier*
slūgi	*sloughi*
slāḥ	*arme*
slīp	*slip*
smeʿ	*entendre*
sma	*ciel*
smiyya, asm	*prénom*
smāwi	*bleu ciel*
smāḥa	*pardon*
smāḥa	*tolérance*
smīd	*semoule*
sukkān	*habitants*
sulṭa	*autorité*
sulfīj	*solfège*
surʿa	*rapidité*
spagiti	*spaghetti*
sqa	*irrigation*
sqīfa	*dais*
srīr	*lit*
nāqūs	*sonnerie*
steqbel	*accueillir*
stilu	*stylo*
swāri	*piliers*
sālf madām	*saule pleureur*
sānūj	*nigelle*
sāq	*jambe*
sāqya	*rigole*
sāreḥ	*berger*
sās	*fondations*
sāḥa	*cour*

SH

shʿar	*cheveux*
shʿīr	*orge*
sheʿb	*peuple*
sheʿwada	*superstition*
shebʿān	*rassasié*
shebba	*alun*
shebka	*filet*
sheṭranj	*échecs*
shehdiyya	*brugnons*
shahāda	*attestation*
shajaʿa	*courage*
shejra	*arbres*
shekwa	*baratte*
shalal	*paralysie*
shelḥa	*amazighe*
shemʿa	*bougie*
shemsh	*soleil*
shemm	*sentir*
sharaf	*honneur*
sherf	*vieillesse*
sharika	*société*
shrejma	*chargement*
sharmūla	*marinade*
sherq	*est*
sherqi	*oriental*
sherrīṭa	*marelle*
sherwīṭ	*torchon*
sharḥ	*explication*
shfa	*guérison*
shṭīḥ	*danse*
shher	*mois*
shhūd	*témoins*
shiʿr	*poésie*
shibāni	*vieux*
shiṭān	*démon*
shifūn	*chiffon*
shifūr	*chauffeur*
shikaya	*plainte*
shimini	*cheminée*
shkel	*forme*
shka	*plaindre*
shkīma	*licol*
shlāḍa	*laitue*
shmeʿ	*cire*
shmāl	*gauche*
shmāli	*gaucher*
shukran	*merci*
shumur	*chômeur*
shumpan	*champagne*
shurṭ	*short*
shūk	*arêtes, épines*
shqer	*roux*
shqīqa	*migraine*
shra	*achat*

shreb	*boire*
shrāb	*vin*
shrīṭ	*cordon*
shrīka	*co-épouse*
shrīk	*partenaire*
shrīḥa	*figues sèches*
shta	*hiver, pluie*
shwa	*grillade*
shwa	*rôtir*
shyāṭ	*roussi*
shābel	*alose*
shāsha	*écran*
shāsh	*écharpe*
shāshiyya	*chéchia*
shāf	*regarder*
shānṭi	*chaussée*
shāqūr	*hache*
shāriʿ	*avenue*
shāryu	*chariot*
shība	*absinthe*
shīk	*chèque*
shīta	*pinceau*

Ṣ

ṣʿer	*rage*
ṣebbūra	*tableau*
ṣabi	*bébé*
ṣeffeq	*applaudir*
ṣeff	*rangée*
ṣeffāra	*sifflet*
ṣefḥa	*page*
ṣefṣāf	*peuplier*
ṣehḍ	*chaleur*
ṣāk	*sac*
ṣeḫṭ	*anathème*
ṣeḫra	*commissions*
ṣemʿa	*minaret*
ṣemṭa	*ceinture*
ṣemṣār	*courtier*
ṣendūq	*caisse*
ṣennāra	*hameçon*
ṣenḍala	*sandales*
ṣerf	*monnaie*
ṣerra	*nombril*
ṣerrāq ez-zīt	*blatte*
ṣerrār	*cigale*
ṣarāḥa	*franchise*
ṣarīḥ	*franc*
ṣewt	*voix, volume*
ṣeyyāḍ	*pêcheur*
ṣeḥter	*thym*
ṣeḥḥa	*santé*
ṣbeʿ	*doigt*
ṣbeġ	*teindre*
ṣeḥra	*Sahara*
ṣfer	*voyage*
ṣūf	*laine*
ṣwāb	*courtoisie*
ṣber	*patience*
ṣbiṭār	*hôpital*
ṣbāġa	*peinture*
ṣbāḥ	*matin*
ṣferjel	*coings*
ṣfer	*jaune*
ṣṭeḥ	*terrasse*
ṣfār	*jaunir*
ṣfīḥa	*fer à cheval*
ṣġīr	*cadet*
ṣheb	*albinos*
ṣifr	*zéro*
ṣināʿa	*industrie*
ṣiḍq	*honnêteté*
ṣleʿ	*chauve*
ṣla	*prière*
ṣmer	*brun*
ṣunīṭ	*sonnette*
ṣūṭ	*fouet*
ṣūl	*sole*
ṣūm	*jeûne*
ṣūra	*image*
ṣreʿ	*épilepsie*
ṣrīma	*mors*
ṣyāḍa	*chasse*
ṣābūn	*savon*
ṣāfi	*clair*
ṣālūn	*salon*
ṣāḥeb	*ami*

ṣḍa	*rouille*
ṣḍāʿ	*bruit*
ṣḥīḥ	*solide, vrai*
ṣīf	*été*

T

tāli	*fin*
tʿedda	*enfreindre*
tʿellem	*apprendre*
teʿleb	*renard*
teʿrīja	*taarija*
tebriru	*grêle*
tadla	*gerbe*
teffāḥ	*pommes*
tejriba	*expérience*
taḫeṣṣuṣ	*spécialité*
teḫt	*marc*
tekwīn	*formation*
telj	*neige*
telmīd	*élève*
telqīḥ	*vaccin*
taman	*prix*
tenber	*timbre*
tenfīd	*exécution*
teqdīm	*présentation*
taqāfa	*culture*
terbiyya	*éducation*
terfās	*truffe*
terrīka	*postérité*
tesbīḥ	*chapelet*
tesjīl	*inscription*
tata	*caméléon*
tewzīʿ	*distribution*
taḍāmune	*entraide*
teḍḥiyya	*sacrifice*
teḥlīl	*analyse*
teḥt	*sous*
teṣwira	*photo*
tben	*paille*
tburiḍa	*fantasia*
tfelya	*moquerie*
tiflillest	*hirondelle*
tilifūn	*téléphone*
timsāḥ	*crocodile*
timtāl	*statue*
tinis	*tennis*
tiqa	*confiance*
tiqniyya	*technologie*
tirgāl	*tergal*
tmer	*dattes*
tneffes	*respect*
tnāsh	*midi*
tulāl	*verrues*
tūsh	*touche*
tūma	*ail*
tūt	*mûres*
tqel	*poids*
tqāsher	*chaussettes*
tqīl	*lourd*
triku	*tricot*
trutwār	*trottoir*
trāktūr	*tracteur*
trān	*train*
trānshi	*tranchée*
tsenna	*attendre*
tuḫma	*digestion*
twām	*jumeaux*
twārga	*Touaregs*
tāb	*repentir*
tāksi	*taxi*
tānawi	*secondaire*
tānawiyya	*collège*
tānawiyya	*lycée*
tārīḫ	*date, histoire*
tāyda	*sapin*
tṣemṣīr	*courtage*

Ṭ

ṭabashīr	*craie*
ṭabliyya	*tablier*
ṭebqa	*étage*
ṭabīʿa	*nature*
ṭeffāya	*cendrier*
ṭajīn	*tajine*
ṭerbūsh	*bonnet*
ṭerresh	*assourdir*

ṭerrāf	*cordonnier*
ṭerḥ	*partie*
ṭarīf	*tarif*
ṭaws	*paon*
ṭbīʿa	*tempérament*
ṭbīb	*médecin*
ṭebla	*table*
ṭebsīl	*assiette*
ṭfa	*éteindre*
ṭeyyāra	*avion*
ṭiḥān	*rate*
ṭmeʿ	*cupidité*
ṭubīs	*bus*
ṭubīs	*autobus*
ṭuʿma	*appât*
ṭubba	*taupe*
ṭul	*longueur*
ṭresh	*sourd*
ṭri	*frais*
ṭriwqa	*ruelle*
ṭrūsha	*surdité*
ṭrīq	*route, chemin*
ṭrīḍa	*gibier*
ṭwīl	*long, grand*
ṭyāb	*cuisson*
ṭāʿūn	*peste*
ṭālib	*étudiant*
ṭānsyu	*tension*
ṭāyb	*mûr*
ṭune	*thon, tonne*
ṭīn	*argile*
ṭīr	*oiseau*

U

urg	*orgue*
uġniyya	*chanson*
uḫt	*sœur*
umm	*mère*
uqiyya	*once*
urupa	*Europe*
ustād	*professeur*

V

villa	*villa*
virāj, ḍūra	*virage*
vuli	*volley-ball*

W

wednīn	*oreilles*
weld el-emm	*cousin*
weld	*garçon*
werd	*roses*
werdi	*rose*
werqa	*feuille*
wert	*héritage*
weḥsh	*fauve*
weḥdu	*seul*
weḥdāniyya	*solitude*
weṣṭ	*milieu*
weẓẓ	*oies*
wsham	*tatouage*
wiski	*whisky*
wizāra	*ministère*
wlād	*enfants*
wuḍuʾ	*ablutions*
wuzara	*ministres*
wrez	*talon*
wrāq	*papiers*
wseʿ	*largeur*
wseḫ	*saleté*
wsāda	*oreiller*
wsāda	*coussin*
wtār	*wtar*
wāʿr	*sévère*
wād	*rivière*
wāli	*marabout*
wāseʿ	*large*
wāḥa	*oasis*

Y

yebra	*aiguille*
yedd	*main*
ybeṭ	*aisselle*
yhūdi	*juifs*
ymīn	*droite*

ytīm	*orphelin*
yā ḥeṣrāh !	*hélas !*
yājur	*briques*
yāsmīn	*jasmin*

Z

zʿefrān	*safran*
zʿer	*blond*
zeʿfa	*colère*
zebda	*beurre*
zebra	*enclume*
zellīj	*faïence*
shewwāl	*queue*
zeng	*zinc*
zenqa	*rue*
zeqq	*fiente*
zerbiyya	*tapis*
zerrīʿa	*semence*
zewja	*épouse*
zġeb	*duvet, poils*
zġārt	*youyous*
zher	*mugir*
zitūn	*olives*
ziyyāra	*visite*
ziyyār	*étau*
zmān	*jadis*
zqur	*ruades*
zreq	*bleu*
zrība	*bergerie*
zwāj	*mariage*
zwīn	*beau*
zāwya	*zaouïa*
zīf, funara	*foulard*
mushwār	*mouchoir*
zīn	*beauté*
zīt	*huile*

Ẓ

ẓābur	*psaumes*
ẓelṭ	*misère*
ẓenbur	*guêpe*
ẓerb	*clôture*
ẓher	*chance*

ʿ

ʿebqariyya	*génie*
ʿebra	*pesée*
ʿeshsh	*nid*
ʿeṭshān	*assoiffé*
ʿefyūn	*opium*
ʿellaqa	*cintre*
ʿalāqa	*relation*
ʿamaliyya	*opération*
ʿemm	*oncle*
ʿamīd	*doyen*
ʿenber	*ambre*
ʿenq	*cou*
ʿenzi	*viande caprine*
ʿeqba	*côte*
ʿeqda	*nœud*
ʿeqreb	*scorpion*
ʿerbiyya	*arabe*
ʿerbūn	*acompte*
ʿerq	*sueur*
ʿers	*noces*
ʿerḍ	*projection*
ʿetba	*seuil*
ʿetrūs	*bouc*
ʿewd	*cheval*
ʿeyyān	*fatigué*
ʿaḍalāt	*muscles*
ʿeḍḍa	*morsure*
ʿeḍḍ	*mordre*
ʿaṣīr	*jus*
ʿbār	*mesure*
ʿdes	*lentilles*
ʿdāwa	*inimitié*
ʿibād	*aculte*
ʿimlāq	*géant*
ʿimāra	*immeuble*
ʿiqāb	*punition*
ʿilāj	*soins*
ʿjene	*pétrir*
ʿjīna	*pâte*
ʿmesh	*chassieux*
ʿmūd	*bâton*
ʿmāsh	*chassie*

ʿneb	*raisin*
ʿuṭla	*vacances*
ʿuqda	*complexe*
ʿūd	*luth*
ʿqel	*cerveau*
ʿrej	*boiteux*
ʿrūsa	*mariée*
ʿsel	*miel*
ʿwej	*sinueux*
ʿwer	*aveugle*
ʿza	*deuil*
ʿādāt	*coutumes*
ʿādāt	*traditions*
ʿāgr(a)	*stérile*
ʿāj	*ivoire*
ʿālam	*monde*
ʿāli	*haut*
ʿām, sana	*année*
ʿāmr	*plein*
ʿāṣima	*capitale*
ʿḍem	*noyau, os*
ʿīn	*fontaine, oeil*
ʿṣāb	*nerfs*

BIBLIOGRAPHIE

Abdelmassih, E., 1968, *Tamazight verb structure* ; generative approach, Bloomington / The hague : Mouton, 292 p.

Abou, S., 1981, *L'identité culturelle, Relations interethniques et problèmes d'acculturation*, Paris, Éditions Anthropos.

Adam, A. 1968, *Essai sur la transformation de la société marocaine au contact de l'Occident*, 2 vol., Paris, Éditions du CNRS.

Al-Fasi, M., 1990, *Dirāsāt maghribiyya*, Imprimerie An-Nağāḥ al-ğadīda, Casablanca, pp. 82-97.

Attia, A., 1966, "Différents registres de l'emploi de l'arabe en Tunisie", *Revue Tunisienne des Sciences Sociales*, n° 8, Tunis.

Ayache, A., 1964, *Histoire ancienne de l'Afrique du nord*, Paris, Éditions Sociales.

Aydoun M., 1995, *Musique du Maroc*, Casablanca Éditions EDDIF.

Baccouche, T., & Skik, H., 1976, "Aperçu sur l'histoire des contacts linguistiques en Tunisie", *Actes du IIème congrès international d'études des cultures de la Méditerranée occidentale*, Alger, SNED.

Balta P., 1990, *Le grand Maghreb des indépendances à l'an 2000*, Paris, La découverte.

Basset, A., 1948, "La proposition sans verbe en berbère", *G.L.E.C.S* n° 4, pp. 90-92.

Basset, A., 1951, "Détermination et indétermination du nom en berbère", *G.L.E.C.S* n° 4, pp. 95-96.

Beaussier, M., 1958, *Dictionnaire pratique arabe-français*, La maison des livres, Alger.

Bentolila, F., 1989, "L'emprunt linguistique en berbère. Dépendance et créativité", *Études et documents berbères* n° 6.

Berque J., 1962, *Le Maghreb entre deux guerres* , Paris.

Boucherit, A. & Lentin, J., 1989, "Les dialectes féminins dans le monde arabe, des dialectes minoritaires et leur évolution", in *Genre et langage*, E. Kostas et D. Leeman, Éds., Linx n° 21, Paris X-Nanterre.

Bounfour, A., 1987, "Oralité et écriture : un rapport complexe", *Revue de l'Occident musulman et de la Méditerranée*, n° 44.

Bounfour, A., 1985, *Sur les traces du hors-la langue ou variation sur l'interlangue*, Paris, Denoël.

Bouhjar, A., 1994, *Compétence langagière en langue maternelle et migration. Le cas de jeunes filles marocaines à Bruxelles*, Mémoire de D.E.S. non publié, Rabat, Faculté des Lettres.

Boukous, A., 1977, *Langage et culture populaires au Maroc*, Casablanca, Imprimerie Dâr Al Kitâb.

Boukous, A., 1979, "La situation linguistique au Maroc: compétition symbolique et acculturation", *Europe* , n° 602-603.

Boukous, A., 1989, "Les études de dialectologie berbère au Maroc, en Algérie et en Tunisie", in *Langue et société au Maghreb*, Rabat, Publications de la Faculté des Lettres.

Boukous, A., 1995, *Société, langues et cultures au Maroc, enjeux symboliques*, Rabat, Publications Faculté des Lettres.

Bourdieu, P., 1972, *Esquisse d'une théorie de la pratique*, Paris, Droz.

Boyer, H., 1991, *Éléments de sociolinguistique*, Paris, Dunod.

Brunot, L., 1950, *Introduction à l'arabe marocain*, Maisonneuve, Paris.

Cadi, K., 1991, "Le passage à l'écrit: de l'identité culturelle à l'enjeu social", in *Identité culturelle au Maghreb,* Rabat, Publications de la Faculté des Lettres.

Cadi, K., 1982, "Le berbère : langue ou dialecte ?" *Actes de la Première Rencontre de l'Université d'Été d'Agadir : "La culture populaire. L'unité dans la diversité".*

Calvet, L.-J., 1974, *Linguistique et colonialisme*, Paris, Payot.

Calvet, L.-J., 1981, *Les langues véhiculaires*, Paris, P.U.F., Que Sais-Je?, n° 1916.

Calvet, L.-J., 1984, *La tradition orale*, Paris, P.U.F., Que sais-je?, n° 2122.

Calvet, L.-J., 1987, *La guerre des langues*, Paris, Payot.

Camps, G., 1981, *L'origine des Berbères*, Paris, Éditions du CNRS.

Camps, G., 1980, *Berbères. Aux marges de l'Histoire*, Toulouse, Éditions des Hespérides, 352 p.

Camps, G., 1987, *Les Berbères. Mémoires et identité*, Errance, Paris.

Cantineau, J., 1950, "La notion de schème et son altération dans diverses langues sémitiques", in *Sémitica* n° 3, pp. 73-83.

Caubet, D., 1993, *L'arabe marocain. Syntaxe et catégories grammaticales*, Tome I, Paris-Louvain, Éditions Peeters.

Caubet, D., 1993, *L'arabe marocain. Phonologie et syntaxe*, Tome II, Paris-Louvain, Éditions Peeters.

Chafiq, M., 1991, *Lexique arabo-berbère*, Rabat : Académie Royale du Maroc, 734 p.

Chafiq, M., 1984, "Le substrat berbère de la culture maghrébine", *französisch Heute* n° 2.

Chafiq, M., 1991, *Quarante-quatre leçons sur la langue amazigh* (en arabe), Rabat, Éd. arabo-africaines, 338 p.

Chaker, S., 1989, *Berbères aujourd'hui*, Paris, L'Harmattan.

Chaker, S., 1987, *Le dictionnaire général informatisé de la langue berbère*, Aix-en-Provence, C.N.R.S (LAMPO).

Chaker, S., 1990, "Les bases de l'apparentement chamito-sémitique du berbère : un faisseau d'indices convergents", in *Études et documents berbères* n° 7.

Chaker, S., 1989, *Berbères aujourd'hui*, Paris, L'Harmattan.

Chami, M., 1987, *L'enseignement du français au Maroc, Casablanca*, Najah El Jadida.

Chotin, A., 1938, *Tableau de la musique marocaine*, Paris, Geuthner.

Chotin, A., 1933, *Corpus de la musique marocaine*, fasc. II, "musique et danses berbères du pays chleuh", Paris, Heugel.

Clanet, C., 1985, *L'interculturel en éducation et en sciences humaines*, 2 tomes, Université de Toulouse le-Mirail.

Cohen, D., 1962, "Koïné, langues communes et dialectes arabes", in *Arabica* 9.

Cohen, D., 1968, *Les langues chamito-sémitiques*. in Martinet (Dir.), Le langage.

Colin, G., 1966, "Quelques calques syntaxiques et sémantiques sur le berbère dans les parlers arabes du Maghreb", *GLECS*, n° 10.

Combon, H., 1952, *Histoire du Maroc*, Paris.

Dabène, L., 1994, *Repères linguistiques pour l'enseignement des langues*, Paris, Hachette.

Djebli, M., 1988 , *Méthode d'arabe maghrébin moderne*, Vol. I & II, Paris, L'Harmattan.

Dziri, L., 1970, *L'arabe parlé algérien par l'image*, (3 vol), Paris Maisonneuve.

El Bekri 1965, *Desciption de l'Afrique Septentrionale*, Trad. de Slane, Paris.

Elgherbi, E-M., 1993, *Aménagement linguistique et enseignement du français au Maroc*, Meknès, Imprimrie La Voix de Meknès.

Elmoujahid, E., 1991, "L'expression de l'identité dans la poésie berbère moderne", in *Identité culturelle moderne*, Rabat, Publications de la Faculté des Lettres.

Ennaji, M., 1991, "Aspects of Multilingualism in the Maghreb", *International journal of Sociology of Language* n° 87.

Fanny Colonna (dir.), 1996, *Monde arabe : Maghreb-Machrek*, n° 154.

Février P.-A., 1990, *Approche du Maghreb romain*, Aix-en-Provence.

Fishman, J.-A., 1971, *Sociolinguistique*, Paris, Labor et Nathan.

Fishman, J.-A., 1972, *Language* in Sociocultural Change, Stanford, Stanford University Press.

Fitouri, Ch., 1983, *Biculturalisme, bilinguisme et éducation*, Paris, Éditions Neuchâtel.

Gallissot, R., 1986, "Les limites de la culture nationale", In *Henry. J-R. et al.*

Garmadi, S., 1966, "Quelques faits de contact franco-arabe en Tunisie", *Revue Tunisienne des Sciences Sociales*, 3/8.

Garmadi, S., 1973, "Bilinguisme et sociétés bilingues", in *Ethnies* n° 3.

Gauthier E.-J., 1913, *La Romanisation de l'Afrique (Tunisie, Algérie, Maroc*, Paris.

Gobard, H., 1976, *L'aliénation linguistique*, Paris, Flammarion.

Grandguillaume, G., 1983, *Arabisation et politique linguistique au Maghreb*, Paris, Maisonneuve et Larose.

Grandguillaume, G., 1991, "Arabisation et langues maternelles dans le contexte national au Maghreb", *International Journal of Sociology of Language* n° 87.

Grandguillaume, J., 1977, "Langue, identité et culture nationale au Maghreb", in *Peuples méditerranéens* n° 9.

Gsell, S., 1913, *Histoire ancienne de l'Afrique du Nord*, Paris, t. V.

Harrell Richard Slade, 1962, *A short reference grammar of moroccan arabic*, Georgetown University Press.

Harrell Richard Slade, 1966, *A dictionary of moroccan arabic: Moroccan-English*, Georgetown University Press.

Heath J., 1987, *Ablaut and ambiguity, phonology of a maroccan arabic dialect*, SUNY (State University of New York Press).

Ibn Khaldoun, 1925, *Histoire des Berbères*, Paris, (réed.).

Jean Léon l'Africain, 1956, *Description de l'Afrique*, Paris, Maisonneuve, 2 vol.

Jodelet, D., 1989 (dir.), *Les représentations sociales*, Paris, PUF.

Julien C.-A., 1931, *Histoire de l'Afrique du Nord*, Paris.

Khatibi, A., 1990, "Le métissage culturel : Manifeste", in *Cheng et al.*, 1993, *Penser le Maghreb*, Rabat, SMER.
Kouloughli, D., 1985, "Observations sur l'ordre des mots en arabe maghrébin", in *Revue de l'association française des arabisants*, Paris.
Labov, W., 1976, *Sociolinguistique*, Paris, Minuit.
Laoust, E., 1983, *Mots et choses berbères, dialectes du Maroc*, Rabat, SMER, 531 p.
Larcher P., "Les langues de la Libye : passé et présent", *La Revue des Deux Rives-Europe-Maghreb*, 2, 2000.
Larcher P., "Où en est la linguistique arabe en France ? État des lieux et bilan critique", *Compte-rendu de la réunion des chercheurs sur le monde arabe et musulman : langues et littératures de l'aire arabo-musulmane (Aix 26-29 Juin 1989), Lettre d'information de l'AFEMAM 7*, 86-7. Paris, AFEMAM.
Laroui, A., 1977, *Les origines culturelles du nationalisme marocain*, Paris, F. Maspéro.
Laroussi, F., (dir.), 1997, *Plurilinguisme et identités au Maghreb*, Rouen, Publication de l'Université de Rouen n° 233.
Lasnel, C., 1991, "Identité et interculturalité : expériences pédagogiques", in *Identité culturelle au Maghreb*, Rabat, Publications de la Faculté des Lettres.
Leguil, A., 1982, "Corrélation en arabe et en berbère", in *Bulletin des études africaines de l'INALCO* n° 2.
Lugan B., 2000, *Histoire du Maroc*, Paris, Périn/Critérion.
Mammeri, M., 1991, *Culture savante, culture vécue*, Alger, Éditions Tala.
Marçais, G., 1946, *La Berbérie musulmane et l'orient au Moyen-Age*, Paris, Aubier.
Marçais, Ph., 1977, *Esquisse grammaticale de l'arabe maghrébin*, Paris, Maisonneuve.
Marcellesi, J.B., 1981, "Bilinguisme, diglossie, hégémonie : problèmes et tâches", *Langages* n° 61.
Martinet, A., 1970, *Éléments de linguistique générale*, Paris, Colin.
Memmès, A., 1992, *Littérature maghrébine de langue française, Signifiance et interculturalité*, Rabat, Éditions Okad.
Mimouni, R., 1992, *De la barbarie en général et de l'intégrisme en particulier*, Paris, Le Pré aux Clercs.
Moâtassime, A., 1974, "Le bilinguisme sauvage : blocage linguistique, sous-développement et coopération hypothétique, l'exemple maghrébin, cas du Maroc", in *Tiers-Monde, Éducation et développement*, Tome XV.

Achevé d'imprimer par Corlet Numérique - 14110 Condé-sur-Noireau
N° d'Imprimeur : 703531 - Février 2017 - Imprimé en France